Zenia Sac
Nora de M

Experiencias:
LECTURA Y
CULTURA

HARPER & ROW, PUBLISHERS, New York

Grand Rapids, Philadelphia, St. Louis, San Francisco,
London, Singapore, Sydney, Tokyo

1817

Sponsoring Editor: Laura McKenna
Development Editor: Teresa Chimienti
Project Editor: Brigitte Pelner
Art Direction: Kathie Vaccaro
Text Design: Ritter and Ritter
Cover Coordinator: Mary Archondes
Cover Design: Ritter and Ritter
Cover Art: Richard Taddei
Photo Research: Mira Schachne
Production: Beth Maglione

Experiencias: Lectura y cultura

Library of Congress Cataloging-in-Publication Data

Da Silva, Zenia Sacks.
  Experiencias: lectura y cultura/Zenia Sacks Da Silva, Nora de Marval-McNair.
    p. cm.
  Spanish and English.
  ISBN 0-06-041539-8
  1. Spanish language—Readers.   I. Marval-McNair, Nora de.
  II. Title.
  PC4117.D18   1990
  468.6'421—dc20   89-38493
                                                                                CIP

90 91 92 9 8 7 6 5 4 3 2 1

Contents

Lección 6: En busca del destino   85

Lección 7: Cuentos de amor   99

Preface

Experiencias is a new integrated program, intended for college-level intermediate Spanish. Used together, its three components provide a full one-year course for oral, written and reading proficiency, plus a multi-faceted view of Hispanic cultures. Separately, they serve as primary or supplementary texts in a one semester course.

The series

- *Experiencias: Lenguaje* reviews and expands language skills, with special emphasis on communicative proficiency. Based on the premise that language functions in terms of living experience, it places the Spanish language and culture in the framework of the student's areas of potential contact—personal, in travel abroad, and in work-related settings.

- *Experiencias: Lectura y cultura* presents the Hispanic experience through the eyes of the Spanish peoples and of the outside observer. Its readings are exciting, diversified, and contemporary. And its pre-reading and post-reading activities make it entirely accessible. . . Just as *Lenguaje* lets the student enter the Hispanic world from the outside, *Lectura y cultura* offers Hispanic life and its rationale from within.

- *Experiencias: Laboratory Manual/Workbook,* with its 16 half-hour recordings, is a unique all-functional approach to language expansion through actual experiences. It also provides a program for vocabulary building, reading comprehension, creative composition, and independent study.

EXPERIENCIAS: LECTURA Y CULTURA

OVERVIEW

Scope

Starting with letters, anecdotes, and short magazine articles, punctuated with photographs and art, *Experiencias: Lectura y cultura* graduates to a variety of insightful literary pieces that portray the Hispanic world, its roots and its current realities.

Its 14 lessons, each one corresponding in structural emphasis to the 14 lessons of *Lenguaje,* offer a broad spectrum of short stories, essays, condensations of novels and plays, and a taste of poetry, all by contemporary Spanish and Latin American writers.

Themes

Each lesson presents a specific viewpoint of the Hispanic experience: Society, past and present; mystery and fantasy; humor, bitter and sweet. . . Love stories; religion and superstition; "a child's eyes;" woman, fettered and free. . . Hunger and war; the foreign presence; "the promised land," the future yet unseen. . .

The lesson format

1. *Ambiente:* a cultural vignette that sets the stage for the two readings and that leads to active commentary. The *Ambientes* are illustrated with fascinating photographs and art.
2. Two short *Lecturas,* each suitable for one day's assignment, and with simple all-in-Spanish glosses, as needed.
   ■ Each *Lectura* is preceded by its own *Preparativos*—varied pre-reading strategies, and vocabulary presented through associations.
   ■ Each *Lectura* is followed by its own *Proyecciones*—a series of interpretive discussion and writing activities.

SPECIAL FEATURES

■ *Preparativos para leer:* An introduction to the basic skills of reading

Much as *Personales* (Part 1) lays a base for the hands-on experiences of *Lenguaje,* so does *Preparativos para leer* create a support system for the readings of *Lectura y cultura.* Written in English, with samples in Spanish, this opening section may be treated either as an outside or as an in-class activity.

■ Pre-reading *Preparativos*

1. *Pistas:* A capsule review of the main grammar point of the lesson, plus linguistic clues to each reading passage
2. *Asociaciones:* A preview and development of new vocabulary through exercises in associations
3. *Orientación:* Brief all-in-Spanish explanations of any cultural references that may be unfamiliar

■ Post-reading *Proyecciones*

1. *¿Qué nos dice?* Questions for comprehension testing and for active conversation
2. *Adivine por el contexto:* Vocabulary development through contextual word-guessing

3. *Creación:* An introductory writing workshop, interpretive or creative

4. *En conclusión:* Discussion and composition topics that sum up or expand the lesson

COORDINATION WITH EXPERIENCIAS: LENGUAJE

- Tie-ins with the structural content . . . Although the subject matter, not the grammar, determines each reading selection, the literary pieces in *Lectura* are essentially graduated in difficulty, and illustrate the points studied in the equivalent lesson of *Lenguaje.*

- Themes and cultural notes that create a living context . . . *Lenguaje* involves the student in the on-site circumstance of Hispanic life. *Lectura* adds to each an evocative human perspective.

- Parallel time allotments . . . Each text contains a "warm-up" opening section, followed by a consistent format of 14 lessons.

So this is our program. Three multi-faceted approaches to Hispanic culture, scaled to the parameters of intermediate college Spanish. Just add your own special input, and we think you'll find it works.

We would like to express our appreciation to the following professors for their expertise and their suggestions: David H. Darst, Florida State University, Tallahassee; Carmen Garcia, Miami University, Oxford; Janet C. Anderson, Stetson University; Brian Dendle, University of Kentucky; Angelina Pedroso, Northeastern Illinois University; Francisco Zermeño, Chabot College; William Chace, Hunter College; Jane E. Connolly, University of Miami; Louis Brady, Eastern New Mexico University; Terry Lynn Ballman, California State University, Long Beach; Lynn Carbón Gorell, Pennsylvania State University; Steve Hutchinson, University of Wisconsin at Madison; James Lee, University of Illinois at Urbana-Champaign; Allen Pomerantz, Bronx Community College; Yvonne Captain-Hidalgo, Washington University; Carol Klee, University of Minnesota; Marie Rentz, University of Maryland, College Park; Hildebrando Ruiz, University of Georgia; David L. Shields, Indiana University of Pennsylvania; Karen Smith, University of Arizona; Betty Bäuml, California State University, Northridge; Joyce Haggerty, Framingham State College; and Barbara Okey and Catherine Healy of *Americas* Magazine. Most of all, we are grateful to you.

ZSD

PHOTO CREDITS

Preparativos para leer

Of the four language skills—reading, hearing, writing, speaking—reading is probably the easiest. And yet so many of us shy away from the printed page. Or get bogged down in the mire of word-for-word translation. Or touch the surface so lightly that our conclusions escape the truth. The fact is that reading serves two fundamental purposes, and both are valid in their place. One is to grasp the basic thrust of the material. The other is to read for accurate comprehension. And for both these purposes there are special techniques at hand, techniques that are easy to acquire. Let us look briefly at a few.

How to Scan for the Gist

As you begin every page, there will be hundreds of clues longing to be discovered. So before plunging into the passage, ask yourself:

1. What Is it All About?

■ Look at the title. In all probability, it will give the topic away. For example, here you have the titles of twelve actual articles taken from recent Spanish-language periodicals.

Just at a glance, can you tell which of these articles are health oriented? . . . Safety oriented? . . . Science oriented? . . . Which show us how to make the most of ourselves? . . . Which one reports a near disaster? . . . And a nefarious business scheme? . . . Which are of general "human interest"? . . . Or biographical? . . . Or geographical? . . . Which do you suspect might have a torrid novel under its sleeve? . . .

■ Should the title hold no clues, there are many other indicators—subheadings, paragraph openers, proper names, place names, art or illustrations—that can cue us in to the theme. Take for example the rather enigmatic heading:

Inesperado quinteto

Does it deal with a basketball team? Or with some "unexpected" musical group? Let's see what the subheading goes on to say:

Esta joven esposa, que ya desesperaba de ser madre, vio más que colmado su deseo.

You may still not know every word. But now what kind of "quintet" do you think this is? . . . Can you guess what the article will describe?

Now try another:

Contra toda esperanza[1]

Este libro es una denuncia mundial. Es un relato escalofriante de lo que su autor padeció durante veintidós años en las cárceles políticas de Fidel Castro.

What are the key words? . . . Can you tell what the article is going to be about? . . . Incidentally, do you think that the adjective *escalofriante* is favorable or unfavorable? . . . And the verb *padeció*? . . .

And one more:

Imágenes de otro mundo

The possibilities are more than one. Is it a picture story of some remote land? Or of the sea? Can it be a scientific report on a trip to outer space? Let's see what the subheading tells us:

Luz mística y seres celestes

«La luz es la potencia procreadora», afirma el *Taittiriya Samhita*. «Experimentar la luz equivale a transcender el mundo, penetrar otro nivel de lo real, acceder a la esencia de la vida.»

Now what do you sense? Are we talking about the natural or the supernatural? How do you know? . . . Incidentally, what do you think the *Taittiriya Samhita* is?[2]

■ Make the most of any photos or illustrations. The captions will help you recognize many a new word.

En los escritos mayas, dicen que la sangre es la sustancia más preciosa de la tierra. El mundo existe por un acto de sacrificio voluntario de los dioses. Y los seres humanos están obligados a corresponder, nutriendo y sosteniendo a los dioses. Aquí se ve al rey y a su esposa principal sangrándose para santificar el nacimiento del hijo del monarca.[3]

Who are these people? . . . Where and when do you think they lived? . . . What does this stone carving show them doing? . . . Why are they doing it? . . .

[1]*Selecciones del Reader's Digest,* agosto 1987, cover.
[2]*Mundo desconocido,* abril 1977, p. 50.
[3]Adaptado de «Revelación de los secretos de los mayas,» *Américas,* marzo–abril, 1987, p. 40.

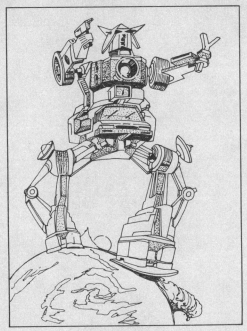

Así se ve en USA al competidor japonés.[4]

Now what hint does the accompanying illustration give us here?

La robótica en España

En España en diciembre de 1982 existía un total de 250 robotes móviles. Ocupábamos así el puesto número 12 en el mundo. El primer lugar correspondía a Japón, con 67.435. Para 1990 esta cifra española se habrá incrementado bastante. Según la hipótesis más optimista, habrá entonces 6.665 robotes en nuestra nación, y según la más pesimista, 2.896, magnitud equivalente a la actual de la Unión Soviética.

What does this article talk about? . . . What is Sapin's place in this international competition? . . . Who are the leaders? . . .

2. What Type of Piece Is It?

The format often tells the purpose at a glance. Is it a report—scientific, industrial, political? Headings and diagrams can give that away. For example:

La mitad de los españoles quieren cerrar las bases que dan cobijo a las fuerzas norteamericanas en España. Para la mayoría de la población, mantener estas instalaciones es perjudicial a la seguridad y la defensa nacionales.[5]

[4]*Epoca,* N. 10, Semana 20–26g, Mayo 1985.
[5]*Cambio* 16, 9 febrero 87, no. 793, p. 29.

ALTERNATIVAS A LAS BASES DE UTILIZACION CONJUNTA (en %)

	Total nacional	EDAD				IDEOLOGIA				
		Menos de 30 años	De 30 a 49	De 50 a 64	Más de 65 años	Izquierda	Centro izquierda	Centro	Centro derecha	Derecha
Cerrar las bases	48	61	47	40	43	68	64	43	25	28
Reducir la presencia de tropas USA	13	14	14	11	11	13	17	16	20	13
Mantener las bases con más competencia española .	18	16	19	23	10	9	13	22	34	43
No sabe, no contesta	22	10	21	27	36	10	7	19	21	17

EFECTO DE LAS BASES HISPANO-NORTEAMERICANAS SOBRE LA SEGURIDAD Y DEFENSA (en %)

	Total nacional	EDAD				IDEOLOGIA				
		Menos de 30 años	De 30 a 49	De 50 a 64	Más de 65 años	Izquierda	Centro izquierda	Centro	Centro derecha	Derecha
Favorece	12	10	12	15	10	6	7	10	26	34
Ni favorece, ni perjudica	11	12	13	8	7	9	11	18	13	13
Perjudica	53	66	52	47	44	70	71	50	29	36
Depende	13	6	14	14	20	7	7	12	14	10
No sabe, no contesta	12	6	10	15	20	7	4	10	18	8

What conclusions have you just drawn about relations between Spain and the USA? . . . What age group seems to be most opposed? . . . Does the majority belong to the liberal or the conservative camp? . . .

■ Even without charts or illustration, the "tone" can be your cue card:

La superconductividad se relaciona con una notable transición que ocurre en muchos metales cuando se enfrían a temperaturas cercanas al cero absoluto. (El cero absoluto representa la ausencia total de calor.) Ello les permite dar paso a una corriente eléctrica, sin pérdida de energía, y en algunos casos generar campos magnéticos muy poderosos—un avance que cambiará nuestro modo de vida.[6]

In what field has there been a new advance? . . . Can you explain what it's all about?

■ Look again at the reading. Is it a piece of a play? A short anecdote? A letter, business or personal? A joke? A story? A description of a place or of a person? A poem? A magazine feature? A newspaper column? An ad? An essay? . . . Even a short fragment can be a giveaway. . . . How would you gauge these samples? . . .

Un joven que quería casarse le preguntó a un amigo:
—¿Qué debo hacer? Todas las mujeres que llevo a casa para presentárselas a mis padres no le gustan a mi madre.
—Muy fácil—respondió el amigo. —Lo que tienes que hacer es encontrar que sea como tu mamá.
—Ya lo hice. Pero ésa no le gustó a mi padre.

Do you think this is "fiction" or a true story? . . . Can you tell it to us in your own words?

Era un tipo alto, flaco, de rasgos duros, y mirada brillante. En sus trajes había cierta nota especial que revelaba el hombre acostumbrado al viaje y a la vida en las grandes ciudades. Aunque ya no fumaba, sus largos dedos conservaban la mancha de la nicotina.[7]

[6]Michael Lemonick, «¡Llegaron los superconductores!» *Selecciones del Reader's Digest,* febrero 1988, p. 34
[7]Salvador Reyes, «El anillo de esmeralda,» *Cuentistas de hoy,* p. 75.

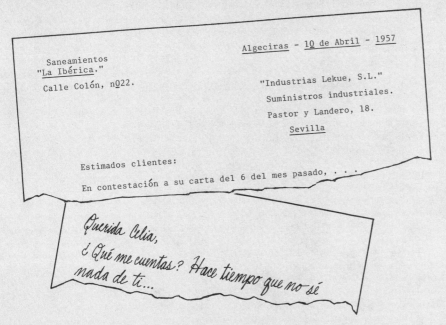

What kind of writing is this? . . . What can you tell about the personality of its subject? His age? His social position? His life-style? . . .

No question about it. These speak for themselves!

«¿Qué es poesía?», dices mientras clavas
     en mi pupila tu pupila azul.
«¿Qué es poesía? ¿Y tú me lo preguntas?
     Poesía ... eres tú.»[8]

How can you tell that this is verse, or perhaps song? . . . What specific differences are there from ordinary prose? . . .

3. Who Are the People Involved?

Look at the names and the "titles" that go with them. How many people are there? Is the relationship between them formal or familiar? Watch for *Sr., Dr.,* don, or nicknames. Are they using *tú* or *Ud.*? . . . Who seems to have the largest "speaking" part? Whose name is mentioned most by the others? . . . What is their social class? Are there any servants or employees? What other tipoffs are there as to wealth, occupation, or rank? . . .

   —Por favor, Gisela, no te olvides que hoy vamos a comer a las siete, y que tenemos a los Fernández de invitados.
   —Sí, señora. No me olvidaré.[9]

What is the relationship between these two people? . . . What were the clues? . . .

[8]Gustavo Adolfo Bécquer, «Rima XXI.»
[9]Arturo Brice, «Gisela.»

Tan pronto llegué a la redacción del periódico aquella mañana lluviosa de junio, el director me llamó a su despacho y, sin levantar la vista de las pruebas de imprenta que tenía sobre el escritorio, me dijo:

—Hay un muerto en la calle de la Cruz, Número 104. Ve con un fotógrafo y prepara el reportaje para la edición de esta tarde.[10]

Who is telling this story? What is his profession or occupation? . . . How did you find out? . . .

La alegría que da la generosidad inspiró en ella toda una vida de filantropía, uno de cuyos resultados culminó en febrero de 1987 con la inauguración del Ala de Arte del Siglo XX del prestigioso museo Metropolitano neoyorquino.[11]

What kind of person was this? . . . What was her social class? . . . And her interests? . . . Where did she live? . . .

4. Where Does it Take Place?

Geographical names are the obvious clue. But look also for words that imply city or country, metropolis or town. Transportation—subway or horse? car or burro? Nature—trees, crops, animals or buildings, sidewalks, bustle? . . . What hints do you find in the following clips? . . .

Andrés prácticamente se tiró del ómnibus sin esperar a que llegara a la esquina. Rodeado de cientos de automóviles, atravesó la amplia avenida, ... y empezó a caminar, empujando a los que se interponían a su paso.[12]

Does this story take place in a big city or in a town? . . . How do you know? . . .

Comenzó la desesperación. Todos los arroyos cercanos habían desaparecido; toda la vegetación había sido quemada. No se conseguía comida para los cerdos; los burros se alejaban en busca de hierba..., los muchachos iban a distancias de medio día a buscar latas de agua; las gallinas se perdían en los montes, en busca de insectos y semillas.[13]

Where do these people live? What disaster has befallen them? Again, how do you know?

5. What Is the General Impression Conveyed?

Is it favorable or unfavorable? "Up" or "down"? Look at the adjectives. Are they happy words or sad words, sweet words or mean words? Is there an abundance of negatives: *nada, nadie, descontento, desagradable, imposible, incapaz...?*

[10]Virqillio Díaz Grullón, «Crónica policial.»
[11]Philip Osborne, «Joyas artísticas que nos legó una gran mujer,» *Selecciones del Reader's Digest,* febrero 1988.
[12]Adaptado de Arturo Brice, «Gisela.»
[13]Adaptado de Juan Bosch, «Dos pesos de agua,» *Cuentistas de hoy,* ed. Mario Rodríguez (Boston: Houghton Mifflin, 1952), p. 104.

What feelings do you get from these short passages?

A Petrone le gustó el Hotel Cervantes por razones que hubieran desagradado a otros. Era un hotel sombrío, tranquilo, casi desierto... Le bastaba caminar unos metros para llegar a la habitación. El agua salía hirviendo, y eso compensaba la falta de sol y de aire.[14]

Would you like to stay at this hotel? Why? . . . What does it say about Petrone's personality? Is he sociable or on the solitary side? . . . How old do you think he is? . . .

Estoy enamorada de la vida, y la vida es amor. Quien no ama a alguien más que a sí mismo no sabe lo que es vivir.[15]

Do you identify with this person more than with Petrone, the man in the Hotel Cervantes? Why? . . .

La carretera está muerta. Nadie ni nada la resucitará. Larga, infinitamente larga, ni en la piel gris se le ve vida. El sol la mató.[16]

Can you sense a light or a heavy heart here? Which words create that sensation? . . .

Y entonces se le acercó el Divino Maestro, le cogió la cabeza entre sus manos de alabastro, y la besó en la frente. La besó largamente..., largamente... Y dijo, con aquel sello de su beso infinito, que dar dinero es bueno, pero dar un alma es mejor.[17]

Now which words predominate—the sad or the sweet, the harsh or the heavenly? . . . Is there anything magical or supernatural about the tale? . . .

How to Read for Specifics

1. Make Sure You Identify the Subject Correctly

■ If the subject is a noun, there is usually no problem. Most often it stands at or toward the beginning of a statement and fairly close to the verb: «*El público lo recibió con entusiasmo.*» Of course, in a question, the subject is likely to follow the verb, or even come at the end of a sentence: «*¿Lo recibió bien el público? ¿Cómo lo recibió la gente?*»

Remember: The subject is never introduced by a preposition. So if you see such words as *a, de, con, para,* etc., the following noun cannot be the subject!

Can you tell us now who is doing the action in each of these sentences?

Llamó Adela.   Llamó a Adela.
¿Le conoce a Luis el jefe?   ¿Le conoce Luis al jefe?

[14]Adaptado de Cortázar, «La puerta condenada.»
[15]*Selecciones del Reader's Digest,* diciembre 1987.
[16]Juan Bosch, «La mujer.»
[17]Santiago Argüello, «El mejor de los regalos.»

■ If the subject is *not* a noun, chances are that the subject pronoun will not appear with the verb form, unless there is some special emphasis or need for clarification. So look carefully at the verb ending, for that's the clue to "who dunnit." If you see the following endings, here are the subjects to which they *must* belong:

SURE CLUES

VERB ENDING———→	SUBJECT
-mos	nosotros, nosotras
-as, -es	tú
-is	vosotros, vosotras
-n	Uds., ellos, ellas

In other words:

■ If a verb form ends in **-mos**—**hablamos, leemos, iremos, vayamos**—the subject must be **nosotros:** *We, you and I, Jim and I,* etc., are doing something.

■ If a verb form ends in **-as** or **-es**—**amas, vives, amabas, vivías**—the subject must be **tú:** *You, my friend,* are doing something.[18] Actually, in most tenses, the only difference between the friendly **tú** and the third person *he, she, it, you* (formal—**Ud.**), is that the **tú** form ends in an **-s**: **tú vas** → **Ud. va**; **tú irás** → **Juan irá**.

■ If a verb form ends in **-is**—**vais, venís, iréis**—the subject must be the friendly **vosotros:** *you-folks* (Spain). (Don't expect to find this in Latin America, where **Uds.** is the only plural "you," both formal and friendly.)

■ If a verb form ends in **-n**—**llegan, eran, vendrán, vayan**—the subject must be **Uds.:** *you-all* (polite), **ellos** or **ellas:** *they.* In fact, in all tenses except the preterite, that **n** is the only difference beween the plural **Uds./ellos/ellas** and the singular **Ud./él/ella:** *you, he, she.*

■ Now what's left?: If a verb ends in a vowel, the subject is *likely* to be **yo**; the third person **Ud., él, ella**; or the nonpersonal *it,* for which Spanish normally uses no subject pronoun at all.[19]

Quickly now, can you identify the subject of each verb—regardless of the tenses?

1. ¿Te *conocen*? 2. *Íbamos* frecuentemente. 3. ¿Cuándo lo *tendrás* listo? 4. *Estaban* tristes. 5. Nos *invitaron.* 6. ¡*Venga!* 7. *Seríamos* los primeros. 8. ¿Cuándo *llegáis*? 9. Todavía *tienes* tiempo. 10. ¿No *fuisteis*? 11. ¡No lo *hagan!* 12. *Hablaremos.* 13. *Han* vuelto. 14. Los *habremos* perdido. 15. ¿La *habías* terminado?

2. Be Careful of the Meanings of Pronouns

If you want to know *who* does *what* to *whom,* remember:

■ The subject pronoun refers to the person who is *doing* the action (*I, he, she, we,* etc.): *I* know. *We* won.

---

[18]The only exception is the third person singular of the present tense of **ser**: **Es él.**

[19]There are two cases in which the **tú** form can also end in a vowel: the preterite tense (**-aste, -iste**) and affirmative commands: **Descansa.** *(Rest!)* **Come bien.** *(Eat well.)*

	FIRST PERSON	SECOND PERSON	THIRD PERSON
SING.	yo	tú	él, ella, Ud. (usted)
PL.	nosotros/-as	vosotros/-as	ellos, ellas, Uds. (ustedes)

If the subject is "it"—a *thing* or *things,* not a person—don't look for any subject pronoun in Spanish at all!

Hace frío.   *It's cold out.*   Importa mucho.   *It's very important.*

■ The object pronoun *receives* the action that the subject is doing: *I know **it.** We won **them.***

There are three kinds of object pronouns:

1. The direct object answers the questions *Whom?* or *What?:*
   *Did you see Mario? —I saw **him,** but he didn't see **me.***

2. The indirect object answers the questions *To* or *For whom?,* etc. In other words, it points to the one who is *affected by* the action:
   *They spoke **to me.** He bought it **for me.** Will you do **me** a favor?*

3. The reflexive object means *myself, to* or *for myself, yourself,* etc.:
   *Ouch! I hurt **myself!** —Watch **yourself,** OK?*

■ First and second person objects: **me, te, nos, os**

In the first and second persons, the same forms serve for all three types of object pronouns—direct, indirect, and reflexive. For example, **me** can mean *me, to me, for me, (to) myself, (for) myself,* etc. Then how can you tell the difference? Just look at the context—the verb, the surrounding words—and you'll find the exact meaning.

Here are some quick samples. Can you determine what each pronoun means? (*Remember:* In order to be reflexive, the verb and the object pronoun must be in the same person!)

1. ¿Me quieres?... Me levanté a las ocho... Nadie me habla así... Me compré un abrigo nuevo... ¿Me haces un favor?

2. Tienes que cuidarte... Te vi ayer en la calle... ¿Quién te dijo eso?... Si esperas un momentito, te abriré la puerta... ¡Cuidado! ¡Te vas a cortar!

3. Nos conocen bien... Nos casamos en junio... ¿No nos invita?... ¿Qué nos cuentas?... Vamos a vestirnos ahora...

4. ¿Os visitan mucho?... Os mando la carta mañana... ¿Cómo os llamáis?... ¿Por qué no os levantáis?

Two urgent "don'ts"

1. Unless your English is of the "Me Tarzan" variety, please don't confuse **me** with **yo. Yo** means *I.* **Me** means *me, to me, myself,* etc.[20]
2. Please don't confuse **nos** with **nosotros. Nosotros** means *we,* and *we* do the action! **Nos** means *us, to us,* etc., and someone else is in the driver's seat!

---

[20]Then how do we explain the expression **Me gusta** (*I like it*)? Simply because **Me gusta** means *It is pleasing **to me!*** The verb **gustar** means *to be pleasing,* not *to like!*

■ Third person objects: **lo, la**, etc.

Here, for the most part, Spanish has separate forms for direct, indirect, and reflexive pronouns. All you have to do is recognize them to understand their meaning:

DIRECT OBJECTS

lo, la   *him, her, it, you* (**Ud.**)   **los, las**   *them, you* (**Uds.**)

Le, les sometimes appear in place of **lo, los** to refer to male persons, not things!

One more "don't"

Don't confuse the subject *it* with **lo. Lo** is an object pronoun, not a subject pronoun. It *receives* the action of the verb. It *does nothing!*:

Lo tengo. — Lo sé.   *I have it. — I know (it).*

INDIRECT OBJECTS

le   *to (for) him, her, it, you* (**Ud.**)   **les**   *to (for) them, you* (**Uds.**)

REFLEXIVE OBJECTS

se   *himself, to (for) himself, herself, itself, yourself* (**Ud.**)
      themselves, yourselves (**Uds.**)

Remember: In Latin America, the Spanish **vosotros** form is generally not used. So even when speaking to children, the object pronouns will be **los, las, les,** or **se.**

Now here's a short passage from a contemporary short story. Can you tell who is speaking, and to whom? What is the subject of each verb? What is the meaning of each pronoun?

—Como *van* a estar solitos con su papá durante la Nochebuena, *me queda* por decir*les* algo. De todas maneras, ya *son* suficientemente grandes para saber*lo.* San Nicolás no existe. Su papá y yo *somos* San Nicolás. *Somos nosotros* los que *les* damos los regalos de Navidad.
—Pero—*dijo* el pequeño. —¿Y las cartas que *le escribimos* a San Nicolás?
—Sí, sí—*agregó* el otro. —¿Cómo *fue* entonces que *recibimos* lo que *le pedimos?*
—Porque *acuérdate,* tontito, que papá y yo *les ayudamos* a escribir*le* esas cartas.[21]

Two object pronouns together

When a verb has two object pronouns—a direct and an indirect—and both are in the third person, the indirect **le, les** becomes **se:**

Mandé **la carta.**   *I sent the letter.*
La mandé.   *I sent it.*

Le mandé la carta.   *I sent the letter to him (her, you—**Ud.**).*
Se la mandé.   *I sent it to him, etc.*

This **se** is *not* reflexive! Then, how can you tell whether the meaning is reflexive or not?

[21]Adaptado de Victorino Tejera, "Santagrama."

■ Look at the verb form. If the verb and the object pronoun *are not* in the same person, the reflexive is ruled out!

REFLEXIVE	¿**Se pinta** el pelo?	*Does she color her (own) hair?*
NOT REFLEXIVE	No. **Se** lo **pinto** yo.	*No. I color it for her.*

■ If the verb form and the pronoun *are* in the same person, the context will clear up the meaning:

Aquí está su abrigo. Póngaselo.	*Here's your coat. Put it on.*
Aquí está el abrigo de Pirrito. Por favor, póngaselo.	*Here's little Pete's coat. Please, put it on him.*

Now how do you read these sentences?

1. Abro las cartas y *se las paso* al jefe. 2. Esa corbata no va bien con su camisa. Por favor, *quítesela*. 3. No *se preocupe* por el dinero. *Se lo mandamos* mañana. 4. ¿No *se los dio* a Uds.? —No. *Se los guardó* todos para sí mismo.

3. Check the Time Frame

Spotting the tense is extremely important because it will tell you when the events take (or took) place. Although there are a few irregular verbs that don't follow all these rules, you can usually identify the tense by the following endings. Let's look for a moment at the tenses of the indicative. (We'll take the subjunctive as we approach it later, lesson by lesson.)

PRESENT: *I take, am taking, do take; I live,* etc.

yo: -o	→	nosotros: -amos, -emos, -imos
tú: -as, -es	→	vosotros: -áis, -éis, -ís
Ud., él, ella: -a, -e	→	Uds., ellos, ellas: -an, -en

■ Incidentally, if the ending vowel changes from **a** > **e**, from **e** > **a**, we now have a present subjunctive in place of a present indicative. The present subjunctive is used very often to give commands:

¿Habla Ud...?	*Do you speak . . . ?*	→	**Hable (Ud.).**	*Speak!*
¿Duermen Uds.?	*Are you sleeping?*	→	**Duerman (Uds.).**	*Sleep!*[22]

Notice: If the object pronoun is attached to the end of the verb, you can be fairly sure that someone is telling someone else *to do* something!

Ud. me ayuda. → ¡**Ayúdeme!** *Help me!*

Now tell us: Which of the following are statements and which are commands?

1. Se cuida mucho. 2. Cuídese. 3. Tomése dos aspirinas y llámeme por la mañana. 4. No pierde peso porque come mucho. 5. ¡Pierda peso sin ejercicios, sin dieta! 6. Compren Uds.... 7. ¿Se divierten Uds.? 8. Diviértanse. 9. Me llama día y noche. 10. No llame tan tarde.

---

[22]Only when we tell a friend *to do* something (**tú** or **vosotros**) do we *not* use the subjunctive.

What are these ads telling us to do? What facts are they giving to influence our decision?

IMPERFECT: *I was taking, I used to (or "would") take*

yo: **-aba, -ía**   →   nosotros (-as): **-ábamos, íamos**
tú: **-abas, -ías**   →   vosotros (-as): **-abais, íais**
él, ella, Ud.: **-aba, -ía**   →   ellos, ellas, Uds.: **-aban, -ían**

PRETERITE: *I took, did take*

yo: *(regular verbs)*   *stressed* **-é, -í**: amé, viví
   (irregular)   *unstressed* **-e**: tuve, vine
Ud., él, ella: *(regular)*   *stressed* **-ó, -ió**: amó, vivió
   (irregular)   *unstressed* **-o**: tuvo, vino

The other endings follow the same pattern for regular and irregular verbs:

tú: **-aste, -iste**   →   vosotros (-as): **-asteis, -isteis**
nosotros (-as): **-amos, -imos**[23]   Uds., ellos, ellas: **-aron, -ieron**

How would you interpret these short sentences?

1. Iba a verlos ayer. 2. Fui a verlos ayer. 3. ¿Le gustó la película? 4. Jamás me gustaba esa clase de película. 5. ¿A qué hora te acostaste? 6. ¿A qué hora te acostabas? 7. Nos moríamos de hambre. 8. ¡Qué tragedia! El pobre murió de hambre. 9. Eran las doce de la noche. 10. El reloj dio las doce. «Tin, tan, tin, tan...»

Now see how the mixture of preterite and imperfect helps create a story line. Can you tell which is which, and what each verb means?

Uno de mis amigos de la universidad *se enamoró* locamente de una de las estudiantes más bellas de la escuela. *Estuvieron* juntos en dos clases, pero él nunca *tuvo* valor para presentarse. Un día, en la cafetería, se *encontró* en la fila detrás de ella. *Quiso* hablar, pero era tan tímido que no le *salían* las palabras. De repente la muchacha *se volvió* hacia él y *señaló* un plato.
   —¿Sabes qué es eso? —le *preguntó.*
   —S-sí ... es Miguel Gutiérrez y, mucho gusto, yo soy ensalada de macarrones— *respondió.*[24]

FUTURE: *I will take*

The future tense is based on the *whole infinitive* (occasionally, on a slightly contracted version). That is why you'll always find that telltale **r** before the actual ending. There is only *one* set of endings for all conjugations:

yo: **-ré** (daré, iré, volveré)   →   nosotros (-as): **-remos**
tú: **-rás**   →   vosotros (-as): **-réis**
Ud., él, ella: **-rá**   →   Uds., ellos, ellas: **-rán**

[23]Yes, these endings are the same as in the present tense, but the context will clarify the meaning.
[24]*Selecciones del Reader's Digest,* agosto, 1987.

THE CONDITIONAL: *I would take (if . . .)*

The conditional, just like the future tense, is also based on the infinitive. It, too, has only *one* set of endings. Again, notice the telltale **r**:

yo: **-ría** (daría, sería, iría)   →   nosotros (-as): **-ríamos**
tú: **-rías**   →   vosotros (-as): **-ríais**
Ud., él, ella: **-ría**   →   Uds., ellos, ellas: **-rían**

Horóscopo

Aries: Ahora más que nunca deberá Ud. evitar las discusiones con superiores o compañeros de trabajo. Las tensiones cederán para el 22 del mes. Su vida social continuará muy activa, y habrá posibilidades de viajes cortos y largos.

Tauro: La luna nueva del 14 podría significar el inicio de un romance. Sin embargo, éste podría ser muy conflictivo. A partir del 22, los planetas favorecerán sus relaciones.

Compound (or "perfect") tenses

Unlike the one-word "simple" tenses just reviewed, compound (or "perfect") tenses are two-word forms. They refer to completed actions—to things that *have happened,* or that *will* or *would have happened.* The first part—the verb **haber**—tells *when.* The second part—the past participle of the main verb (**-ado, -ido,** etc.) tells *what* the action was.

■ Present perfect (*have gone, been,* etc.)

haber: he, has, ha, hemos, habéis, han (ido, sido, ...)

■ Past perfect (*had gone, been,* etc.)

haber: había, habías, había, habíamos, habíais, habían (ido, sido, ...)

■ Future perfect (*will have gone, been,* etc.)

haber: habré, habrás, habrá, habremos, habréis, habrán (ido, sido, ...)

■ Conditional perfect (*would have gone, been,* etc.)

haber: habría, habrías, habría, habríamos, habríais, habrían (ido, sido, ...)

Once again, tell us: When did (or will) the following actions take place?

1. ¿José? No está. *Ha salido*. —Lástima. Pues dígale, por favor, que *he llamado*.
2. ¿Tú los *habrías invitado*? —No. *Habría dado* alguna excusa. 3. El concierto será el 15 de mayo. —¡Ay, no! *Nos habremos marchado* ya. 4. Era tarde para darle consejos. Ya se *había casado*. —No importa. No te *habría escuchado*. 5. *Hemos trabajado* tanto hoy. —Entonces, ¿*han terminado*?

4. Look for Familiar Words and Word Families

Fortunately, Spanish vocabulary is rather easy to acquire—and even easier to recognize. Here are a few things to look for:

Cognates

Cognates are words that are very similar to their English counterparts and Spanish has thousands of them at your disposition! Obviously, those that are identical or nearly so, need no explanation. Many of them are adjectives: *liberal, favorable, imposible, importante, necesario, religioso, cómico, ridículo.* And many others are verbs or nouns: *nación, independencia, intriga, propaganda; prohibir, responder, preparar, caracterizar.* (Incidentally, please remember that words ending in *-ista* can be either masculine or feminine: *el artista, la artista.*)

Some cognates are slightly removed from the English, but even those fall into easily discernible patterns. Here are the most common:

SPANISH	ENGLISH
NOUNS:	
-dad, -tad: solidaridad, libertad	***-ty:*** *solidarity, liberty*
-dor(a): importador(a), vendedor(a);	***-er:*** *importer, seller*
-tor(a): productor(a), agricultor(a)	***-er:*** *producer, farmer*
-ero, -era: carpintero, librero	***-er:*** *carpenter, bookseller*
-eza: tristeza, fineza	***-ness:*** *sadness, fineness*
pureza, destreza	***-ity:*** *purity, dexterity*
VERBS:	
-gar: investigar, delegar	***-gate:*** *investigate, delegate*
-car: indicar, duplicar	***-cate:*** *indicate, duplicate*
aplicar, multiplicar	***-y:*** *apply, multiply*
-ficar: clasificar, rectificar	***-fy:*** *classify, rectify*
ADJECTIVES AND ADVERBS:	
-ado, -ido: *preparado, distinguido*	***-ed:*** *prepared, distinguished*
-dor(a): trabajador(a) *(adjective)*	***-ing:*** *working, hard-working*
hablador(a)	***-ive:*** *talkative; talking*
-ante: fascinante, intrigante	***-ing:*** *fascinating, intriguing*
insignificante	***-ant:*** *insignificant*
-iente (-ente): ardiente, sorprendente	***-ing:*** *burning, surprising*
ferviente	***-ent:*** *fervent*
-mente: simplemente, generalmente	***-ly:*** *simply, generally*

And there are more. But we'll leave those for later.

Word families

Just as in English, most Spanish words belong to "families." So once you know a word, there are usually many related expressions you can understand even at a glance. For example:

POSITIVE	NEGATIVE
cortés, conocido	descortés, desconocido *(impolite, unknown)*
aparecer, gustar	desaparecer, disgustar *(disappear, displease)*
dispuesto, capaz	indispuesto, incapaz *(indisposed, incapable)*
importante, educado	poco importante, poco educado *(unimportant, uneducated [impolite])*

Verb clusters

In both Spanish and English, many verbs are formed simply by adding a prefix to a very common verb. Here are some of the most common clusters and their English equivalents. Can you add some to each one?

-tener
contener, mantener, sostener,...

-tain
contain, maintain, sustain,...

-poner
oponer(se), componer, disponer,...

-pose
oppose, compose, dispose,...

-traer
atraer, contraer, sustraer,...

-tract
attract, contract, subtract,...

-volver
envolver, disolver, resolver,...

-volve, -olve
involve, dissolve, resolve,...

-ducir
reducir, producir, conducir,...

-duce, -duct
reduce, produce, conduct,...

venir
convenir, intervenir, prevenir,...

-vene, -vent
convene, intervene, prevent,...

decir
contradecir, predecir

-dict
contradict, predict,...

By the way, if a person *maldice a otro,* is he saying something good or bad? If someone *nos bendice,* should we be pleased or displeased *(disgustados)?*

Extensions

Above all, you can use your word base to make all kinds of extensions. In fact, how would you use the following list to fill in the blanks?

complejidad... entristecer... almacén... límite... cerebral... ordenar...
conocimiento... tratar... información... dudoso... triste

NOUN	VERB	ADJECTIVE/ADVERB
_____	conocer	conocido
duda	dudar	_____
cerebro	_____	_____
_____	almacenar	almacenado
_____	acomplejar, complicar	complejo, complicado
tristeza	_____	_____
ordenador	_____	ordenado, en orden
tratamiento	_____	tratado
_____, informática	informar	informado
_____	limitar	limitado, ilimitado

Now here is an article taken from a Spanish magazine. Read it carefully without looking up any words, and we'll ask you what it's all about.

Inteligencias artificiales

Los grandes progresos en el campo de la informática permiten hablar ya de «inteligencias artificiales». En el pasado mes de diciembre se han celebrado en Madrid unas conferencias sobre «Sistemas Expertos» aplicados a la medicina. Los «sistemas expertos» utilizan ordenadores con capacidad para almacenar y representar conceptos en vez de datos numéricos, y para obtener conclusiones. La complejidad de la medicina actual, con el gran número de datos clínicos obtenidos de radiografías, análisis, biopsias, electrocardiogramas, etcétera, requiere una capacidad de memoria ilimitada y una capacidad crítica y analítica superior a la del ser humano. El ordenador permite llegar al diagnóstico automático y a la prescripción del tratamiento en relación con la evolución del paciente. Llega incluso a explicar la razón de sus recomendaciones terapéuticas y a advertir al médico de posibles errores en sus prescripciones.

En el momento actual existen en todo el mundo, principalmente en Japón y los Estados Unidos, proyectos de ordenadores de la quinta generación, que se aproximan grandemente al cerebro humano y que permitirán en la década de los noventa grandes progresos en el campo de la industria y de la medicina.[25]

Did you understand this? Well, here are some questions to see just how well you did: What kind of meeting was held, and where? What do the "expert systems" utilize? What kind of technology is being applied? Why is this especially important today? What projects are being developed now in Japan and the USA? What will the consequences be?

5. Learn How to Guess Intelligently Within a Context

Once you know how to spot the theme, the time, the "characters," and your familiar word bank, you're ready to tackle the unfamiliar. How? Through associations and some simple logic. For words are seldom used out of context. Take the word *canal.* Yes, it can be a "canal," as in *el canal de Panamá.* But what do you think it means

[25]Adaptado de Dr. Juan José Vidal, «Salud,» *Cambio 16,* 9 de febrero de 1987.

when we look up tonight's programs *en el canal 3?* . . . Even totally new words can fall into place: *telón, madrugada, diseñador(a), campeón,.* . . . You may not recognize them on their own, but for reading, you don't always have to!

If you're at the theater, and *se levanta el telón,* what has just gone up? . . . If you phone me *a las tres de la madrugada,* do I have a right to be annoyed? Why? . . . If we're talking about *la moda femenina—ropa elegante, vestidos de gala, telas lindas, estilos nuevos*—what is a *diseñador(a)?* . . . And if sports are the topic—*fútbol, béisbol, tenis, boxeo*—who are some recent *campeones?* Would you like your team to get the *campeonato?* . . .

Now here's a short piece from a Venezuelan newspaper. You may not know all the words, but let's see how far your reading techniques can go.

Drogadicción tabáquica

Según autoridades mundiales, el hábito de fumar constituye actualmente la drogadicción más perniciosa y mortal que jamás haya existido. Estiman que ocasiona más estragos que la cocaína, la heroína, el SIDA, los accidentes de tráfico, el crimen y el terrorismo juntos. Para combatir el tabaquismo, proponen lo siguiente:

1. Aumentar los impuestos a todos los productos del tabaco.
2. Eliminar el subsidio al cultivo del tabaco, porque no es lógico que el gobierno estimule la producción de algo que es dañino a la gente.
3. Hacer una campaña nacional antitabáquica, dirigida principalmente a los jóvenes adultos y a las mujeres.
4. Colocar advertencias sobre los efectos nocivos del tabaco en todos los productos y no solamente en las cajetillas de los cigarrillos.
5. Prohibir toda publicidad y propaganda a favor del tabaco.
6. Sugerir a los artistas y a las personalidades que se abstengan de fumar cuando aparezcan en el cine y la televisión.
7. No vender productos del tabaco a menores de 18 años.
8. Lograr una legislación apropiada sobre el uso del tabaco y conseguir que la gente la respete.

First, let's take an overview: What problem does this article discuss? What are the authorities trying to do about it?

Now let's work at the specifics:

1. Find the familiar words: *hábito de fumar, drogadicción, ocasionar, accidentes de tráfico, las autoridades proponen, eliminar el subsidio, cultivo del tabaco* ... What others are there?

2. Expand with associations:
   a. How many words can you find here that relate to the word *tabaco?* What else do you associate with the word *fumar?*
   b. Which words in this article have decidedly negative or unpleasant connotations? . . . Incidentally, if something has *efectos nocivos,* is that good or bad? And if it is *dañino a la gente,* what does it cause?
   c. What Spanish verb is at the base of *proponer?* And of *abstenerse?* With what groups of English verbs are they related? . . . If someone *se abstiene de fumar en público,* what is he doing—or not doing?

3. Make a few logical guesses:
   a. If this issue is being confronted by *autoridades mundiales,* is it a local or an international effort? What word is the tipoff?

    b. In view of the elements that surround it, would the word *estragos* mean "benefits" or "devastation"?

    c. In the context of an anti-smoking campaign, would *advertencias en las cajetillas de los cigarrillos* be "advertisements" or "warnings"?

    d. If the government decides to *aumentar los impuestos,* will prices go up or down? Why?

    e. What does it mean to *lograr una legislación*? How does one go about doing that?

Now tell us exactly how the authorities propose to fight the *drogadicción tabáquica.* What economic measures do they recommend? What legal steps would they take? How else do they intend to influence the smoking public? (*A propósito, ¿está Ud. de acuerdo? Do you agree?*)

The next piece strikes a happier note. It comes from a magazine article about . . .

El chocolate—alimento de los dioses

Entre los aportes comestibles que América hizo al mundo hay uno que, sin duda, da más placer que todos los demás. Pues cuando uno busca darse gusto, no piensa en comer papas ni papaya, sino chocolate. Desde el principio el chocolate fue considerado un don del cielo. Según la leyenda de los aztecas, el dios Quetzalcóatl vino a la tierra en un rayo del lucero de la mañana, trayendo consigo una planta de cacao robada del paraíso. Les enseñó a los indios a tostar las semillas y a hacer una pasta nutritiva soluble en agua, para hacer *chocolatl.* Los otros dioses impusieron un severo castigo a Quetzalcóatl, pero el chocolate se quedó para siempre en la tierra.

    Aun en aquella época lejana el chocolate apasionaba a muchos. De hecho, es probable que Moctezuma II, último emperador azteca, fuera el aficionado más grande que ha tenido el chocolate en la historia de la humanidad. Según los cronistas, Moctezuma bebía hasta 50 jarros de chocolate al día. También proporcionaba diariamente más de 2.000 jarros de chocolate a los miembros de su corte.[26]

Yes, there are more "unknowns" for you here than in the previous pieces, but you can figure them out. First, tell us: What are the key words? Is the time frame present or past? Ancient or modern? How do you know? . . .
Now let's see if you can work out the rest.

1. What food words do you find? . . . Incidentally, with what verb is *comestibles* related? Do you know an English word related to *alimento*?

2. Given the context, what do you think these words mean?
    a. *aportes:* porters, imports, contributions
    b. *leyenda:* legend, reading, lying
    c. *lucero:* luxury, lucidity, light (With what other Spanish word is it related?)
    d. *semillas:* What part of the *cacao* do you think the Indians toasted?
    e. *paraíso:* Where do the gods live?
    f. *impusieron un severo castigo:* Were the gods rewarding or punishing Quetzalcóatl?
    g. *aficionado:* infected person, devotee, victim
    h. *proporcionar:* provide, proportion, propose

3. Now tell us the whole tale in your own way.

---

[26]Adaptado de Lorna J. Sass, «Alimento de los dioses,» *Américas,* mayo–junio 1905.

One more thing before we leave: a short passage about a Mexican with an unusual specialty. Look for the clues, and this time we'll test your comprehension—all in Spanish!

Sus admiradores dicen que Brígido Lara es un artesano tan superdotado que puede recrear las técnicas prehispánicas y producir piezas que ponen en aprieto a los más experimentados arqueólogos. Los detractores del artista mexicano dicen en cambio que Lara es uno de los más exitosos falsificadores de todos los tiempos, tan diabólicamente hábil que sus figuras han logrado incrustarse en los principales museos y colecciones privadas de Europa y Estados Unidos.

1. Look for familiar words: *admiradores, artesano, técnicas prehispánicas, producir piezas, arqueólogos; detractores, falsificadores, figuras, museos y colecciones privadas.* Just from these, do you have a general idea of the subject matter? About whom are we talking? What does he do for a living?

2. Expand with a few associations. For example: What verb is at the root of *recrear*? What other words do you associate with *creación*? . . .

3. Now take the new words in their frame:
   a. *superdotado:* According to Lara's *admiradores,* is he "highly-gifted," "superannuated," or "overly doted on, overindulged"?
   b. *experimentados:* Would these archeologists be novices or veterans in their field?
   c. *poner en aprieto:* Do you think that Lara's work "delights" the experts or "confounds" them?
   d. *exitoso:* As an imitator of pre-Hispanic works, is Lara "successful" or "on his way out"? . . . Incidentally, with what Spanish noun is *exitoso* related?
   e. *hábil:* Would you call this artist "rehabilitated, skilled, or unskilled" in his craft? (¿Qué habilidad tiene?)
   f. *han logrado incrustarse:* Have Lara's figures "become encrusted with age," "formed a crusty surface," or "become esconced" in many museums and collections?

Once again, can you tell us the story in your own words? . . .

Ahora, ¡adelante! Vamos a continuar:

Lara nació en Loma Bonita, Oaxaca, uno entre catorce hijos de unos campesinos. Desde niño, más que la escuela le interesaba coleccionar y remendar las figurillas de barro prehispánicas que encontraba entre las tierras. Descubrió por sí mismo el modo no sólo de resanar las reliquias mutiladas sino también la manera de copiarlas y de crear variaciones en torno de los temas básicos. Al principio, el niño hacía todo por simple afán artístico, y regalaba sus figurillas a sus amigos. Pero con el tiempo comenzó a venderlas también.

Lara afirma que él nunca pretendió engañar a sus compradores, haciéndoles creer que sus piezas eran auténticamente prehispánicas. Pero por los precios que le pagaban, está claro que tampoco trató de desilusionarlos. Las obras de Lara fueron compradas por los mayores coleccionistas y museos del mundo, hasta que en 1974 el negocio sufrió un duro golpe. Dos de sus vendedores fueron arrestados y acusados de traficar con joyas arqueológicas. Y cuando Lara declaró ante las autoridades que las piezas eran de él, él mismo fue llevado a la cárcel. Desde su celda en la cárcel, Lara creó otras figuras idénticas. Los arqueólogos las sometieron a pruebas científicas, y no pudieron creer lo que veían sus ojos. ¡No había manera de distinguir entre ésas y las originales! Lara fue puesto en libertad. Desde entonces trabaja en el Museo de Antropología de Jalapa restaurando obras antiguas y creando sus propias piezas «tipo prehispánico». Mientras tanto, cientos de sus obras se encuentran todavía en importantes colecciones internacionales como «joyas de la antigüedad». Si Lara mismo no las identifica, nadie sabrá nunca cuál es cuál.[27]

¿Ha comprendido? Pues conteste: ¿Verdad o falso?

1. Brígido Lara fue hijo único de una familia campesina mexicana.
2. Desde niño, se interesó mucho por sus estudios de escuela.
3. Se enseñó a sí mismo el arte de restaurar las piezas auténticas que encontraba en el campo.
4. No sólo restauraba las obras antiguas sino que creaba otras originales.
5. Lara vendió muchas de sus piezas al público, alegando que eran auténticas.
6. Cuando se sometieron a análisis científicos, se descubrió que sus figuras eran falsas.
7. Lara pasó muchos años en la cárcel por fraude y al fin fue exilado.
8. Siendo Lara el único que puede reconocer sus obras, muchas de sus obras se hallan todavía en museos importantes. . . ¡Ya!

To sum up, reading is going to be a great deal easier for you than you could ever have surmised. These are your basic tools for comprehension:

■ First, scan for the gist. Then delve for specifics.

■ Utilize every external aid—photos, charts, format, headings.

■ Look for clues to people, places, times, situations.

■ Watch for famliar words and expand your base through associations.

■ Be attuned to the basic components of the sentence: subject, object, verb tense.

■ Lend yourself to the experience. Bring in your own personal world. Apply your logic. Project, imagine, guess. And the reading will be fun. . .

¡Es tiempo de comenzar!.

[27]Basado en «Brígido Lara: Asombroso autor de *Piezas prehispánicas.*» México, D.F.: Contenido septiembre 1987.

LECCIÓN 1

Panorama

AMBIENTE

«¡Mirad, hijos!»...Una joven familia española visita la capital ... Madrid.

Sol, playa, y música de guitarra... Honcón, Chile.

«Hablando de negocios...» México, Distrito Federal.

«Sobreviviremos.» Madre e hijo en los altiplanos andinos... Cuzco, Perú.

Ésta es la gente que vamos a conocer **de cerca**. Tomaremos su pulso a través de la palabra literaria, a través de la palabra informal, a través de la imagen visual. Y el panorama se completará cuando proyectemos sobre él la perspectiva de nuestra propia experiencia vital.

íntimamente

Estas primeras lecturas nos ofrecen una visión íntima de la hispanidad. «De mi **buzon**» una colección de cartas que captan el mundo personal. Cartas íntimas de parientes y de amigos; cartas de niños. Y después, una **entrevista** con Rubén Blades, el popularísimo cantante y compositor de **salsa**. Vamos a comenzar. El panorama se abre.

caja para el correo
conversación
música de origen
afro-antillano

Comentarios

1. ¿Qué ve Ud. en estos cuadros humanos?...¿Cómo se imagina la vida de esta joven familia española? ¿y de la madre peruana con su pequeño hijo?...¿Quiénes serán aquellas personas en la playa chilena? ¿Qué sabe Ud. de los dos jóvenes mexicanos?...¿Con quiénes se identifica Ud. más?
2. Si Ud. tuviera que representar con solamente cuatro fotografías el pueblo de nuestro país, ¿cuáles escogería? Descríbanoslas.

_____ **LECTURA 1** _____

Preparativos

Pistas

You will find many uses of the present tense as well as commands in the familiar tú form in the readings of this lesson. *Así que, recuerde:*

1. In addition to its normal uses to express an action that *is going on* now, Spanish also uses the present tense in certain special expressions to describe what *has been going on for* or *since* some time:

Hace años que la conozco.	*I have known her for years.*
En efecto, la conozco **desde** 1982.	*In fact, I have known her since 1982.*

2. Affirmative commands to **tú**—*you, my friend*—normally take the present tense of the **tú** form and just drop the final **s**:

¿Lo dejas? → Déjalo.	*Leave it.*
¿Me crees? → Créeme.	*Believe me.*

There are only eight exceptions:

Ten.	*Have.*	**Ven.**	*Come.*	**Pon.**	*Put.*	**Sal.**	*Leave! Go out!*
Haz.	*Do.*	**Di.**	*Say, tell.*	**Sé.**	*Be.*	**Ve.**	*Go.*

Of course, object pronouns are always attached to the end of a direct affirmative command!

Vete. *Go away!*

3. A little warning about pronouns:

■ Since two of our upcoming letters are from Spanish friends, notice the use of the **vosotros** form, with its object pronoun **os** *(you-all)*.
■ The reflexive can also mean *to each other:* **Nos vemos pronto, ¿eh?**

Asociaciones

el buzón *mailbox*—carta; **tarjeta postal** *postcards;* correo *mail:* «¿Me echas esta carta al correo? —Cómo no. Aquí cerca hay un buzón.»

materia *(school) subject, course*—ciencia, matemáticas, negocios; **recibirse** *to graduate*—en **derecho** *(law),* medicina, etc.—¡Felicitaciones!

saludar *to greet;* **charlar,** conversar *to chat;* **la amistad** *friendship;* **despedirse (me despido)** *to say good-bye;* **extrañar** *to miss (someone or something):* «Por favor, vuelve en seguida. Te extraño tanto.»

enamorado *in love;* enamorarse de alguien; casarse; **boda** *wedding;* **luna de miel** *honeymoon:* «¡Ah, me alegro tanto!» *I'm so happy!*

apresurarse *to hurry;* **alcanzar** *to reach, get to; achieve:* «¡Apresúrate! Es tarde. —No puedo más. El tiempo no me alcanza ni para respirar *(breathe).*»

Díganos ahora: ¿Cuáles de estas palabras se asocian con el amor? ¿con la correspondencia? ¿con una relación cordial entre dos personas? ¿con la educación? ¿Puede Ud. añadir por lo menos una palabra más a cada grupo? ...A propósito, si nos queda poco tiempo para alcanzar algo, ¿qué tenemos que hacer? Y si algo está *fuera de nuestro alcance,* ¿será posible obtenerlo?

De mi buzón

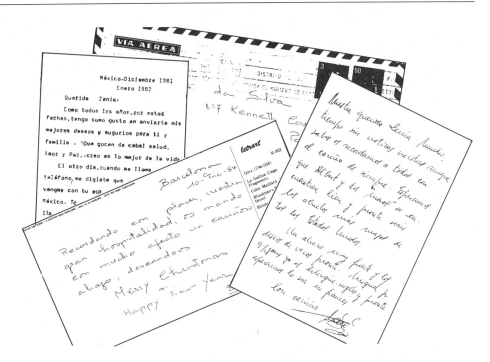

18 de diciembre de 1984

Queridos todos:

Una vez más marca el calendario la fecha de Navidad, y os enviamos este pequeño saludo. Pero ya sabéis que siempre, siempre os recordamos y que sobre todo os queremos de verdad. ¿Cuándo venís a descansar un poco y **recorrer** este   visitar
precioso país?

    Miguelín es **muy formal** y un buen alumno de octavo grado en el «King's   un chico excelente
College». Tiene trece años, y es perfectamente bilingüe ya. Carmen y yo, trabajando mucho pero todo va bien, así que también tenemos que estar contentos. A ver si podemos hacer una escapada y haceros una visita.

    De nuevo os enviamos un fuerte abrazo. Con amor de toda esta familia madrileña,

Miguel

23 de noviembre de 1985

Querida tía,

No me lo vas a creer, pero ¡estoy enamorada! Yo que siempre he dicho que jamás... En fin... Se llama Carlos y estudia   Bueno,...
medicina. Lo conocí una mañana cuando salí a caminar por la playa. Nos pusimos a charlar, me invitó a salir esa misma noche, ¡y ahora hace dos semanas que nos vemos todos los días!   (uno a otro)
¿Qué digo? ¡Dos semanas con tres horas y seis minutos! No es muy buen mozo, pero es tan simpático y cariñoso y dice que me   guapo
adora. Y yo, desde que lo conozco, soy otra. Ya no camino ni hablo. ¡Bailo y canto! ¿Qué te parece ahora tu sobrina?   piensas ... de

    Por otra parte, las cosas me van más bien regular. Ya que me   así, así
recibo ahora de bachiller, tengo que decidir qué carrera voy a seguir. El problema es que no sé qué quiero estudiar. Me gustan tantas cosas, sobre todo las artes. Pero papá dice que debo estudiar algo práctico. Yo no sé. Me cuesta decidirme.   Es muy difícil
Por favor, escríbeme pronto y dime lo que piensas. Ya sabes lo que vale para mí tu opinión.

    Recibe un fuerte abrazo y el cariño de siempre de tu...

Cristina

P.D. Mamá te recuerda mucho y quiere saber por qué no le   manda saludos
escribes.

10 de enero, 1986

Yo me llamo Natalio Mamaní Laura. Nací el primero de diciembre de 1973. Tengo 12 años. Estoy en la escuela nocturna Efraín Carrasco en Segundo Intermedio B.

Tengo un hermano mayor y un hermanito pequeño. Mis papás se llaman Juan Mamaní Quispe y Viviana Laura. Mi papá se ocupa en vender helados ambulando en las calles, y mi mamá no trabaja. Se ocupa en labores de **hogar**. Vivo en el barrio Condorini, sobre la Avenida Periférica de La Paz.

    la casa

Por ahora, me despido con cariño.

Su **ahijado**,

    hijo adoptivo

Eloy Natalio Mamaní

8 de julio de 1986

Querida tía:

Acabo de recibir tu carta y me apresuro a escribirte—aunque en este momento no debo, porque mañana hay examen y estoy <u>rendida</u>. Pero tú me importas más, ¡siempre! Ya lo sabes.

    cansadísima

El primer año de derecho no es tan fácil como yo creía. Entre Introducción a la Filosofía del Derecho, Derecho Civil I, Derecho Romano, etc., etc., el tiempo sólo <u>me alcanza</u> para estudiar y dormir. Pero sí, por otra parte me ha pasado una cosa fabulosa. Escucha:

    es suficiente

Se llama Jorge Luis. Tiene 23 años. Es alto, delgado—pues, no demasiado—tiene unos ojos verdes enormes y pelo <u>castaño</u>. Es sumamente inteligente y muy buen tenista. Y es de lo más atento conmigo. <u>¡Un encanto!</u> Además, como él ya está en el cuarto año de derecho, y conoce todas las materias de memoria, me ayuda mucho. Créeme, he encontrado al hombre de mis sueños. ¡Esta vez, es de verdad!

    moreno

    Un amor

Escríbeme pronto y cuéntame todo lo de allí. Te extraña y te abraza tu sobrina,

Cristina

P.D. Salúdales al tío Jorge y a mi primo Enrique y dáles mil besos míos. Para ti, un millón.

Asunción, Paraguay
15 de febrero, 1987

Querida amiga Dra. Zenia:

¡Qué alegría al recibir tu tarjeta tan expresiva y simpática! La leí y releí varias
veces. Mis padres también la leyeron y se alegraron por estos amigos que
encontré en Iguazú, **que yo les relaté** como experiencia de mi viaje de vacaciones.   porque yo se lo
Por cierto me sorprendió porque no esperaba tan pronto la tarjeta de Snoopy. **En**   conté
cuanto a esa pregunta de si será para siempre nuestra amistad, con tanto gusto y   Con respecto a
con los brazos abiertos seremos amigos para siempre.

   Mi padre me informó que Sonia también recibió tu tarjeta, y si no te contestó
aún, lo hará muy pronto.   todavía

   Hace unos días comencé el **colegio** y voy al primer curso de la secundaria   escuela (¡no
porque aquí se hacen seis años de primaria y otros seis de secundaria.   universidad!)

   Bueno, me despido con mucho cariño para los dos y con el aprecio de mis
padres que se llaman Oscar y Antonia.

                        Saludos cordiales. Chau y hasta pronto.

                                Alba María

                                              12 de mayo de 1988

Muy, muy querida tía:

Adivina lo que te voy a contar. ¡Sí! ¡Me voy a casar!
Sebastián habló ayer con Papá y Mamá, y la boda va a ser en
octubre. Por si acaso, ¿pueden Uds. venir a acompañarnos ese   Posiblemente
día? Bien sé que el viaje desde ahí es costoso, pero tengo
unos deseos tan grandes de tenerlos a mi lado. De todos modos,   En efecto
no hemos hecho los planes definitivos todavía. Nos gustaría
pasar la luna de miel en Nueva York, pero ¿quién sabe? Si es
así, te vemos entonces. Si no, prométeme que vas a venir acá.
Sebastián se muere por conocerte.

   Mientras tanto, recibe un abrazo muy fuerte de
                        ¡LA MUJER MÁS FELIZ DEL MUNDO!

                                Cristina

Proyecciones

A. ¿Qué nos dice?

1. ¿Le gusta a Ud. escribir cartas, o se mantiene en contacto con sus amigos
   sólo por teléfono? ¿Le gusta recibir cartas? ¿Quiénes le escriben?... Pues de
   todas las cartas que leímos aquí, ¿cuáles le interesaron más? ¿Por qué?

2. ¿Qué sabe Ud. de Miguel Angel? ¿Dónde vive? ¿Cuántos años de edad cree Ud. que tiene? ¿Qué clase de trabajo hará? (¿Y su esposa Carmen?) ¿De qué clase socio-económica serán? ¿Por qué piensa así? A propósito, ¿qué clase de escuela será el «King's College»?... ¿Desde cuándo cree Ud. que las dos familias se conocen? ¿Cómo describiría Ud. la relación que existe entre ellas?

3. ¿Cómo es Cristina—de aspecto físico, de personalidad, de temperamento, etc.? ¿Conoce Ud. a alguien como ella? ¿Es Ud. así?... Por otro lado, ya que *(since)* viven tan lejos Cristina y su tía, ¿cómo explica Ud. la relación tan cariñosa que existe entre ellas?

4. ¿Qué nos cuenta Ud. de Alba María? ¿Cuántos años cree que tiene? ¿Dónde vive? ¿Qué sabe Ud. de su familia? ¿Quién será Sonia? ¿Cómo se conocieron estas niñas y la «Dra. Zenia»?... ¿Cómo compararía Ud. las circunstancias de Alba María con las de Eloy Natalio?

B. Adivine por el contexto

Dado el contexto, ¿comprende Ud. estas expresiones? Léalas y después conteste.

1. A ver si podemos *hacer una escapada* y haceros una visita ... Por lo general, ¿tienen mucho tiempo para viajar estos amigos?

2. *De nuevo,* os enviamos un fuerte abrazo ... ¿Es la primera vez que expresan su cariño?

3. *Nos pusimos* a charlar, y me invitó a comer con él ... ¿Qué hicieron los dos antes de salir a comer?

4. Sabe todas las materias *de memoria* ... ¿Qué clase de estudiante es?

5. Cuéntame *todo lo de allí* ... ¿Qué quiere saber esta persona?

6. Es *de lo más atento* conmigo y por eso lo amo tanto ... ¿La trata el novio con mucha o con poca consideración?

C. Creación: «De mi pluma»

De acuerdo con las cartas que acabamos de leer, a ver si puede Ud. escribir una propia. Tal vez...

1. una breve nota dándole a alguien las gracias por algo: Por ejemplo: «Querido/ Querida ... Acabo de recibir tu ... y no sabes cuánto me gustó ... Tú siempre eres tan ... conmigo». ¿Qué más le dirá?

2. una carta de amor: Vocabulario práctico—amar, enamorado (de), Me encanta ... Siento por ti ... Pienso en ti ... Tú eres ... Te quiero tanto ...

3. una carta contando algo que le pasó recientemente: «Hola. ¿Sabes? El otro día yo estaba en ...» Díganos dónde estaba Ud. cuando el suceso ocurrió, qué día de la semana o qué hora era, qué vio, qué oyó, etc., y cómo resultó— ¿bien o mal?

4. O si prefiere, escoja una de las cartas de nuestro «buzón», y contéstela: «Querido Miguel ... Querida Cristina: ¡Felicitaciones! ...»

LECTURA 2

Preparativos

Pistas

1. As you know, **lo** can be an object pronoun meaning *him, you* **(Ud.)** or *it.* But it can also be something else: a neuter article that converts any adjective that follows it into a noun. Take, for example:

Lo horrible de la guerra ...   *The horrible part (or "thing") about war ...*
                                 The horror of war ...
Lo mejor sería ...   *The best thing would be ...*

2. In Spanish, the infinitive is often used to translate English nouns ending in *-ing: singing, feeling, . . .* As a matter of fact, they are the only part of a verb that can actually be used as subject or object of the action:

Expresa el sentir del pueblo.   *He expresses the feeling of the people.*
(El) Ver es creer.   *Seeing is believing.*

That is how the expression **Al +** an infinitive came to be:

Al llegar ...   *Upon (On) arriving . . .*

3. Sometimes, in every language, a word can have a number of different meanings. And so can their "extensions." Let's look for a moment at the verb **sentir:**

sentir (siento)   *to feel* or *sense; to feel sorry* or *regret*
sentirse (bien, mal, obligado, etc.)   *to feel (good, bad, obliged . . .)*

Ahora, ¿cómo interpreta Ud. las frases siguientes?

1. *Me siento* honrado por su visita. 2. *Siento* tener que informarle que ... 3. *Sentimos* una extraña presencia en esa casa antigua. 4. ¿Cómo *se siente* ahora? ¿Está mejor? 5. Pues, claro, comprendemos tus *sentimientos.* 6. ¿Cuál es el *sentido* de esta palabra? 7. ¡Hombre! ¿No tienes *sentido* común? Esto no tiene ningún *sentido.*

Asociaciones

esperanza   *hope*—esperar; **felicidad**   *happiness:* «¡Estoy enamorada! ¡Estoy tan feliz!» —¡Felicitaciones!
angustia   *anguish*—**temer,** el temor   *fear;* doler, **el dolor**   *pain:* «Ay, lo siento tanto. Siento tu angustia, siento tu dolor.»
guiar (guío)   *to guide, lead;* **lograr**   *to succeed in, manage to;* **éxito**   *success* (Not *exit!*): «¿Logró establecerse **por su cuenta** *(on his own)*? —Sí, y tuvo mucho éxito.»
sonido   *sound*—sonar; oír, escuchar: «No me gusta el sonido de ese instrumento. Suena tan mal. —Entonces, no lo escuche.»

Repase por un momento estas palabras y díganos primero: ¿Cuáles tienen connotaciones agradables? ¿Y cuáles las tienen desagradables? ... Ahora bien, si una persona *temerosa* es alguien que teme (o que «tiene miedo»), ¿qué es una persona *exitosa*? ¿Qué es una situación *angustiosa*? ¿y una decisión *dolorosa*? ... Finalmente, ¿qué buscamos en una *guía telefónica*? ¿Dónde trabaja un *guía turístico*?

¡Cuidado!

Aquí tiene Ud. tres verbos muy parecidos. Tenga cuidado de distinguir entre ellos.

creer   *to believe:* ¡Esto es increíble!
crear   *to create:* «Es un gran creador de ciencia ficción. —Sí, sus obras son muy creativas.»
criar (crío)   *to raise, bring up:* Esa mujer no sabe criar a un niño. —¡Qué va! Todos son muy bien criados.

La visión de Rubén Blades

Rubén Blades, primer cantante de «salsa» en componer su propio material—y el primero en introducir el comentario político en sus canciones—dio a esta música de origen afroantillano una expresión vital y urbana. Blades conservó el ritmo, pero alteró la instrumentación, usando vibráfonos y sintetizadores en lugar de los instrumentos metálicos de viento.

«*Estoy buscando a América y temo no encontrarla.*
Sus huellas se han perdido entre la oscuridad.   pasos
Estoy llamando a América pero no me responde.
La han desaparecido los que temen la verdad.»   suplantado

5 Este joven panameño, considerado hoy el rey de la salsa, expresa a través de su
música el sentir de los centros urbanos latinoamericanos—sus angustias y sus
esperanzas, su felicidad y su dolor. Esa visión lo ha hecho uno de sus cantantes y
compositores más populares. Pero a Rubén Blades lo **impulsa** algo más—la visión   inspira

de un mundo perfecto. Es idealista, y no parece afectado por el gran éxito que ha
10 logrado. Abogado en su propio país, recibió un diploma posgraduado en Harvard,
y ahora piensa dedicarse a dos carreras—la música y la política.

El día que lo entrevistamos en la compañía de discos Elektra de Nueva York,
vestía jeans, zapatos de tenis sucios y chaqueta oscura, y llevaba la camisa
abierta. Parecía **recién salido** del barrio con cuyos habitantes se identifica.   que acababa de salir

¿Vino Ud. a Nueva York inicialmente a ser cantante?

15 Vine por dos razones. En el aspecto técnico, yo quería crear música e interpretarla
de la manera que yo oía los sonidos. También quería conocerme más a mí mismo.
Necesitaba saber si podría sobrevivir por mi cuenta. No quería terminar mis
estudios profesionales e incorporarme en seguida a la sociedad panameña. No
tenía deseos de casarme y tener hijos. Tampoco estaba dispuesto a abandonar
20 mis aspiraciones artísticas. Y venir a los Estados Unidos era la realización de parte
de los sueños que tenemos todos los que nacimos después de la Segunda Guerra
Mundial.

¿Por qué escogió la salsa para expresar sus ideas?

No fue **cuestión** mía solamente. Muchos de nosotros buscábamos una música más   idea
dinámica y práctica. A mí las canciones latinoamericanas me parecían
25 pretenciosas y **faltas de** veracidad. La salsa era la alternativa más dinámica que   sin ninguna
teníamos fuera del «rock», que era en inglés. Lo que yo hice fue **alejarme de** la   separarme
noción de que esa música era sólo para bailar. Consideraba que servía para crear
un folklore urbano.

*¿Ud. ha dicho que quería expresar **cólera** y violencia?*   furia

Bueno, nuestra generación se crió con la violencia. Nuestra reacción fue muy
30 **parecida** a la de los chicos que expresan su cólera a través del *breakdancing*. Es   similar
una manera de relajar las tensiones, una válvula de escape constructiva. Por
medio de la música podemos crear nuestra propia forma de comunicación social.

La justicia parece tener mucha importancia para Ud.

Sí. Me criaron con esos sentimientos. Mi abuela Emma era una mujer muy liberal
en una sociedad **regida** por los hombres. Hasta cierto punto yo soy **obra** de ella. El   dominada / la
35 sentido de justicia también me viene de nuestro barrio de gente trabajadora,   creación
donde a nadie le importaba el **apellido** que uno tenía ni lo que hacía su padre. En   nombre de familia
ese ambiente, lo que me guiaba era mi sentido de jugar limpio, mi paciencia y mi
respeto por los derechos de los demás.

¿Qué trata de expresar en su canción «Buscando a América»?

Lo horrible de la guerra, de las situaciones injustas. Todo el mundo quiere vivir, y
40 vivir en paz y en libertad. En el sentido de buscar un lugar mejor, todos estamos
buscando hoy día a América. América es el continente más dinámico, más variado
y más hermoso del mundo actual, y no obstante, su estado da **grima**. Hemos   lástima
perdido el sentido de la justicia, de querer hacer algo el uno por el otro. Yo creo
que por mi música puedo ser agente de cambios. Lo creo de verdad.[1]

---

[1]Adaptado de «La visión de Rubén Blades,» por Robert A. Parker. *Américas*, marzo–abril 1985.

Proyecciones

A. ¿Qué nos dice?

1. ¿Quién es Rubén Blades? ¿Cómo ha sido hasta ahora su vida? ¿Le ha oído Ud. cantar alguna vez? ¿Lo ha visto en alguna película de cine? ¿Le gusta a Ud. la música de «salsa»?

2. ¿Cómo se diferencia Blades de los demás cantantes populares? ¿Qué aspecto de la vida latinoamericana expresa en sus canciones? ¿A qué cosas piensa dedicar el resto de su vida? (A propósito, ¿qué piensa Ud. de esa decisión? ¿Sabe Ud. algo acerca de las condiciones actuales en Panamá?)

3. En su opinión, ¿debe contener la música popular algún sentido político–social, o debe ser sólo para disfrutar, para escuchar y bailar? ¿Por qué? ... ¿Hacen comentarios políticos a través de su música los compositores de nuestro país? (¿Quiénes?)

4. Imagine Ud. que está entrevistando a Rubén Blades. ¿Qué otras preguntas le hace?

B. Adivine por el contexto

Dado el sentido de cada frase, ¿entiende Ud. las expresiones indicadas? ¿Cómo las relacionaría con las siguientes?

```
divertirse... justicia... por medio de... similar... sin embargo... defenderme
```

1. Lo que le guiaba era su sentido de *jugar limpio.*
2. Su reacción era muy *parecida* a la de otros jóvenes de su edad.
3. No quiero que me ayuden. Quiero ver si puedo *sobrevivir* por mi cuenta.
4. América es un continente maravilloso, y *no obstante,* su condición da lástima.
5. *A través de* su música, quiere comunicar una visión social.
6. La música no debe contener un mensaje social. Debe ser sólo para *disfrutar.*

C. Creación

1. Rubén Blades nos dice que América es el continente más dinámico y hermoso del mundo, pero que ha perdido su sentido de justicia. ¿Está Ud. de acuerdo con él? Prepare un breve comentario, explicando sus razones.

2. Cuéntenos algo sobre su cantante favorito—su vida, su carrera, y su música.

3. *(Dos personas.)* Ud. va a entrevistar a una celebridad. Prepare una lista de diez preguntas, de las cuales solamente cinco pueden aludir a su vida profesional o personal. Las demás deben solicitar información sobre cuestiones de más significación universal ... Ahora, su compañero (compañera) va a ser esa celebridad. ¿Cómo le va a contestar?

En conclusión

¿Cuál es la primera impresión que le ha producido este breve contacto con los hispanos? ¿Ve Ud. un mundo muy distinto o muy similar al nuestro? ¿Qué aspectos de estas cartas, fotos, y de la entrevista con Rubén Blades han contribuido a formar esa impresión?

Hoy—En tres dimensiones

AMBIENTE

Según la percepción tradicional, el mundo hispánico se divide en dos clases sociales—una opulenta, **heredera** de una vida privilegiada; la otra pobre, impotente. Se piensa en ciudades congestionadas de trabajadores, y en una población **campesina**, mayormente india y mestiza, cuya vida ha cambiado poco **a través de los siglos**. Pero esas percepciones ya no son **del todo** válidas, porque hay cambios profundos que se están operando en el mundo hispánico. La sociedad que antes se veía en dos planos ha adquirido ahora un aspecto tri-dimensional.

recipiente

rural
durante cientos de
años / enteramente

Los campesinos (1947) por el mexicano Diego Rivera simboliza la otra cara de la moneda—la clase labradora cuya fuerte espalda se dobla todavía bajo el peso del trabajo.

Vista desde la cima... Las pinturas de la colombiana María de la Paz Jaramillo Pareja documentan la frívola vida nocturna de las discotecas y los cabarets. Aunque su brillante colorido y libertad artística se oponen al realismo fotográfico, captan a lo vivo la «élite» de la década del 1980.

«Vista desde la **cima**»: Hasta mediados del presente siglo, las clases altas   lo alto
latinoamericanas representaban una minoría selecta que dominaba efectivamente
la vida política, económica y cultural de cada país. Refinadas, cosmopolitas, y
poseedoras de inmensas fortunas y tierras, mandaban a sus hijos a Europa o a los   propietarias
Estados Unidos para estudiar, y figuraban en los anales de la «aristocracia»
internacional. Y la preocupación comercial se mantenía a la mayor distancia
posible de su órbita personal. Últimamente, esa clase ha sido **ampliada** por nuevos   aumentada
millonarios—comerciantes, industriales, profesionales—y se ha comenzado a crear
una visión más pragmática de su función social.

Camino hacia arriba... Un joven
matrimonio abarca con optimismo
el porvenir. Las dificultades
económicas continúan, pero una
vida nueva comienza... Granada,
España.

«Camino hacia arriba»: Tanto en España como en los países más urbanizados
de Hispanoamérica se están produciendo otros cambios en el **orden** social. **A**   estructura
pesar de ciertos problemas que persisten siempre. La clase media, formada en   Aunque hay
una ética de trabajo, disciplina y educación, está alcanzando una mayor
estabilidad económica y hasta una marcada presencia política. Poco a poco, en
todos los campos, esa clase se está abriendo un camino hacia arriba—un camino   se agranda / se hace
que **se ensancha** o que **se angosta** según las precarias circunstancias nacionales.   más pequeño

«El reverso de la moneda»: Por otra parte, ciertos problemas fundamentales de
Latinoamérica continúan—entre ellos, una severa crisis financiera, exacerbada por
la continua migración de la **población** rural a las ciudades. Los **campesinos** siguen   habitantes / gente
viniendo con la ilusión de encontrar trabajo, pero sus posibilidades son muy   del campo
limitadas en una sociedad moderna para la cual no están preparados ... **Mientras**   Al mismo tiempo
tanto, la rápida democratización (y «socialización») de España desde la muerte
del Generalísimo Franco en 1975 ha producido una crisis económica y moral. Y
los conflictos políticos regionales—sobre todo en el «**País Vasco**»—han causado   región del norte
disturbios que impiden el **desarrollo** normal de la nación.   evolución

Estas son las tres dimensiones de la sociedad hispánica hoy, y éstos son los temas de nuestras tres breves lecturas: «Carolina Herrera, creadora de **modas**», sobre la aristócrata venezolana que ha conquistado el mundo de la **alta costura**. «David Díaz, reportero del barrio», sobre un joven puertorriqueño que supo triunfar sobre la pobreza y la violencia. Y, «Le escribe la señora Rosa...», donde nos habla una joven **viuda**, víctima del terrorismo en su propia España.

estilos
ropa elegante

mujer que ha perdido a su esposo

Comentarios

1. ¿Cómo ha sido percibida tradicionalmente la sociedad hispánica? En efecto, hasta mediados de este siglo, ¿cómo vivía la gente rica? ¿Había una clase media importante?
2. ¿Qué cambios se están produciendo ahora? ¿Cuáles le parecen bien? ¿Y cuáles le parecen mal? ¿Hay cambios en nuestro país también? ¿Cómo los describiría Ud.? ¿Le afectan a Ud. personalmente?

———————— LECTURA 1 ————————

Preparativos

Pistas

Be on the alert for the meaning of object pronouns, especially in the third person. Remember:

DIRECT		INDIRECT		REFLEXIVE	
lo	*him, it, you* (Ud.)	le	*to him, her, you; for him, her, you*	se	*(to, for) himself, herself, yourself...*
la	*her, it, you (f.)*				
los	*them, you* (Uds.)	les	*to them, to you or them, for you*	se	*(to, for) them-selves, your-selves*
las	*them, you (f.)*				

(Sometimes **le** and **les** are used as direct objects referring only to male persons: *him, you, them:* «Mucho gusto de conocerle.»

Asociaciones

la moda *fashion*—modisto, modista, **diseñador(a)** *(designer);* vestir bien, ropa fina; trajes de noche *(evening clothes),* camisas deportivas *(sport shirts);* artículos de lujo *(luxury):* ¿Sigue Ud. siempre la moda? ¿Qué representa para Ud. la ropa buena—una necesidad o un lujo?

pertenecer (pertenezco *to belong*—a un club, a cierta clase social, etc.: ¿Pertenece Ud. a algún club u organización interesante? ¿o a alguna sociedad religiosa? ¿A qué clase social diría Ud. que pertenece su familia?

actual *present-day, current,* not *actual;* actualmente, en la actualidad *(nowadays):* Sí, ahora mismo. ¿Dónde vive Ud. actualmente? ¿Dónde vivía hace dos años?

éxito *success* (not *exit!);* fama, triunfo personal: En su opinión, ¿en qué consiste tener éxito en esta vida? ¿Quién es la persona más exitosa que Ud. conoce?

Carolina Herrera, creadora de la moda

«La gracia latina en la moda.» Carolina Herrera.

La venezolana Carolina Herrera infunde
en sus creaciones su esencia de mujer
cosmopolita e inteligente. En una de sus
colecciones figura este elegante
conjunto de terciopelo azul adornado
con hilos de oro.

Mientras la moda de las elegantes camisas deportivas de Calvin Klein y Ralph
Lauren invaden el Hemisferio Sur, las mujeres de los Estados Unidos se han
enamorado de la moda lujosa y romántica que las latinas han cultivado siempre.
En este momento, la ropa de silueta femenina representa realmente la moda
5 actual. Y sin duda, el cambio ha sido acelerado por la influencia de tres
prominentes modistos hispanos—el cubano Adolfo, el dominicano Oscar de la
Renta, y la venezolana Carolina Herrera, la más joven y recién llegada de los tres.

    María Carolina Pacanins de Herrera es una mujer pequeña y rubia que
pertenece a la alta sociedad venezolana. Su padre, oficial **jubilado** de la Fuerza   retirado
10 Aérea de Venezuela, fue pionero de la aviación y gobernador de Caracas. Su
madre era de una conocida familia de ascendencia española y francesa. Y
Carolina, que está casada con un rico terrateniente de su país, ha sido siempre la
encarnación de la elegancia. Pero eso no era suficiente para llegar al pináculo
internacional como diseñadora. Carolina Herrera tuvo que forjarse una carrera
15 basada en su propio talento y **esfuerzo**. Y así lo hizo.   trabajo y dedicación
    En efecto, la joven llegó a ser diseñadora de modas casi **por casualidad**.   sin pensarlo
Aunque jamás recibió instrucción artística, **de niña** les hacía ropa a sus **muñecas**,   cuando era / juguete
y después diseñaba muchos de sus propios vestidos. Por fin, un pequeño **desfile**   de niñas / exhibición
de modas que presentó en Caracas tuvo tal éxito que decidió dedicarse a diseñar
20 ropa profesionalmente.

Carolina causó sensación en 1981 cuando mostró sus primeros modelos en Nueva York. Desde aquel momento, su **ascenso** en el campo de la moda ha sido   subida
tan rápido que en la actualidad viste a muchas de las mujeres más elegantes del mundo—princesas europeas, esposas de **acaudalados** negociantes   riquísimos
25 internacionales, y norteamericanas tan distinguidas como Nancy Reagan y Jacqueline Kennedy Onassis.

Carolina trabaja incansablemente y maneja su negocio igual que su casa, con el máximo de **eficacia**. Sus creaciones se originan en los diseños que hace en su   eficiencia
oficina, y ella misma supervisa todos los detalles de su **confección**. «No dejo salir   manufactura
30 ningún vestido sin haberlo inspeccionado personalmente», explica. «Sé lo que las mujeres buscan. Soy perfeccionista.»

He aquí a Carolina Herrera, una aristócrata que no quiso contentarse con los   Aquí tenemos
privilegios tradicionales de su clase. Carolina Herrera, símbolo de una nueva conciencia latinoamericana ... Vista desde la cima.[1]

Proyecciones

A. Díganos

1. ¿Qué influencia ha tenido últimamente la moda latinoamericana sobre la alta moda internacional? ¿Quiénes son los tres diseñadores hispanos que han influido más en la moda norteamericana? (¿Los conocía Ud. antes de leer este artículo?)

2. ¿Qué aspectos de la vida de Carolina Herrera le impresionaron más a Ud.? ¿Cómo la compararía Ud. con la mujer norteamericana de igual categoría económica y social?

3. En su opinión, si una persona nace en una familia rica, ¿tiene todavía la obligación de trabajar? ¿de hacer obras de caridad? ¿de ayudar en alguna otra forma a la humanidad? ... ¿Se aplica esto igualmente a los hombres y a las mujeres? ¿Por qué?

4. Sobre una nota más personal, ¿le interesa a Ud. mucho la ropa? ¿Le importa la marca del diseñador? Si Ud. pudiera comprar ropa de modistos famosos, ¿lo haría? Si el coste no le importara, ¿cuál es el precio máximo que pagaría por un artículo de vestir?

B. Adivine por el contexto, y después conteste

1. «Su madre era de *ascendencia* española.» ... ¿De dónde venían sus abuelos maternos?

2. «Está casada con un rico *terrateniente*.» ... ¿Procede de la industria o de la tierra la riqueza de su esposo?

3. «De niña les hacía ropa a sus *muñecas*.» ... ¿Para quiénes eran esos pequeños vestidos?

4. «Presentó un pequeño desfile de modas para sus *conocidas*.» ... ¿Estaba abierta al público esa exposición de ropa?

5. «Tuvo que *forjarse* una carrera gracias a su propio esfuerzo.» ... ¿Quién fue responsable de su éxito?

[1]Basado en «'Confección de una carrera,» por Arlene Gould Rodman, *Américas,* mayo–junio 1984; y en «La gracia latina en la moda,» Catherine Healy, *Américas,* mayo–junio 1987.

C. Creación

1. Se dice que la concisión es uno de los aspectos más difíciles del arte de la composición. En otras palabras, es más fácil comunicar una idea con muchas palabras que con pocas. Pues vamos a ver si Ud. puede superar ese problema. Trate de reducir a cinco oraciones el artículo sobre Carolina Herrera, expresando sus ideas principales en sus propias palabras.
2. O si prefiere, escriba un párrafo corto sobre: «La moda: por qué la sigo (o no la sigo.»

LECTURA 2

Preparativos

Pistas

Very often, words that seem new to us are actually based on familiar ones. For example, here are ten that you surely know:

comer, peor, seguro, joven, periódico, escuela, semana, tarde, conocer, contar

Usándolas como base, lea las frases siguientes y conteste las preguntas.

1. La situación ha *empeorado*... ¿Las cosas van bien o mal? 2. Se dedicó al *periodismo*... ¿Qué clase de trabajo hacía? 3. El año *escolar* termina en dos semanas... ¿En qué mes cree Ud. que estamos? 4. Publican una edición *semanal*... ¿Cuántas ediciones hay al año? 5. Trabajaba en una tienda de *comestibles*... ¿Qué vendía? 6. Les *aseguro* que no hay peligro... ¿Tiene confianza o miedo esta persona? 7. No creo que me *reconozcan* todavía... ¿Se ven con frecuencia estos individuos? 8. «*Juventud*, divino tesoro, ya te vas para no volver»... ¿Qué lamenta perder esta persona? ¿Cuántos años cree Ud. que tiene? 9. Su madre ha hecho *incontables* sacrificios por él... ¿Esta señora ha hecho mucho o poco por su hijo? 10. No *tardaré mucho en regresar*... ¿Vuelvo en seguida?

Asociaciones

barrio *neighborhood*—avenida, la calle; **esquina** *street corner;* **cuadra, manzana** *city block;* el centro, tráfico, ruido, neoyorquinos *(New Yorkers):* ¿Qué más asocia Ud. con una gran ciudad?

pandilla *gang:* ¿Hay «pandillas callejeras» donde vive Ud.?; **vagar** *to "hang out," loiter;* violencia, pelear, luchar *(to fight);* **golpear** *to hit, beat up;* pistola—**disparar un tiro** *to fire a shot;* **herido** *wounded;* **el puñal** *(knife):* Si la víctima fue muerta «a puñaladas», ¿qué le pasó?... A propósito, si un golpe es el efecto de golpear, ¿qué es un «disparo»? ¿y una «herida»?... Si un chico es un «vago», ¿trabaja mucho? ¿Cumple con sus deberes?

medios de difusión *the media*—televisión, radio, periódicos; **encuesta** *poll:* ¿Qué opina Ud.?; **premio** *award:* ¡Felicitaciones! Debes sentir mucho **orgullo** *(pride).* —Gracias. Y estoy **orgulloso** de Uds. también... Una vez más, ¿qué asocia Ud. con los diversos medios de difusión? ¿y con las encuestas? ¿En qué piensa Ud. cuando oye hablar de «premios»?

David Díaz, reportero del barrio

En su adolescencia, perteneció a una pandilla callejera. Ahora, este comentarista de la televisión es el orgullo de la comunidad hispana de Nueva York.

David Díaz, el «orgullo» de Puerto Rico.

Con frecuencia los neoyorquinos, hispanos o no, lo reconocen en la calle y lo saludan como a un viejo amigo. El **conductor** de un camión le grita al pasar: «¡Díaz, Díaz, adelante!» Un hombre de origen hispano comienza una conversación en una esquina de Manhattan donde David Díaz espera para
5 entrevistar al presidente de Nicaragua, quien posiblemente no quiera hablar con él. «**Accederá** cuando te reconozca», le asegura el admirador, y en efecto, así fue.
    Nacido en Caguas, Puerto Rico, el 16 de agosto de 1942, Díaz llegó a Nueva York con su familia tres años después y se crió en las calles de la gran ciudad. Los padres se separaron cuando David tenía quince años, y David se mudó con
10 su madre a un apartamento de Washington Heights, en Manhattan. En la manzana vecina, una pandilla que se hacía llamar los «Jesters» (Bufones), **integrada en su mayoría** por jóvenes irlandeses, vagaba por las esquinas, golpeando en ocasiones a los puertorriqueños y a los negros que se aventuraban en su territorio. David se unió a los «Egyptian Kings» (Reyes Egipcios), una pandilla de jóvenes hispanos y
15 negros.
    La violencia entre ambas pandillas **no tardó en empeorar**. En una ocasión, David caminaba por Broadway, cerca de la Calle 168, cuando se le acercaron tres «Jesters». Uno de ellos sacó una pistola y le disparó un tiro. Díaz se agachó detrás de un automóvil **estacionado**, y de esta manera escapó ileso. El impacto de
20 aquellas **peleas callejeras** lo decidió a separarse de la pandilla. «Mi madre se preocupaba mucho por mí, y hacía **incontables** sacrificios», relata. «No podía yo traicionarla.»

chófer

Dirá que sí

compuesta
mayormente

pronto se puso peor

aparcado
luchas en la calle
muchísimos

El joven se presentó a los exámenes de admisión para entrar en la Preparatoria
Fordham, escuela elitista de los jesuitas, y tuvo éxito. Repartía comestibles y
25 telegramas de la Western Union para contribuir a pagar sus estudios. «Por lo
menos la mitad de los muchachos con quienes crecí **se volvieron** drogadictos»,   se hicieron
asegura Díaz. «Yo fui el único que se graduó de la secundaria.»
Siguió sus estudios en el City College de Nueva York, y se graduó con la
mención *magna cum laude* en filosofía. Como reportero en la universidad, había
30 empezado a interesarse en el periodismo, interés que lo llevó a la Escuela de
Periodismo de la Universidad de Columbia, y después a un **empleo** en el periódico   trabajo
Times de Louisville, en Kentucky. La noche siguiente al asesinato de Martin Luther
King, en 1968, Díaz estaba en una esquina cuando **se produjo** el primer disturbio   comenzó
racial en Louisville. Desde su puesto **de primera fila,** Díaz telefoneó boletines al   en el frente
35 director local del periódico, quien años después recordaría su magnífico reportaje.
Cuando Díaz dejó el *Times,* decidió dedicarse al servicio social. Luego, con
dinero de la Fundación Ford, ayudó a crear el Servicio de Noticias de la
Comunidad, diseñado para dar noticias más positivas acerca de las comunidades
minoritarias en los principales medios de difusión.
40 Fascinado por la televisión, Díaz consiguió empleo como reportero en la NBC y
la CBS, y en 1976 participó en la creación de un nuevo programa semanal al que
llamaron *Visiones*. «Uno de los objetivos de *Visiones*», explica David Díaz,
«consiste en dar a la comunidad hispana la oportunidad de ser vista y oída, y una
conciencia de su fuerza económica y política.› Pero el programa se dedica
45 también a cuestiones de interés público, y sus **documentales** han sido premiados   programas
numerosas veces.   informativos
Aunque los hispanos de los Estados Unidos proceden de países muy distintos,
las encuestas revelan constantemente que están unidos por el mismo idioma, la
misma religión y los mismos **valores** culturales. En Nueva York, otra de las fuerzas   conceptos
50 promotoras de la unidad y el orgullo hispanos ha sido David Díaz ... Camino hacia
arriba.[2]

Proyecciones

A. Díganos

1. ¿Quién es David Díaz? ¿Qué sabe Ud. de su niñez y de su adolescencia?
¿Cómo pudo cambiar el curso de su vida? ¿Qué éxitos ha tenido?
2. ¿Ha vivido Ud. alguna vez en una ciudad grande? ¿Ha tenido contacto con
una pandilla callejera? ¿o con la violencia en cualquier forma? ¿Ha sido víctima
de un asalto? ¿de un robo? ¿de una confrontación racial? ¿Conoce a alguien
que lo haya sido?
3. En su opinión, ¿quién es más responsable de la conducta de la juventud—la
familia, la sociedad o el individuo mismo? Si la delincuencia representa una
rebelión contra las injusticias del orden social, ¿cree Ud. que se puede justificar esa forma de rebelión? ¿Por qué?
4. Dado el caso de David Díaz, ¿cree Ud. que hay esperanza para los jóvenes
«desprivilegiados» de los grandes centros urbanos? ¿Qué factores contribu-
yen a su frustración? ¿Qué haría Ud. para ayudarlos?

[2]Adaptado de «David Díaz, reportero del barrio», por Robert Parker, *Selecciones del Reader's
Digest,* agosto de 1987.

B. Adivine por el contexto

1. La familia *se mudó* a otro apartamento... *¿Vivieron siempre en el mismo lugar?*
2. *Se agachó* detrás de un coche estacionado y pudo escapar *ileso*... *¿Cómo se protegió de los disparos de la pandilla enemiga? ¿Salió herido?*
3. La mayor parte de sus amigos *se volvieron* drogadictos... *¿Qué les pasó a esos jóvenes?*
4. Su madre creía en él, y David no quiso *traicionarla*... *¿Le importaban a David los sentimientos de su mamá?*
5. Quiere dar a la comunidad hispana una *conciencia* de sus posibilidades... *¿Desea infundirles miedo, orgullo o escrúpulos morales?*

C. Creación

1. Imagine Ud. que es comentarista de televisión y que hoy es el décimo aniversario del programa «Visiones». En los cuarenta segundos que le han asignado para ese «tributo», Ud. tiene que explicar quién es David Díaz y cuál ha sido su máxima contribución.
2. *(Tres personas.)* Como reporteros de televisión, Uds. tienen que presentarnos una breve sinopsis de tres noticias importantes, indicando siempre: ¿Cuándo? ¿Dónde? ¿Quién lo hizo? ¿Qué ocurrió?... Límite: treinta segundos para cada reportaje.

_____ **LECTURA 3** _____

Preparativos

Pistas

The words that lead in to a clause or a sentence are often a clue to the meaning. For example: **Querían ir, pero...** Obviously, the next part will explain why they didn't go.

Here are a few common lead-ins in English: *in spite of ... on the other hand ... nevertheless (however) ... although (even though) ... while ...* ¿Cómo los relaciona Ud. con el español?

1. *Aunque* acabo de comer, todavía tengo hambre.
2. *A pesar de* su delicada salud, insistió en hacer el viaje.
3. *Mientras* yo los buscaba a ellos, ellos también me buscaban a mí.
4. Los días eran calientes. *En cambio,* las noches eran bien frescas.
5. No tenía que trabajar. *Sin embargo,* quiso tener una carrera.

Orientación

■ El país vasco (*Basque country*) es una pequeña región montañosa situada entre los Montes Pirineos en el norte de España. Los vascos siempre han mantenido una tradición de separatismo, conservando sus antiguas costumbres y su propio lenguaje, «el vascüence», que no tiene ninguna relación con el castellano ni con las demás lenguas romances. En años recientes, la ETA (organización terrorista de los vascos) ha hecho numerosos actos de terrorismo, no sólo en su propia tierra sino en Madrid, Barcelona y otras ciudades españolas. Aunque alega que el objeto de sus ataques es la Guardia Civil (cuerpo de policía nacional) y los militares, mucha gente inocente ha muerto a sus manos, y el problema sigue sin resolución.

■ San Sebastián es una de las dos ciudades más importantes del país vasco. Siendo puerto de mar, disfruta de un clima precioso, y es un lugar predilecto de veraneo (vacaciones de verano) para los empleados del gobierno español. La ciudad es conocida por su hermosa arquitectura y por su «paseo marítimo», donde la gente camina a la orilla del mar.

Asociaciones

belleza, hermosura *beauty*—**la paz** *peace*—tranquilidad, felicidad; **cautivar** *to captivate:* «Este lugar me encanta. —Sí, a nosotros también nos cautivó. Es tan bello.»

una preocupación *a worry*—preocuparse, temer; perder—una **pérdida** *a loss;* —triste, **inútil** *useless,* **amargo** *bitter:* «A veces me parece inútil trabajar. —Por favor, no sea tan amargo.»

trasladar *to transfer*—de un lado para otro; mudarse, cambiar de local: «Yo era feliz en Madrid. No quería trasladarme al país vasco. —Entonces, ¿por qué lo hizo?—Era mi **deber** (*duty*).

reparar (en) *to notice, take into account:* **enterarse (de)** *to find out about:* «¿Ud. reparó en lo que pasó? —No, pero si me entero, le avisaré.»

Díganos:

1. Si una persona tiene un temperamento «pacífico», ¿le gusta pelear? ... Si buscamos un ambiente «apacible», ¿debemos vivir en el campo o en la ciudad? ...
2. Si la compañía donde trabajo me da un «traslado», ¿me quedo en el mismo lugar o me tengo que mudar? ... Y si ese traslado me llena de «amargura», ¿me contenta o me descontenta la situación?
3. Si Uds. no estaban «enterados» de algo, ¿sabían lo que había pasado? ... Y si se sintieron «cautivados» por alguien, ¿les creó una buena o una mala impresión esa persona?

Ahora, use las palabras de las Asociaciones arriba para llenar los blancos:

Mi mayor _____ es de que suframos una _____ grande de dinero. —Es _____ preocuparse con anticipación. Su único _____ es hacer lo mejor que pueda, y después, lo que será, será.

«Le escribe la señora Rosa...»

«Soy una mujer de 30 años. Vivo en San Sebastián, aunque soy natural de Madrid. Hace diez años me casé con un hombre excepcional. Él era guardia civil. Desde que nos conocimos **nos** amamos intensamente. Yo trabajaba como administrativa (uno a otro) y tenía un buen empleo. Sin embargo, cuando nació nuestro primer hijo, decidí
5 consagrarme a ser madre y esposa. He sido muy feliz. Tengo dos niños adorables y he tenido el marido más maravilloso que pueda desearse.

Vivíamos en Madrid tranquilamente cuando a él le propusieron un traslado al país vasco. Yo no quería ir. Éramos tan felices en Madrid que temía cualquier cambio. Pero él insistió. Sentía que era su deber, y nos fuimos a San Sebastián.
10 La belleza de la ciudad me cautivó. Su paseo marítimo, sus **amplias** avenidas. anchas

Nadie podría imaginarse que detrás de tantas **estructuras** aristocráticas y tanta *edificios*
belleza natural pudiera esconderse **el fantasma** del terrorismo. **De modo que** mis *el espectro / Y así*
preocupaciones se disiparon y continué siendo feliz.

    Mi marido y yo somos españoles. Adoramos a España, y ciertamente nos
15 encontramos muy a gusto en el país vasco. Las gentes de San Sebastián son
personas como nosotros y como tantos otros. Sólo desean paz, amor y **techo.** Pero *alojamiento*
evidentemente hay elementos llenos de deseos de destrucción que opinan en
forma diferente. Y mi marido fue víctima de ellos y del clásico «coche-bomba».

    Hoy me siento como una mujer perdida. De ese hombre adorable sólo me
20 queda una **medalla** y una pequeña pensión. Sé que no soy la única. Somos *condecoración*
muchas las viudas de guardias civiles a quienes sólo nos queda la clásica
medalla y la pequeña pensión. Pero lo más terrible es que también nos queda el
sentido amargo de la futilidad y de la **sinrazón** de la pérdida que sufrimos. *estupidez, injusticia*

    ¿Quiénes son estos terroristas? ¿Qué es lo que quieren? Yo que vivo hace años
25 en el país vasco puedo asegurar que no representan el **modo de sentir** de este *manera de pensar*
noble pueblo. Muchas son mis preguntas en medio de mi dolor. Pero hay una
realidad. Soy un ser humano. Mis hijos son también seres humanos. Y mi esposo,
con uniforme o sin él, también era un magnífico ser humano. Otros, que se llaman
a sí mismos seres humanos, no han **reparado** en destruirnos a mí y a mis hijos. *vacilado*
30 ¿En nombre de qué?

    Quiero que se publique esta carta para que el mundo se entere de que en la
España democrática de hoy, seres humanos mueren inútilmente en una lucha no
declarada, y en apariencia sin una motivación clara. En lo que a mí respecta,
seguiré viviendo. Soy una mujer valiente y tengo a mis hijos.»
35 Voces de la angustia, El reverso de la moneda... Sra. Rosa[3]

Proyecciones

A. ¿Qué nos dice Ud.?

1. ¿Cómo se sintió Ud. al leer la carta de la señora Rosa? ¿Qué nos dice la viuda
acerca de su vida matrimonial? ¿Qué tragedia le sucedió? ¿Qué cosa no se
puede explicar todavía?

2. En muchas partes del mundo, el terrorismo se ha hecho parte ya de la vida
diaria. Hay secuestros de aviones. Hay explosiones de coches-bomba, y
asaltos a personas inocentes—hombres, mujeres, niños. Y todo en nombre de
alguna causa política, nacionalista o religiosa ... ¿Ha ocurrido últimamente un
acto terrorista? ¿Dónde? ¿Qué pasó? ... En su opinión, ¿se puede justificar en
alguna circunstancia el terrorismo?

B. Adivine por el contexto

Y después conteste las preguntas:

1. «Sólo deseamos paz, amor y *techo.*» ... ¿Son muy extravagantes sus deseos?
2. «*Me consagré* a mi familia.» ... ¿Cuál era su prioridad, una carrera o el hogar?
3. «Aunque al principio no queríamos trasladarnos, nos encontramos *muy a
gusto* en esa hermosa ciudad.» ... ¿Se acomodaron bien o mal al nuevo lugar?

[3]Basado en «Consultando al psiquiatra» por el Dr. Ramón M. Escandón, *Temas* (Nueva York),
Año 38.

4. «Detrás de tanta hermosura, *se escondía* el fantasma del terrorismo.» ... ¿Se veía abiertamente, o era clandestino el movimiento terrorista?
5. «Matan *en apariencia* sin una motivación clara.» ... ¿Son evidentes sus razones?

C. ¡Al contrario!

Busque en la carta de la señora Rosa un antónimo para cada una de estas expresiones:

dulce ... tristeza ... ganancia ... al fin ... fealdad ... estrecho, angosto ... saludar ... dejar ver, poner a la vista ... guerra ... lógica ... utilidad ...

D. Creación

1. Redacte *(Draft)* una carta para la señora Rosa, tratando de consolarla.
2. Utilizando periódicos y revistas corrientes, háganos un pequeño informe sobre el terrorismo en el país vasco, o como fenómeno internacional.

En conclusión

De las tres dimensiones de la sociedad hispánica que acabamos de comentar, ¿cuál le pareció la más significativa? ¿Se ha quedado Ud. con un sentido de optimismo o de pesimismo? ¿Por qué?

LECCIÓN 3

Raíces

AMBIENTE

La historia de la raza hispánica es un panorama de diversos colores. Y ése es uno de los factores que han determinado su manera de ser.

Desde tiempos prehistóricos, España, que está situada en el extremo suroeste de Europa, fue invadida por distintos grupos étnicos. Los iberos, quienes se cree **procedían** del norte de África, se establecieron en la península unos 2000 años antes de Cristo. Mil años después llegaron los celtas, **provenientes** del norte y centro de Europa. Los celtas fueron absorbidos por los antiguos pobladores, y de esa mezcla **surgió** la base del pueblo español. Pero esa base no se iba a mantener intacta.

En el siglo ocho **A.C.** llegaron los fenicios, también del norte de África. Navegantes y comerciantes, fundaron en el sur de la península el puerto de Cádiz, la ciudad más antigua de España. Poco después, los griegos se establecieron en la costa este, introduciendo no solamente su comercio, sino la belleza de sus artes. Pero los habitantes vivían en núcleos separados. No había ninguna identidad «nacional». Esa era la «España» que las poderosas legiones romanas iban a encontrar quinientos años más tarde.

Durante los seis siglos de su ocupación, Roma **sembró** en España todos los avances de su gran imperio—puentes, caminos, acueductos, baños, el teatro, las leyes, y hasta la lengua española que deriva del latín. Pero la Roma de los **Césares** decayó, y a principios del siglo cinco **D.C.**, los godos, tribus germánicas de una civilización más primitiva, cruzaron los **Pirineos** y asimilaron gran parte de la cultura hispanorromana... Iberos, celtas, fenicios, griegos, romanos, godos, y **judíos,** cuya presencia data de tiempos desconocidos—ésas fueron las primeras raíces del pueblo español. Pero el panorama no estaba completo todavía.

Empezando en el año 711, España fue invadida por **musulmanes** del norte de África—árabes, moros y demás—que durante ocho siglos iban a ocupar gran parte de la península. La Reconquista del territorio cristiano **se logró** por fin en 1492, con la toma de Granada por los Reyes Católicos, Fernando e Isabel. En ese año se abrió también un nuevo capítulo, tal vez el más significativo de la historia hispánica: América, el Nuevo Mundo.

Los conquistadores encontraron en tierras americanas un mundo poblado por tribus que hablaban diferentes lenguas y cuyo **nivel** de cultura era muy variado. El color de su piel y su aspecto físico las diferenciaban del español. Pero los españoles, productos de su propia amalgama, se mezclaron con las indígenas, produciendo una raza **mestiza** que subsiste todavía al lado de los indios puros.

En muchos aspectos, la colonización de América fue cruel. España transplantó a América su propia manera de ver y de ser. Grandes civilizaciones desaparecieron, como la azteca en México y la incaica en el Perú. En ciertas partes, los indios

se originaron
que venían

se formó

antes de Cristo

implantó

Julio César, etc.
después de Cristo
montañas entre
  Francia y Espana
hebreos

mahometanos

se realizó

grado

blanca e india

desplazados fueron sustituidos por esclavos negros. A través de los siglos llegaron   expulsados de su
otros europeos—británicos, alemanes, italianos y más. Y se produjo una   tierra
confluencia de culturas que se manifiesta ahora en una amalgama de costumbres,
leyendas, actitudes y creencias.

Esas son las raíces de Hispanoamérica que vamos a explorar, en parte, con dos
breves lecturas. «Oruro—**desfile** de tradiciones», sobre la extraña fusión de temas   procesión
cristianos y paganos en un festival **andino** ... Y «Mujeres de la Gran Colombia»—   de los Andes
una vista penetrante de la mujer criolla (descendiente de españoles), que luchó
por la independencia de sus tierras americanas.

El suntuoso Palacio de la Alhambra en Granada,
recuerdo de la ocupación musulmana que
comenzó en el siglo VIII y duró casi ochocientos
años. La raza hispánica es una tela de diversos
hilos étnicos.

La antigua catedral de Barcelona ilumina una
noche de fiesta... A través de la historia, la iglesia
católica ha sido una de las fuerzas unificadoras
del alma hispánica.

Comentarios

1. ¿Por qué decimos que la raza española es un mosaico de diversos colores? ¿Cuáles son algunos de los pueblos que contribuyeron a su formación? (A propósito, ¿cómo explica Ud. el nombre «la península ibérica»?)
2. ¿En qué consiste la múltiple fuente cultural de Hispanoamérica? ¿Qué diferencias encuentra Ud. entre la formación de la América hispana y la del Norte? ¿Qué semejanzas encuentra?
3. En su opinión, ¿funciona mejor una sociedad homogénea o una sociedad multirracial? ¿Por qué?... En una nota más personal, ¿cuáles son sus propias raíces culturales?

LECTURA 1

Preparativos

Pistas

1. Since you will find the reflexive used so many times in the readings of this lesson, here is a quick review:

■ Object of a verb: *myself, to* or *for myself,* etc. Only the third-person **se** differs from the usual object pronouns: **me, te,... nos, os,...**:

SE   *(to, for) himself, herself, yourself* (Ud.), *itself, themselves,* etc.

■ After a preposition, the third person is **sí: para sí; consigo.**

■ In addition to meaning that the subject is doing the action to itself, the reflexive can also stand for:

to get or *become:*   Se perdió en el camino. *He got lost.*
                         No te canses demasiado. *Don't get too tired.*

to each other: Nos vemos, ¿eh? *We'll see each other, right?*

One...:   ¿Cómo se sale de aquí? *How does one get out of here?*

The passive voice: Se abre a las diez. *It opened (It opens) at ten.*
                        Los resultados se sabrán hoy. *The results will be known today.*

2. The verb **tratar** and its extensions can have a number of meanings:

tratar   *to try; to treat*
tratar de   *to try to; to treat of, deal with*
tratarse de   *to be a matter* or *question of*

Ahora, ¿cómo entiende Ud. las frases siguientes?

1. *Traté de* ayudarla, pero no pude. 2. Esta novela *trata de* la Revolución mexicana. 3. Acábalo para mañana. —Voy a *tratar.* 4. *Se trata de* dinero, nada más. 5. Lo *trataron* tan mal que no quiso trabajar más para ellos. —Con razón. 6. Me van a hacer un *tratamiento* nuevo para la espalda. 7. Las dos naciones acaban de firmar un *tratado* de no-intervención.

Asociaciones

un desfile   *parade, procession;* **festejar**   *to celebrate*—el carnaval; bailar, bailarines; **saltar**   *to leap;* dar gritos de alegría

iglesia   *church*—venerar, adorar; creer—**creencias**   *beliefs;* rezar *(to pray),* encender **velas** *(candles)*

diablo   *devil*—**maligno** *(bad, evil);* odiar; **vengarse**   *to take revenge;* **vencer**   *to
defeat*

llevarse (bien o mal), **entenderse con**   *to get along with (someone)*

indígena   *native;* **mito**   *myth*—dioses, diosas; **gigante**   *giant,* monstruo; **humo y
fuego**   *smoke and fire*

Díganos ahora: ¿Cuáles de estas palabras asocia Ud. con un festival popular? ¿con
diversas creencias o prácticas religiosas? ¿con los mitos indígenas?... ¿Cuáles se
relacionan con sentimientos humanos negativos? ¿y con sentimientos positivos?
¿Cuáles se refieren a la oscuridad?

Oruro: Desfile de tradiciones

*El carnaval de Oruro es una celebración seria con profundos tonos religiosos.
Como otras expresiones de la cultura boliviana, es una mezcla de creencias
europeas y andinas.*

Máscaras de diablos en el
Carnaval de Oruro, extraña
mezcla del culto a la Virgen,
¡y a Lúcifer!... Cuando lleguen
a la plaza principal, los
«Diablos» dramatizarán el
relato de los Siete Pecados
Capitales, con el triunfo del
Arcángel San Miguel.

El carnaval es una semana de música, bailes, comida y bebida—«ch'allas»
5 (ofrendas) a la «Pachamama» (Madre Tierra). Como muchas otras expresiones de   regalos
la cultura boliviana, es fruto de elementos nativos y de elementos impuestos por el
cristianismo del conquistador español.

Este carnaval se inició en 1789, con el culto a la Virgen del **Socavón.** Poco   Cueva
después, **alrededor de** 1790 se presentó por primera vez un grupo de Diablos en   cerca de
10 los carnavales. Aunque la costumbre de **disfrazarse de** diablo venía de antes, fue   vestirse como
en estos años cuando se relacionó con el culto a la Virgen.

El mito y la realidad convergen en esta semana de festividades
solemnes y alegres... Detrás de los bailarines vestidos de «Diablos»
viene la comparsa de personajes históricos, tanto españoles como
indígenas.

La mitología indígena nos dice que desde los comienzos existieron seres
malignos, gigantes o monstruos que se convirtieron en piedras o montañas al ser
iluminados por el sol. Y el hombre andino les temía y respetaba. En efecto, si no
15 se llevaba bien con ellos, nunca le darían riquezas y tratarían de llevarlo a la
perdición. Veamos por ejemplo el mito de Supaya (el Diablo), relatado por un
anciano indio aymará de Puno, Perú:

«Cuando **amaneció** el mundo, se encontraban los tres **reunidos**: la Virgen María,   comenzó / juntos
su esposo Jesucristo y el hijo de ambos, Supaya. Supaya tenía abundantes
20 riquezas, demasiadas riquezas. Sus caballos y mulas andaban magníficamente
herrados. El pobre Jesucristo sólo sabía caminar con los pies **desnudos**...»   sin zapatos
Parece que las dos generaciones de la **sagrada** familia tenían características   de Dios
opuestas—unos hacían el bien, y los otros, el mal. Y así se **entabló** una lucha   inició
entre ambos. El mito termina así:

25 «Al final **fue vencido el padre.** Y cuando Supaya terminó de vencerlo, salieron
todos sus amigos y se pusieron a festejar, saltando, bebiendo y dando gritos de
alegría. Ahora el mundo es así. Otros afirman que ahora a veces gana Dios y otras
veces Supaya. Yo no sé cómo fue. Por eso **todo** hombre tiene algo de Dios y algo
de Supaya. Unos, más de Dios; otros, más de Supaya.»

30 Otro mito es el de Huari, que da origen directamente a muchos elementos del
carnaval de Oruro. Según la tradición, el gigante Huari se enamoró de Inti Huara,
la **aurora** que lo despertaba todas las mañanas. Cuando la quiso abrazar con sus
brazos de humo y fuego, Inti lo **sepultó** dentro de los **cerros.** Huari, para vengarse,
tomó forma humana y persuadió a los indios urus a rebelarse contra Inti y
35 Pachacámac (el gran creador). Los urus se dedicaron a la bebida y a la **magia,** y
comenzaron a pelear entre sí mismos.

Pero un día, del **arco iris** nació una «ñusta» (diosa del bien), que ayudó a
restablecer el culto a Inti y Pachacámac. La «ñusta», que vestía como extranjera,
trajo muchos cambios, incluso el idioma **quechua,** y así han quedado las cosas
40 hasta hoy. La «ñusta» es la Virgen del Socavón, en honor de quien se baila el
carnaval. Huari es Lucifer, jefe de la danza de los diablos. Y las **plagas** enviadas
por Huari están en las máscaras de los bailarines.

Vemos que existen claros paralelismos entre el mito de Supaya y el de Huari. Al
final de este último, el bien triunfa, pero no existe un final **cerrado.** Porque «todo
45 hombre tiene algo de Dios, y algo del Diablo». Esta lucha continúa en nuestros
días. Y la danza de los diablos, que según los bailarines es una forma de
reverencia a la Virgen, puede ser también el festejo del triunfo del mal, no sólo en
el sentido religioso. El carnaval de Oruro es la manifestación de una serie de
creencias tanto cristianas como paganas. Allí el pasado y el presente se unen
50 para expresar uno de los fenómenos culturales, sociales y religiosos más grandes
de América.[1]

Marginal glosses:
- ¡Jesús perdió!
- cada
- primera luz del día
- enterró (lo metió) / montañas
- artes mágicas
- arco de siete colores en el cielo
- lengua de los indios peruanos
- calamidades
- definitivo

Proyecciones

A. Díganos

1. ¿Qué es el Carnaval? ¿Cuándo se inició el Carnaval de Oruro? Alrededor de
   1790, ¿qué grupo se presentó por primera vez en el festejo de los carnavales?
2. ¿Puede Ud. contarnos en sus propias palabras el mito de Supaya? (¿Quiénes
   eran sus padres? ¿Quién era más rico—Supaya o Jesucristo? ¿Cuál de las dos
   generaciones representaba el bien? ¿y el mal? ¿Quién venció al final—el padre
   o el hijo? ¿Qué hicieron los indios entonces?)
3. ¿Cuál es la leyenda del gigante Huari? (¿De quién se enamoró? ¿Cómo se
   vengó de ella? ¿Qué les pasó a los urus cuando se rebelaron contra el gran
   creador? ¿Quién los salvó?)
4. En el Carnaval de Oruro, ¿quién es la «ñusta»? ¿Qué es Huari? ¿Y qué representan las máscaras de los bailarines? ¿Triunfa definitivamente el bien al final?
   ¿Qué simboliza la mezcla del bien y del mal en este festejo? ¿Está Ud. de
   acuerdo con este concepto? ¿Por qué?

---

[1]Adaptado de «Oruro: Desfile de tradiciones,» por Manuel Vargas, *Américas,* noviembre–
diciembre 1986.

5. En su opinión, ¿representa Dios solamente el bien, o una mezcla del bien y del mal en el mundo? ¿Quién es responsable de las cosas malas que existen? ¿Es verdad que «a veces gana Dios y a veces gana Supaya»?... Finalmente: ¿Cree Ud. que todas las religiones son igualmente «válidas»? ¿Cómo distingue Ud. entre «religión, mitología y superstición»?

B. Adivine por el contexto

1. El Carnaval de Oruro contiene una extraña *mezcla* de doctrina cristiana y de creencias paganas... *¿Se basa en una sola religión el Carnaval de Oruro?*
2. En ese festejo, los bailarines vienen *disfrazados de* diablos... *¿Cómo se visten?*
3. Sus *máscaras* representan las plagas enviadas por el maligno gigante Huari... *¿En qué parte del cuerpo se lleva una máscara?*
4. Los urus se rebelaron contra Pachacámac, y se dedicaron a la comida, la *bebida* y la magia... *¿Qué vicios adquirieron los urus?*
5. Mientras Jesucristo caminaba con los pies *desnudos,* las mulas y los caballos de Supaya andaban magníficamente *herrados... ¿Llevaba zapatos Jesús? ¿Qué usaban los animales de Supaya?*

A propósito, ¿con qué verbos se relacionan estos nombres? Búsquelos en el texto: un festejo, una ofrenda, socorro, un incendio, alegría, un salto, gritos, socorro

C. Creación

1. ¿Sabe Ud. algo acerca de los indios norteamericanos? ¿Son las creencias de estos indios una fusión de lo cristiano y de lo pagano? Tráiganos un pequeño estudio sobre algún aspecto de su vida o de sus tradiciones.
2. Otra vez, vamos a practicar el arte de la concisión. ¿Puede Ud. describir en siete oraciones el festival de Oruro y su significación?

LECTURA 2

Preparativos

Pistas

1. Notice the difference between **Había...** *(There was or were, There used to be . . .)* and **Hubo** ... *(There took place, happened . . .):*

No había manera de efectuar cambios.	*There was no way (at that time) to bring about changes.*
No hubo cambios hasta el siglo XX.	*No changes took place until the 20th century.*

2. Two hints about word guessing:

■ Try to relate Spanish words beginning with **es** + *a consonant* to English words that start with *s:* **estructura, estilo, esfera,...**
■ Try to relate Spanish words that start with the combination **ej** to English words that start with *ex:* **ejercer, ejecutivo, ejemplo, ejecución,...**

Extensiones

Basándose en las palabras siguientes, conteste todas las preguntas.

> quejarse...   poder...   casa...   casado...   levantar...   deber...   fidelidad

1. Si presentamos una *queja* contra alguien, ¿estamos satisfechos o descontentos con él?
2. Si una persona es muy *poderosa*, ¿qué cosas es capaz de hacer?
3. Si no puedo salir esta mañana porque tengo que atender a mis tareas *caseras*, ¿qué cosas cree Ud. que voy a hacer?
4. Si una muchacha es de edad *casadera*, ¿qué se contempla para ella en un futuro cercano?
5. Si el pueblo planea un *levantamiento* contra el gobierno, ¿qué va a hacer?
6. Si el pobre está *cargado de deudas*, ¿qué problema tiene?
7. Si un individuo no es *fiel* a su esposa/esposo, ¿cómo va a resultar ese matrimonio?

Orientación

1. Al terminar la guerra de la independencia, se formó brevemente la «Gran Colombia», una república integrada por aquellas tierras que hoy son Venezuela, Colombia y el Ecuador.
2. Los «criollos», americanos de ascendencia española, ocupaban un lugar muy prestigioso en la América Latina colonial. Blancos en un mundo de indios y mestizos, y herederos muchas veces de grandes fortunas en tierras, trataron de crear una sociedad equivalente a la que sus familias habían conocido en España. Pero los españoles no les concedieron las mismas distinciones sociales, ni el mismo buen trato en el comercio. Hasta tal punto crecieron los resentimientos que fueron principalmente los criollos los que iniciaron y encabezaron las guerras de la independencia.

Asociaciones

el hogar   *hearth, fireplace;* (symbolically) *home:* «Es una mujer muy hogareña. Cocina, cuida a los niños y atiende a sus tareas caseras. —¿Cómo yo, eh?»;
criar (crío)   *to raise*—educar a los niños: «¡Ay, pero qué niño tan malcriado!»;
crecer (crezco)   *to grow:* «¿Qué grande estás, Pirrito! ¡Cómo has crecido!»
crianza, educación   *raising, rearing*—enseñar a leer, escribir; **tarea**   *task, assignment;* **hacer cuentas**   *to do arithmetic;* **rezar**   *to pray;* **coser**   *to sew*—**tejer**   *to weave, knit;* **bordar**   *embroider*
apoyar, dar apoyo   *to support;* **alentar (aliento)**   *to encourage:* «Nadie le alentó a apoyar a los rebeldes. Lo hizo de su propia **voluntad** *(free will).*»
ocultar   *to hide:* «¿Por qué no me lo dijiste? ¿Por qué me ocultaste la verdad? —Eran ellos. Yo no te escondí nada.»

Díganos: ¿Cuáles de estas palabras se relacionan con la educación tradicional de la mujer? ¿Cuáles se relacionan todavía con la crianza de los niños?...

Busque arriba un sinónimo para cada una de las expresiones siguientes:
esconder; animar, motivar; respaldar, soportar; sumar, restar y multiplicar; por su propia cuenta y deseo; la casa; aumentar de volumen o de tamaño; rogar

Las mujeres de la Gran Colombia

Durante la época colonial, las mujeres de la América del Sur estaban circunscritas a los papeles femeninos tradicionales. Sin embargo, para fines del siglo XVIII, despertaron a la realidad política y, junto a los hombres, se opusieron a la dominación española.

5 Las luchas por la independencia del norte de Sudamérica (lo que hoy son Venezuela, Colombia y el Ecuador) entre los años 1810 y 1822 se han examinado **a fondo** y en detalle. Pero se ha prestado poca atención a las mujeres que participaron en ellas.

profundamente

La patriota ecuatoriana Manuela Sáenz conoció a Simón Bolívar después de la batalla de Pichincha, en 1822. Regresó con él a Bogotá, le salvó la vida en una ocasión, y le fue fiel hasta su muerte en 1830.

   En la época colonial, las mujeres estaban **circunscritas** al hogar o al convento,   confinadas
10 esferas femeninas tradicionales. Las costumbres, la tradición, la iglesia católica y la falta de oportunidades económicas determinaban que el matrimonio fuera la **meta** de la mayoría de las mujeres hispanoamericanas. Pero una vez casadas, la   objetivo principal
vida de las criollas no era nada aburrida.

Las casas coloniales eran centros de actividad doméstica y de subsistencia, y la
15 señora de la casa lo supervisaba todo. La crianza y la educación de los hijos
también eran en gran parte su **incumbencia**. La madre, que a veces no tenía   responsabilidad
mucha **instrucción,** era la que enseñaba a las hijas a leer, a hacer cuentas, a rezar educación formal /
y a escribir—¡aunque esto último no se aprobaba **del todo** porque facilitaba la   totalmente
comunicación con los jóvenes! Era indispensable que las mujeres aprendieran a
20 coser, tejer y bordar, y su educación se completaba con lecciones de piano, de
guitarra o de arpa, y de **equitación.**   montar a caballo

La esposa de la época de la colonia, además de ejercer autoridad sobre la
servidumbre y los hijos, también tenía bastante influencia sobre su marido, algunas los sirvientes
veces de manera muy directa. Las autoridades de Caracas, Venezuela, por
25 ejemplo, prestaban atención particular a las quejas de las mujeres sobre su
cónyuge. Muchas de las esposas se quejaban de que los maridos tenían amantes,   esposo
malgastaban el dinero, tenían mal carácter o las hacían **desgraciadas.**   infelices
Dependiendo de su categoría social, el hombre recibía una reprimenda o iba a la
cárcel, ¡de la cual sólo podía salir cuando la mujer lo decidiera!

Josefa Joaquina Sánchez estaba casada con José España, que apoyaba la
independencia de Venezuela. Fue detenida en 1799 por incitar a los esclavos a
liberarse, y por distribuir escritos subversivos y ocultar a su marido de las autoridades.
Fue encarcelada por ocho años en Caracas y luego fue desterrada.

30   La vida religiosa tenía una gran atracción para algunas mujeres, porque en esa
época la Iglesia era muy poderosa y la religión coloreaba muchos aspectos de la
vida **cotidiana.** En realidad, la atracción de la vida religiosa era tan grande que   diaria
muchas jóvenes la preferían al matrimonio, **menguando** así el número de jóvenes   reduciendo
casaderas de clase alta.
35   La imagen de la mujer dócil no era del todo **cierta.** Aunque las mujeres   exacta
hispanoamericanas no tenían muchos derechos políticos, sí tenían derechos
legales. Podían tener propiedades, presentar demandas ante las autoridades,
hacer **denuncias** de tipo criminal, retener sus apellidos después de casarse, y   acusaciones
defender sus propios derechos humanos. Muchas se dedicaban a los negocios y
40   resultaban administradoras muy **eficaces.** Entre los años 1780 y 1810, las mujeres   efectivas
participaron en **complots** y levantamientos a favor de la independencia. Y cuando   conspiraciones
comenzó la revolución, se unieron a los hombres para oponerse a la dominación
española.
    Hay muchos casos de mujeres que lucharon junto a los insurgentes contra los
45   españoles. No se alentaba a las mujeres a pelear, pero si se presentaba la

Teresa Heredia fue encarcelada por deslealtad y subversión contra el gobierno colonial
español. Fue embreada *(tarred)* y emplumada y finalmente fue expulsada de
Venezuela.

oportunidad, muchas participaban en la lucha por voluntad propia. Las mujeres empuñaron las armas en 1822 en la batalla de Pichincha, con la cual se logró la independencia de Quito. Nicolasa Jurado, cuya identidad se descubrió **al ser**   cuando fue
herida, fue ascendida al rango de sargento por el general Antonio José de Sucre.
50 Gertrudis Espalza, que igualmente se hacía pasar por hombre, combatió en la
campaña del Perú y **fue condecorada** en Ayacucho. Hasta Simón Bolívar reconoció   recibió una medalla
la deuda que los patriotas tenían con las mujeres, proclamando: «Hasta el bello sexo, las delicias del género humano, han combatido contra los tiranos con un valor divino.»
55   A pesar de todo eso, la vida no cambió mucho para las mujeres cuando cesaron las hostilidades. El concepto de la igualdad femenina o de los derechos de las mujeres no **se desarrolló** como resultado de la lucha revolucionaria. La   adelantó
mayoría de las mujeres volvieron a sus casas o al convento y **reanudaron** sus   asumieron otra vez
tareas. En efecto, no hubo cambios de importancia en la vida de las latinoamericanas hasta el siglo XX, cuando las reformas políticas, económicas y
60 sociales relajaron hasta cierto punto la estructura social y se les concedió a las
mujeres la oportunidad de **salirse** de sus papeles tradicionales, si así lo   librarse
deseaban.[2]

Josefa Samejo, llamada la Juana de Arco de la independencia, hizo propaganda por la causa en Nueva Granada. En 1819 encabezó un contingente de tropas a Pueblo Nuevo, donde convenció al comandante a dar su apoyo a los patriotas.

[2]Adaptado de «Las mujeres de la Gran Colombia,» por Evelyn M. Cherpak, *Américas,* marzo–abril 1987.

Proyecciones

A. Díganos

1. ¿Cuándo fueron las luchas por la independencia del norte de Sudamérica? ¿Qué era la Gran Colombia? ¿Quiénes eran los «criollos»?
2. ¿Cómo era la vida de las mujeres criollas durante la época colonial? (¿Cuál era su meta? ¿Cuáles eran sus actividades y responsabilidades principales? ¿En qué consistía la educación de la mujer? ¿Qué papel hacía la religión en su vida?)
3. ¿Qué derechos matrimoniales tenía la mujer? ¿Qué otros derechos legales tenía?
4. ¿Hasta qué punto participaron las mujeres en las guerras de la independencia? ¿Cambió mucho la posición de la mujer después de la Revolución? ¿Cuándo se comenzaron a efectuar cambios significativos en su posición?
5. ¿Qué sabe Ud. acerca del papel de la mujer norteamericana durante la época colonial?: ¿Tenía las mismas responsabilidades que la criolla latinoamericana? ¿Estaba circunscrita mayormente al hogar? ¿Participaron las mujeres en la independencia de los Estados Unidos? ¿Cree Ud. que la mujer norteamericana ha tenido más derechos a través de los siglos que la latinoamericana? ¿Y ahora?

B. Adivine por el contexto

Después diga «verdad› o «falso». (Por supuesto, si dice «falso», explique por qué.)

1. Durante la época colonial, muchas mujeres preferían la vida del convento al matrimonio, *menguando* así el número de jóvenes *casaderas... A consecuencia de la afición religiosa, había menos mujeres interesadas en formar un hogar.*
2. Numerosas mujeres *se unieron* a los hombres y participaron en *levantamientos* contra los españoles... *Las mujeres también tomaron parte en las revueltas contra los españoles.*
3. Las mujeres *empuñaron* las armas en la batalla decisiva de Pichincha... Mientras los hombres ocupaban el campo de batalla, las mujeres los apoyaban en casa.
4. La patriota Nicolasa Jurado fue *ascendida* al rango de sargento por su gran heroísmo... *Nicolasa Jurado fue elevada a un nivel más alto en el ejército por su valentía.*
5. Teresa Heredia fue capturada por los españoles. Fue *embreada y emplumada,* y finalmente fue *desterrada* de Venezuela... *Los españoles castigaron a Teresa Heredia pegándole plumas al cuerpo y expulsándola del país.*
6. Josefa Sánchez fue *detenida* por incitar a los *esclavos* a liberarse, y por distribuir *escritos* subversivos... *Josefa fue liberada por los artículos que escribió en contra de la esclavitud.*

Una cosa más: Cada una de las palabras arriba señaladas se relaciona con otra palabra que Ud. conoce ya. ¿Puede Ud. decirnos cuál fue la «pista» en cada caso?

C. Creación

1. Prepare Ud. un pequeño bosquejo biográfico sobre alguna heroína de la revolución norteamericana—o si prefiere, sobre otra mujer que se haya distinguido en un momento de crisis. Explíquenos quién era, cuándo y dónde nació, cómo pasó su vida, y en qué forma se distinguió. A propósito, ¿fue reconocida durante su vida, o sólo después?

2. Describa en cien palabras o menos la vida de la mujer latinoamericana durante la época colonial y las guerras de la independencia. Ahora termine su narración agregando algún breve comentario original.

En conclusión

De acuerdo con lo que hemos leído en este capítulo, ¿cómo compararía Ud. las raíces de los Estados Unidos con las de Latinoamérica? ¿Se siente todavía entre nosotros la presencia indígena? ¿Qué otros factores han influido en nuestra formación cultural?

LECCIÓN 4

Escape al misterio

Observador de pájaros (*"The Bird Watchers,"* 1950)
por el mexicano Rufino Tamayo... Vuelos por
espacios desconocidos. Símbolos intuidos. Díganos:
¿Qué elementos misteriosos encuentra Ud.. en esta
pintura? ¿Cómo explica Ud. la figura principal? ¿De
qué colores se imagina los pájaros? ¿Qué es eso
que vemos entre los árboles?

Composición (1931), por el uruguayo Joaquín
Torres García... ¿Qué aspectos de la vida
«real» se ven en esta pintura? ¿Qué objetos
inexplicables aparecen? ¿Qué colores sugiere
la obra?... Finalmente, si Ud. fuera Torres
Garciá, ¿qué título le daría?

AMBIENTE

El misterio. Fronteras de la razón. Fantasía. Enigma. Vuelos de la imaginación.
Fábulas. Viajes a la subconsciencia. Cuentos detectivescos. Ciencia ficción...

Hispanoamérica, tanto como España, ha tenido una larga tradición de leyendas
populares en donde elementos fantásticos o sobrenaturales se presentan
paralelamente a los reales. Pero en los últimos treinta años, muchos escritores
latinoamericanos se han acercado al mundo de la realidad desde una perspectiva
distinta. Al hacerlo, se han liberado de nociones **preconcebidas** de lógica, orden,
tiempo y espacio. Y **ha surgido** así lo que se ha llamado el «realismo mágico».

ya formuladas

se ha creado

El autor de esas historias fantásticas no acepta **barreras.** Su mundo literario se centra en lo que otros consideran inexplicable o fuera de lo normal. **Trasciende** el tiempo cronológico y el mundo de los sueños, obligando al lector a reconocer que lo inesperado y lo fantástico pueden también ser parte de lo real. Por ello, el realismo mágico en los cuentos latinoamericanos contemporáneos no es exactamente una evasión de la realidad. Es una fusión más bien de dos realidades—una externa, la otra, del mundo interior; una racional, la otra, independizada de la razón. Es una visión nueva de la realidad y de sus ilimitadas posibilidades.

> límites
> Sobrepasa

A diferencia del realismo mágico, el elemento misterioso en la literatura detectivesca se centra en lo concreto, en una sucesión de **claves** que **desafían** a la razón. El cuento policíaco sigue siempre una fórmula: se refiere a un crimen y concluye con el descubrimiento del **autor del hecho** y su castigo. De esta manera, **partiendo de** un concepto abstracto—la justicia—la obra detectivesca lo reduce a un caso específico, y lo coloca en la realidad objetiva. El misterio reside en lo inexplicado, no en lo inexplicable, y la lógica es lo que conduce a la solución.

> pistas / afrontan
>
> criminal
> basándose en

En las páginas siguientes ofrecemos ejemplos de estas dos categorías. «La clave literaria», misterio detectivesco. ¿Podrá Ud. descubrir al asesino?... Y «El regreso», misterio «mágico» de dos tiempos que **se funden** en uno. ¿Con cuál se va Ud. a identificar?

> se unen

Comentarios

1. ¿Cree Ud. que hay una sola realidad—la objetiva—o que la realidad puede tomar distintas formas? ¿Considera Ud. que los sueños forman parte de nuestra realidad? ... En su opinión, ¿hay fenómenos que no tengan explicación lógica? ¿Ha tenido Ud., o ha tenido algún amigo suyo, una experiencia inexplicable?

2. ¿Cómo se ha presentado el misterio en la literatura hispánica? ¿Qué es el «realismo mágico»? ¿En qué se diferencia de la novela detectivesca? ... De esos dos tipos literarios, ¿cuál le interesa más a Ud.? ¿Por qué?

LECTURA 1

Preparativos

Pistas

1. Here is a quick review of the preterite and imperfect tenses. Be on the lookout for them, because they appear very frequently in the following Lecturas.

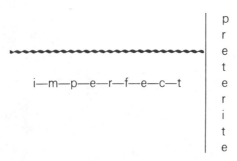

- The imperfect describes what *was happening* at some time or what *used to happen* over a period of time. Its endings always include -aba or ía: Viaj*aba,* Viajá*bamos;* Se sent*ía,* Nos sent*íamos.*
- The preterite reports merely that an action or series of actions *took place.* It views the event(s) as a completed unit in the past. The endings for regular verbs are:

| (-ar) | é, aste, ó, amos, asteis, aron |
| (-er, ir) | í, iste, ió, imos, isteis, ieron |

With irregular verbs, the **yo** form usually ends in an unstressed **-e**; the **Ud.** form, in an unstressed **-o**. All other endings are the same as for regular verbs:

tener: tuve, tuviste, tuvo, tuvimos, tuvisteis, tuvieron

2. ¿Recuerda Ud.?:   Llegó **hace** una hora.   *(He arrived a half hour **ago**.)*

Now what does the following sentence mean?: «Había llegado **hacía** una hora.» Yes. *He had arrived an hour before* or *previously.*

3. Usando como base las palabras que ya conoce, conteste todas las preguntas.

1. empujar   *to push:* ¿Qué hago si le doy a alguien un «empujón»?
2. probar, comprobar   *to prove:* ¿Es justo acusar a alguien si no hay «comprobación» (o «pruebas») de su crimen?
3. encontrar   *to find, meet:* ¿Qué hice si fui «al encuentro» de alguien?
4. aparente(mente): ¿Le gusta una persona que «aparenta» ser lo que no es?
5. blanco: Si su cara revela una extraña «blancura», ¿está pálida o sonrosada esa persona? ¿Ha estado mucho al sol?
6. apellido   *surname:* Dígame, ¿cómo se apellida Ud.?

Orientación

1. La capital de la República de México, cuyo nombre oficial es «México, Distrito Federal», se refiere en la conversación simplemente como «México»: «*Armando Zozaya, periodista de México (de la capital)...*» Ixmiquilpán es un pueblo pequeño cuyo nombre y aspecto reflejan todavía su herencia indígena. Tampico es un centro comercial y puerto petrolero.
2. El Generalísimo Francisco Franco fue el dictador de España desde la terminación de la Guerra Civil en 1939 hasta su muerte en 1975. Durante su régimen, muchos españoles «republicanos» se refugiaron en otros países. Franco fue sucedido por el rey Juan Carlos, quien instituyó en seguida un sistema democrático de monarquía constitucional.

Asociaciones

la **clave**, pista   *clue;* **señalar**   *to point out* or *to →;* **rastro**   *trace, track;* **mancha** (de sangre, etc.)   *stain;* **sospechoso**   *suspect; suspicious*

aguantar   *to "stand" for, put up with*—dificultades, problemas, dolor; **herida** *wound, injury:* «La herida no es grave, pero duele mucho. —No sé cómo aguanta el dolor.»

asesinato   *murder*—matar, asesinar; «¿Encontraron al asesino? —Hay varios sospechosos. Pronto sabremos quién es el **matador** *(killer).*»

huir (huyo)   *to run away, flee;* **apresurarse**   *to hurry up:* «¡Apresúrate! Temo que traten de huir.—¡Ni modo! *(No way).*»

averiguar   *to ascertain, find out about:* «¿Van a averiguar la verdad? —**No cabe duda.** *(Undoubtedly.)* La policía le va a **arrancar** *(pull out)* una confesión.»

tener que ver   *to be involved, have to do (with);* «Dicen que no tuvieron nada que ver con el crimen. —Sí. Pero hay que **tener en cuenta** *(bear in mind)* que tenían muchos motivos.»

asir (asgo, ases)—agarrar, coger   *to grab;* **alzar**   *to raise up:* Más alto, ¿eh? **tumbar**   *to knock down:* «Tumbó la estatua y **la hizo pedazos** *(broke it into pieces).* —¡Caramba!»

Usando las Asociaciones arriba, ¿puede Ud. completar estos diálogos?

1. El matador ha huido, pero nos ha dejado un _____ importante. Mire. Encontramos varias _____ de sangre en el garaje. Esto indica que ha sufrido una _____ grave. No cabe _____. No podrá _____ ese dolor por mucho tiempo. —¿Hay alguna _____ a su identidad? —Todavía no, pero por las huellas digitales, la podemos _____. —Bien. Pero Uds. se tendrán que _____. Cualquier momento perdido le puede dar la oportunidad de escapar.

2. El sospechoso asió el busto y lo _____ encima de su cabeza. Después, lo tiró al suelo y se hizo _____. Y esa obra valía millones de pesos. —No tiene que _____ con el dinero. Hay que tener en _____ que una obra de arte como ésa es difícil de duplicar. — ¡Ni _____!

La clave literaria

MARÍA ELVIRA BERMÚDEZ (México)
(Versión condensada)

*Como no quería **manejar** de noche, Armando Zozaya, periodista de México que*   conducir el carro
viajaba a Tampico, decidió parar en un hotel de Ixmiquilpan. Como Armando era
el único huésped esa noche, don Fermín, el dueño del establecimiento se
apresuró a recibirlo y a hacerle compañía mientras cenaba.

5   *Poco después de terminar la cena, Miguel, el hermano menor del **hostelero**,*   dueño del hotel
entró al comedor. Miguel había llegado de España hacía seis años como
refugiado de la guerra civil, pero todavía vivía a expensas de don Fermín, quien
lo humillaba por ello constantemente. Minutos más tarde, Tiburcio, el criado
__lisiado__ que había servido la mesa, se acercó para informar a don Fermín que   mutilado (le faltaba
10 *alguien le esperaba a la puerta. Era el señor Cabrales, que venía a reclamar un*   un brazo)
dinero que el hostelero le había robado. Dándole un fuerte empujón al sirviente,
don Fermín se levantó para ver a Cabrales... Armando Zozaya sintió una
*sensación extraña. Le pareció que detrás de aquella **fachada** agradable que*   aspecto exterior
aparentaban Miguel, Tiburcio y don Fermín, se escondían profundos
15 *resentimientos.*

*El periodista ya se **disponía** a retirarse a su habitación cuando don Fermín lo*   preparaba
*invitó a su **despacho**. Era éste un cuarto amplio dominado por un **retrato** inmenso*   estudio / foto o pintura
del Generalísimo Franco. Cerca de la ventana había un busto de Miguel de
Cervantes. Don Fermín le mostró con orgullo su gran colección de novelas
20 *policíacas, y se entusiasmó al saber que en varias ocasiones Armando mismo*
*había **hecho de** detective...*   actuado como

*Señalando una fotografía de una mujer bonita, Zozaya le preguntó a don Fermín si esa joven era su hija. «No», respondió el español. »Es mi última conquista. Pero ya es tiempo de buscarle una sustituta. El marido, un **tal** Galindo, llegó ayer al* cierto
25 *pueblo, ¿sabe?»*

*Armando logró por fin despedirse de su hostelero y se encerró en su cuarto. De repente oyó voces en el despacho... voces en disputa... ¿Alguien gritaba? ... No, tal vez era sólo su imaginación. La noche silenciosa lo **envolvía** todo.*[1] cubría

Avanzada la mañana, Armando salió de su cuarto. **Topóse** en el corredor con Chocó
30 Miguel, quien, con la cara **descompuesta**, se dirigía apresuradamente al patio triste y agitada
interior del hotel. Sospechó que algo grave **acontecía,** al encontrar frente a la sucedía
puerta del despacho de don Fermín a tres o cuatro individuos desconocidos. Se
disponía a interrogarlos, cuando se vio **interpelado** por un señor que en esos llamado
momentos llegaba al hotel.

35 —¡Hola, Zozaya! Ya estaba pensando en llamarte.

El que así hablaba era el **licenciado** Salas, viejo amigo de Armando, que había abogado
abandonado la capital para convertirse en modesto **Agente del Ministerio Público** oficial de policía
de aquella **población.** pueblo

—Supe que estabas aquí—añadió, —porque vi tu nombre en el Registro del
40 hotel.

—Ya había pensado en ir a saludarte hoy, licenciado—dijo Zozaya. —Pero,
dime, ¿qué ha pasado aquí?

—Anoche **se echaron** al viejo... mataron

—¿A don Fermín?—exclamó el periodista.

45 —Sí—contestó el abogado. —Una puñalada cerca del corazón, con un cuchillo
corriente. Pero me temo que ésta no sea ocasión de **lucir tus dotes** detectivescas. común / demostrar tu
El caso es clarísimo. talento

—¿Ya aprehendiste al criminal?

—Pues ... verás. Hay dos **presuntos:** el ingeniero Galindo, y un individuo llamado sospechosos
50 Cabrales. Todo el mundo sabía que don Fermín tenía que ver con la mujer de
Galindo. Éste llegó ayer al pueblo. Pudo haberse enterado, venir hacia acá, entrar
al despacho por la ventana y matar a su rival...

—Y Cabrales—interrumpió Zozaya —pudo haberse vengado por la **estafa** de fraude
que fue víctima, ¿no?

55 —Pues sí, así están las cosas. Ambos tenían un motivo, y cualquiera de los dos
pudo buscarse la oportunidad.

—Bueno, pero, según tú, ¿cuál es en realidad el asesino?

—Será el primero que **cante**... confiese

A Zozaya le disgustó la forma banal e indiferente con que el Agente resolvía el
60 problema. Sin embargo, se limitó a pedir a su amigo le permitiera observar el **lugar** escena del crimen
de los hechos. El licenciado, no de muy buena gana, accedió.

—Ordené luego que retiraran el cadáver—dijo el Agente. —Está en su propia
recámara. Aquí, cerca de la ventana, lo encontraron... alcoba

—¿Quién lo encontró?

65 —Miguel, el hermano.

—¿A qué hora?

[1]Passages printed in italics are resumés of the action, not the story itself.

—Según dijo, regresaba al hotel **de madrugada** y vio luz en el despacho. Se   cuando comenzaba
sorprendió, y entró con objeto de averiguar qué obligaba a su hermano a   el día
desvelarse, y lo encontró muerto.   estar despierto
70   —Ajá.   todavía
—Como puedes ver, es fácil reconstruir los hechos. Fíjate en el busto de **yeso,**   mineral blanco
hecho pedazos en el suelo. Seguramente don Fermín lo usó como instrumento
para repeler la agresión. Mira, aquí... hay rastros de sangre. El viejo debió correr a
su encuentro y tratar de **arrojárselo,** pero no tuvo tiempo...   tirárselo
75   —¿Encontraron la ventana abierta?

La pregunta desconcertó por unos segundos al Agente; pero pronto **repuso:**   respondió

—Pues en realidad, no he comprobado ese detalle. Pero no tiene la mayor
importancia. El asesino mismo pudo cerrarla por fuera, después de salir. O quizá
Miguel, al descubrir el cadáver, la cerrara. Pero si tu **mente** superior no está   intelecto
80 satisfecha...
—No, no—se apresuró a decir el periodista. —En realidad, creo que la ventana
nada tiene que ver con el caso.
—Bueno, yo **tengo que hacer.** Te dejo en libertad para que descubras una   estoy ocupado
nueva y desconcertante pista. Te espero en la Agencia.

85 Armando no contestó. La hipótesis del licenciado Salas, a **su parecer,** tenía una   en su opinión
falla importante: ¿Cómo era posible que un individuo, **protegido** por delante con un defecto / cubierto
voluminoso busto de yeso, fuese apuñalado precisamente en el pecho? Si el
cadáver se encontró junto al busto, abrazado a él, **forzosamente** don Fermín debió   seguramente
asirlo después de ser herido. Armando observó en el suelo manchas de sangre.
90 Partían de enfrente del escritorio y terminaban en el lugar donde se encontró el
cadáver. Este descubrimiento confirmó su teoría: el español fue herido cerca del
escritorio, probablemente después de una **discusión** con su matador. Cuando éste   conversación
huyó, creyéndolo muerto, el hostelero tuvo fuerzas para **atravesar** la habitación,   acalorada / cruzar
alzarse hasta el busto, y arrancarlo de su pedestal ... Pero, ¿qué **se propuso** al   quiso hacer
95 asirse a su ídolo, Miguel de Cervantes? ... No cabía duda. El viejo le dejó una
clave para que su muerte no quedara **impune**... Cervantes ... Miguel de Cervantes   sin castigo
... Miguel...¡Oh! ¡MIGUEL!

Armando penetró en la recámara del **occiso** y lo miró, fríamente primero, después   muerto
con creciente interés. La herida, blanca y profunda, **se destacaba** sobre la   se notaba mucho
100 blancura de la piel. Era un horrible **trazo,** del centro hacia la derecha del cadáver. marca de la herida
Zozaya se dirigió hacia el comedor del hotel. Iba profundamente preocupado.
Tiburcio, silencioso y asustado, se dispuso a servirlo al verlo entrar.

—No quiero desayunar—dijo el periodista. —Por favor, tráeme nada más una
Coca Cola bien fría.

105 El mozo volvió a los pocos minutos con el refresco, y el detective **aficionado** lo   no profesional
retuvo.

—¿Te **impresionó** mucho la muerte de tu patrón? —preguntó.   afectó

Tiburcio tardó unos segundos en contestar.

—Todos tenemos que morirnos ...—dijo al fin.
110   —Y dime, ¿cómo perdiste ese brazo? Debe hacerte mucha falta. Es el derecho.
—Desde que era **chamaco.** Un día me tumbó una **yegua.**   niño / caballo
—Y, ¿**llevas** mucho tiempo trabajando aquí?   ¿hace mucho
                                                                                        tiempo...?

—Ocho años. Mis **taitas** se murieron cuando yo tenía doce. Don Fermín **se**   padres
quedó con las tierritas. Luego se trajo a mi hermana. La pobre se murió cuando   se posesionó de
115 tuvo su niño ... y el patrón me recogió para que le sirviera.

Armando permaneció en silencio unos instantes.

—No te trataba bien el patrón, ¿verdad?
—Ya usted lo vio. Yo me aguantaba ... yo me aguanté.

El periodista lo interrumpió.

120 —Y, ¿ahora, qué vas a hacer?
—**Tiraré para el monte.**   Me iré al campo.
—Bueno—dijo Zozaya **con fingida** indiferencia. —Ya me voy.   aparentando

Tiburcio lo miró **con asombro,** y sin decir palabra salió rápidamente del comedor.   sorprendido

• • •

Ya tiene Ud. todas las claves del caso. Díganos, ¿quién fue el asesino? ¿Por qué
piensa así? ... Bueno, vamos a continuar.

• • •

Tenías razón —decía el licenciado Salas. —Ya **se peló.** Y ahora, ¿cuándo vamos a   huyó
125 encontrarlo?

—Ya te dije, **mano,** que vine a verte tan pronto como descubrí que el **mozo** era   amigo / sirviente
el asesino.

—Hum —murmuró el Agente, incrédulo y enojado. —Estuviste **platicando** con él   charlando
tranquilamente. Lo dejaste **que se largara.**   escapar
130 —Pero licenciado, ¿no comprendes que esa conversación tenía por objeto
descubrir el **móvil?** Yo no podía exponerte una teoría incompleta.   motivo

—Bueno, bueno, ya ni modo. Tendré que poner en libertad al ingeniero y a
Cabrales, pedir orden de aprehensión contra el Tiburcio ese ... que ni siquiera sé
cómo se apellida... Pero dime, ¿Cómo fue que pensaste en Tiburcio y no en el
135 hermano de don Fermín?

—Te confieso que pensé primero en Miguel. Parecía evidente que don Fermín
tuvo en cuenta el nombre de su hermano, idéntico al de Cervantes, para señalarlo   pensó en
como su asesino. **Por lo demás,** las relaciones entre los hermanos no marchaban   Además
muy bien. Pero no sé qué secreta intuición me indujo a observar el cadáver, y noté
140 la trayectoria de la herida— de izquierda a derecha. Y comprendí que sólo un
zurdo podía haber descargado un golpe así. Miguel, como yo había podido notar,   uno que favorece la
no era zurdo. Me desorienté. Pero **en cuanto** vi a Tiburcio en el comedor, lo   mano izquierda
comprendí todo. Le faltaba el brazo derecho. Lo que don Fermín había querido   tan pronto como
decirme era, sencillamente, que su asesino era un **manco.**[2]   lisiado de un brazo
145 —Bueno, creo que no hay más que hablar. Después de todo, mano, me
ganaste.
—Cuestión de suerte.
—Gracias, Zozaya. Eres un gran camarada.

---

[2]Miguel de Cervantes era conocido como «el manco de Lepanto» porque perdió el uso de uno
de sus brazos durante aquella famosa batalla.

ACERCA DE LA AUTORA

La mexicana María Elvira Bermúdez, creadora del detective Armando Zozaya, no sólo ha escrito novelas detectivescas, sino que ha editado y comentado varias colecciones de cuentos policíacos.

Proyecciones

A. Díganos

1. ¿Dónde sucede la acción de este cuento? ¿En qué año ocurre, más o menos?
2. ¿Quién fue la víctima del asesinato? ¿Qué sabe Ud. de su carácter? ¿de su personalidad? ¿de su modo de vivir?
3. ¿Qué personas tenían motivos para matarlo? ¿Qué motivo tenía cada uno? ¿A quién sospechó Ud. desde el principio? ¿Por qué? ¿Cuál fue la «clave literaria»?
4. ¿Cómo se sintió Ud. al descubrir al verdadero autor del crimen? ¿Qué detalle revela que el crimen era premeditado? (*Pista:* Tiene que ver con el cuchillo.) Si Ud. fuera Armando Zozaya, ¿le habría permitido huir? ¿Por qué?
5. En su opinión, ¿hay homicidios justificables? ¿Puede darnos algún ejemplo? ¿Sería Ud. capaz de matar en ese caso?

B. Adivine por el contexto

Luego, use los sinónimos para expresar en otra forma la misma idea.

se metió a solas... dado... tomar venganza... empleador... tumbar... de mal grado

1. Sólo un zurdo podía haber *descargado* un golpe así.
2. ¿Te afectó mucho la muerte de tu *patrón*?
3. Tuvo fuerzas para *arrancar* el busto de su pedestal.
4. *Se encerró* en su cuarto para descansar.
5. El licenciado, *no de muy buena gana,* le dio permiso para entrar.
6. Quiso *vengarse* por el fraude que le habían hecho.

C. Creación

1. (*Dos a cuatro personas.*) ¿Han tratado Uds. alguna vez de escribir un cuento detectivesco? Pues aquí tienen la oportunidad, en miniatura. Primero, decidan quién va a ser la víctima, y dónde y cómo será asesinada: ¿a balazos? ¿apuñalada? ¿envenenada *(poisoned)*? ¿estrangulada? ¿de un golpe con un instrumento pesado? Después, inventen tres o cuatro personajes interesantes, expliquen brevemente quiénes son, y denle a cada uno un buen motivo para cometer el crimen. Ahora incluya por lo menos una o dos claves, ¡y a ver quién descubre al asesino!
2. Si prefiere hacer un trabajo individual, escoja Ud. a uno de los personajes de este cuento—don Fermín, su hermano Miguel, Tiburcio, Zozaya, el licenciado Salas, etc.—y háganos una descripción física y psicológica de él. ¿Cómo se lo imagina Ud.?

LECTURA 2

Preparativos

Pistas

1. Spanish has several ways of expressing what "has or had been going on for a certain period of time." One is the familiar: **Hace...**:

Hace dos años que está casado.	*He has been married for two years.*
Hacía dos años que estaba casado.	*He had been married for . . .*

But you will also find the same idea expressed differently, using **llevar** or **tener.** For example:

Lleva (Tiene) dos años de casado.	*He has been married for . . .*
Llevaba (Tenía) dos años de casado.	*He had been married for . . .*

2. The words that link two clauses can have a significant effect on the meaning of what follows. Here are a few common conjunctions that sometimes cause confusion:

puesto que, pues, or ya que *since, because:* «Sé que ha llegado, puesto que (pues, ya que, porque) varias personas lo han visto.» desde que *since* (a certain moment or time): «Desde que murió su esposa, no ha regresado a su antigua casa.» de modo que *and so . . .:* «¿De modo que te vas? —Sí, mañana.»

Asociaciones

reloj de muro (o de pared) *wall clock;* **dar la hora** *to strike the hour;* **campana** *bell:* ¿Qué hora es? ¿Qué más asocia Ud. con las campanas? ¿y con un reloj de pared?

la razón *reason:* «Es una persona muy razonable.»; **tener razón** *to be right (to have reason on one's side):* Ahora bien, si «le doy a alguien toda la razón», ¿estoy de acuerdo o en desacuerdo con él?

dar un paseo, pasear(se) *to take a walk* or *ride—* en coche, a caballo *(on horseback);* **montar** *to ride*—sufrir una **caída** *(fall)*

polvo *dust;* **telaraña** *cobweb*—una casa abandonada, muebles cubiertos con sábanas, memorias del pasado—¿un fantasma?

broma *joke, jest*—reír, sonreír: «¿Por qué no te ríes? Si todo ha sido en broma. —**Disculpa.** *(Forgive me.)* No lo sabía.»

engañar *to fool, cheat;* **aprovecharse** *to take advantage:* «Ésa no fue una broma. ¡Él trató de engañarte! —¡Qué va! Yo no me aprovecho de nadie.»

llevar a cabo *to bring about, accomplish; to take place;* **agregar, añadir** *to add:* «Ya hemos llevado a cabo todo lo que nos pidieron. —Bueno, ahora les vamos a agregar (añadir) una cosa más.»

Ahora, ¿puede Ud. hallar en el grupo 2 sinónimos para las expresiones del grupo 1? (A veces hay más de uno.)

1. llevar a cabo; añadir; engañar; disculparse; aprovecharse; caminar; montar; sufrir una caída; bromear; polvoriento

2. utilizar; agregar; realizar; engañar; sucio; pasearse a caballo; caerse; excusarse; dar un paseo; pedir perdón; sucio, decir algo en broma; efectuar

¡Cuidado!

1. **Una desgracia** is a *misfortune,* not a "disgrace": ¡Ay, qué desgraciada soy! *(I'm so unlucky, so unhappy.)*

2. **Retirar** generally means *to withdraw; to take out* or *away.* **Retirarse** can mean both *to withdraw (to step away or out)* and *to retire:* **Se disculpó y se retiró del cuarto. Me voy a retirar en junio. —Lástima. Le vamos a extrañar.**

3. **Volver** can have a number of meanings, among them: *to return (come* or *go back)* and *to turn.* **Devolver** means *to return (something), to give back.*

¿Cómo interpreta Ud. ahora las frases siguientes?

1. Me volvía loca con sus constantes preguntas. 2. ¿No le van a devolver el dinero? 3. Volvieron en junio pero se quedaron muy poco tiempo. 4. Cuando llegue a la Calle Real, vuelva Ud. a la derecha. 5. Cuando volví la cabeza, ya habían desaparecido. —¡Qué cosa!

El regreso

ARTURO LAGUADO (Colombia)
(Adaptación)

*Hoy hace diez años **precisos** que murió Agata, esposa del profesor P. S. Morris,*   exactamente
y durante todo ese tiempo el desconsolado viudo no ha querido volver a su casa.
¿Cómo va a olvidar aquella tarde cuando la joven se fue a pasear a caballo, y
poco después, la trajeron muerta? ¿Y cómo se va a explicar jamás la misteriosa
5 *desaparición de su cadáver? Pero hoy ha tomado una decisión. Va a regresar...*
Se acerca a su antigua casa. Esperaba encontrarla cambiada, pero en realidad,
*nada ha cambiado. Todo se ve **igual** que aquel día fatal. Morris llama a la puerta,*   lo mismo
y un hombre se la abre. ¿Es posible? ¿Puede ser Gastón, su viejo sirviente?
¿Gastón, el que también murió unos años atrás? No puede ser, pero...

10 —¿Me puede informar de quién es esta casa?—preguntó el profesor.
—Del profesor P. S. Morris—le respondió.
—Soy yo—dijo Morris.
—Es muy posible —contestó el criado, **haciendo patente** su acostumbrado   demostrando
propósito de no contradecir —pero sucede que el profesor Morris se encuentra en   deseo
15 este momento arriba, en su despacho, en compañía de su señora. Morris no
entendió. Miró hacia una ventana en donde **supuso** se encontraba el hipotético   asumió que
señor de que le hablaban.

—¿Dice Ud. que el profesor está en casa?
—Eso he dicho, señor.
20 —Claro, puesto que acabo de llegar —dijo Morris, riendo.
—He dicho que está arriba.
—¿Podría verle?
—¿A quién debo anunciar?
—Anuncie Ud. a P. S. Morris, el profesor Morris —agregó.
25 —Sígame—le dijo. —Voy a anunciarlo.

Poco tiempo después se llevaba a cabo una conversación muy singular.

—Soy el profesor P. S. Morris de la Real Academia de Zoología.

—Yo también soy el profesor P. S. Morris de la Real Academia de Zoología— le respondió cordialmente el dueño de la casa. Para desgracia del visitante, el otro
30 se le parecía **exageradamente,** aunque era más joven.

increíblemente

Morris creyó haber resuelto el enigma: «Se trata de una **suplantación.**» Aprovechando la gran **semejanza** física, el otro había tomado su nombre y su lugar, haciéndose pasar por el dueño de la casa. Buscó una frase para darle a entender lo que pensaba de él.

usurpación
parecido

35 —El dueño de esta casa soy yo. De modo que usted es un usurpador.

Fue interrumpido por la voz de una mujer que llamó:

—Profesor Morris, ¡voy a dar un paseo a caballo!

Ambos volvieron la cabeza. Era Agata quien llamaba: su queridísima, siempre viva y **difunta** Agata. Ella **se cortó** como si acabara de cometer una indiscreción.

muerta / dejó de
hablar

40 —Excúsenme.

Fue el dueño de la casa quien habló.

—Al contrario, ven Agata. A ti también debe interesarte este caso. **He aquí** a un señor que afirma llamarse como yo, y ser el dueño de esta casa, como yo. Lo único que le falta por agregar, es que también es tu esposo.
45 —Lo soy—respondió Morris.

Aquí tenemos

Los dueños de la casa lo miraron agresivamente.

—Es decir, lo he sido. —Los **cónyuges** se miraron ahora confundidos.
—Lo he sido —continuó Morris obstinado— porque ella murió.
—¿En otras palabras, yo estoy muerta? —preguntó Agata, alarmada.

esposos

50 El otro sonrió. **Por lo visto** tomaba la cosa en broma.

Evidentemente

—¿**Fuera** tan amable en contarnos la muerte de su esposa, o de nuestra esposa, como usted asegura?

¿Sería Ud. ...?

Morris empezó a narrar.

—**Falleció** hace 10 años exactamente. Un lunes, como hoy, a las 4 y 15 de la
55 tarde cuando paseaba a caballo con un amigo mío. Sufrió una caída. La muerte fue instantánea. Esa tarde no quería yo que saliera.
—Coincidimos en un punto: mi esposa va a pasear a caballo, aunque ella acostumbra hacerlo sin compañía.
—Eso mismo me decía a mí.

Murió

60 Fue una imprudencia de Morris. Agata **se sonrojó** por la ofensa y el dueño de la casa tuvo una rápida mirada de **recelo** para su esposa. Ella decidió retirarse.

se puso roja
sospecha

—Con permiso, le dejo.
Morris **pronunció unas disculpas** inútiles. Nadie lo oyó.

ofreció unas excusas

—Querida —le rogó el cónyuge —no debieras salir esta tarde.

65 Pero de inmediato pareció arrepentirse de sus palabras. Sin quererlo, había dado la razón a su incorrecto visitante. Así, se lo hizo comprender a Agata, y dejándole una sonrisa, ella se marchó.

—Esto **se enreda** cada vez más —murmuró el dueño de la casa. —¿A qué hora dice usted que murió su esposa? se complica

70 —A las 4 y 15.

—Faltan 20 minutos para la hora señalada —le respondió mirando su reloj de pared, con un tono extraño de voz.

—**Faltarían** 15 minutos— corrigió el profesor mirando el mismo reloj. Creo que faltaban

No recibió respuesta, pero el **aspecto** de su interlocutor era el de un hombre expresión
75 preocupado.

—Teníamos tres años de casados. Éramos felices. En fin, yo creía **serlo**— dijo el que lo era
profesor.

—Es el mismo tiempo que tenemos nosotros, y como usted, me considero feliz.

—¡**Vaya una** coincidencia **extravagante**!— exclamó Morris. ¡Qué ... / más extraña
80 —Sin embargo mi esposa pasea sola —**recalcó** el otro. insistió

La guerra estaba declarada, pues esta insinuación fue penosísima para el profesor.

—¿Me puede decir la fecha exacta de la muerte de su esposa?

—El lunes 11 de febrero de 1920 a las 4 y 15. El otro sonrió con incredulidad.
85 —¿Hace 10 años?

—Sí.

—¿Trata usted de engañarme o de asustarme? Esa es la fecha que tenemos hoy.

Era verdad. Al menos, así lo confirmaba el **almanaque** que colgaba de la pared: calendario
90 lunes 11 de febrero de 1920. ¡**Caracoles**!, pensó Morris, esto ya es demasiado. ¡Qué demonios!
Buscó en su libreta de notas y encontró que en ella, su almanaque **tenía** 10 años
de adelanto... Luego el calendario del muro era viejo, concluyó satisfecho. estaba ... adelantado

Gastón apareció detrás de ellos. **Carraspeó** para llamar la atención. Trataba de Hizo un ruido con la
dominar una gran emoción en su voz... garganta

• • •

Antes de continuar, díganos: ¿Cómo cree Ud. que terminará el cuento? ... Bueno, adelante.

• • •

95 —Si me permiten, señores... Es el señor Leo Smith. Ha traído a la señora en sus brazos... Ha sufrido una caída del caballo. Él la acompañaba.

—¿Muerta?— preguntó el dueño de la casa.

Gastón miró al suelo, moviendo la cabeza. El esposo abandonó el salón dejando
su cigarro encendido sobre el fino **pulimento** del escritorio. Morris miró el reloj: las lustre
100 4 y 20. «Dios, qué día.» Se encaminó al almanaque, arrancó la **hoja** y la tiró al pedazo de papel
alegre fuego de la chimenea... Se sentó cómodamente y cerró los ojos para
concentrarse mejor. Debió transcurrir algún tiempo. Abrió los ojos al oír la
campana del reloj que daba la media hora. Sin embargo estaba parado en las 4 y
20. Recordó las palabras de su **sosias**. «Faltan 20 minutos para la hora señalada.» «doble»

105 El silencio era absoluto. La chimenea estaba apagada. Parecía que en muchos
años no la hubieran encendido. Siguió examinando la habitación con la mirada. El
brusco cambio que ésta había sufrido no le impresionó. Era la única visión que él
esperaba encontrar cuando entró allí, una hora antes: un salón repleto de muebles
anticuados, de telarañas y de polvo. Un salón que **sin lugar a dudas** había estado seguramente

110 abandonado durante 10 años. Sobre el escritorio, un poco quemado, se hallaba el cigarro que su sosias dejó olvidado al saber la noticia. Lo miró **detenidamente**. Ahora lo recordaba: Era el mismo cigarro que él había dejado allí encendido, 10 años antes, al enterarse de la muerte de su esposa Agata.

largamente

ACERCA DEL AUTOR

El colombiano Arturo Laguado, nacido en 1919, es conocido como periodista, cuentista y dramaturgo. Sus obras incluyen *El gran guiñol,* obra de teatro, y los cuentos «La rapsodia de Morris» y «Danza para ratas».

Proyecciones

A. Díganos

1. ¿Qué le pasó al profesor Morris hace diez años precisos? ¿Qué otro evento misterioso ocurrió aquel mismo día?
2. ¿Qué decide hacer el profesor en este día del décimo aniversario? ¿Cómo encuentra la casa? ¿Quién lo recibe a la puerta? ¿Qué tiene eso también de extraño?
3. ¿Qué conversación se entabla entre el profesor Morris y el otro ocupante de la casa? ¿Quién más aparece? ¿Qué piensa hacer Agata? ¿Va a ir sola o acompañada? ¿Qué opina sobre eso el profesor?...
4. ¿Qué ocurre después? (Cuéntenos el final en sus propias palabras.) ... A propósito, después del accidente, ¿en qué condición encuentra la casa otra vez el profesor?
5. En su opinión, ¿quién era el señor Smith? ¿Por qué insistía el profesor Morris en que Agata siempre se paseaba sola? ¿Qué cree Ud. que le pasó a la esposa del profesor? ¿Por qué desapareció su cadáver?
6. Finalmente: ¿Quién cree Ud. que era el otro «profesor Morris»? ¿y la otra Agata? ¿Cómo explica la reaparición del difunto Gastón? ¿el misterio del calendario? ¿del reloj? ¿y el del cigarro?... En su opinión, ¿tiene todo esto alguna explicación lógica? ¿O es un sueño? ¿una fantasía? ¿otra dimensión de la realidad?

B. Adivine por el contexto

1. Morris tiró la carta al alegre fuego de la *chimenea... ¿La hizo pedazos o la quemó? ¿Dónde la arrojó?*
2. Agata *se sonrojó* por la ofensa pero no respondió nada... *¿De qué color se le volvió la cara?*
3. *De inmediato* pareció *arrepentirse* de sus palabras... *¿Lamentaba o se alegraba de lo que había dicho? ¿Fue una reacción instantánea o después de alguna reflexión?*
4. Esta insinuación fue *penosísima* para el profesor... *¿Le produjo satisfacción o dolor?*
5. El calendario tenía diez años *de adelanto.* Debía estar en 1920... *¿Qué año aparecía en el calendario?*

C. Creación

(Grupos de dos o tres personas.) ¿Le gustan los cuentos de misterio? Pues invente con sus compañeros otra terminación para *El regreso,* comenzando con la entrada de Gastón en la sala... ¿Qué les anunciará a los dos «profesores Morris»? ¿Resultará que Agata no ha muerto de verdad? ¿o que se ha fugado con el señor Smith? ¿o que nada de eso ha ocurrido en realidad?... Recuerde: cualquier cosa es posible. La lógica no tiene que predominar. Ahora, ¿qué cosas se imaginará?

En conclusión

Háganos un comentario sobre las dos obras de misterio que acabamos de leer. ¿Cuál le pareció más interesante? ¿más lógica? ¿mejor escrita? ¿Por qué? ... ¿Qué tal le parecieron los protagonistas? ¿Pudo Ud. anticipar en cada caso el final?

LECCIÓN 5

¡Sonría!

AMBIENTE

Se cuenta que durante un sermón muy triste que había **emocionado hasta las lágrimas** a toda la congregación, un hombre permanecía **impasible.** «¿Cómo podía ser?», pensaban los otros. Perplejos, se le acercaron y le preguntaron por qué no lloraba, y el aludido contestó: «Es que ... es que yo soy de otra **parroquia.**»

    ¿Qué demuestra esta anécdota? Simplemente que lo que nos **conmueve,** así como lo que nos causa hilaridad, dependen de valores tradicionales que varían con cada pueblo, cada cultura, cada período histórico.

había hecho llorar
indiferente

congregación
pone tristes

Caras y caretas, Buenos Aires, Argentina... Desde tiempos antiguos, la caricatura se ha prestado a la sátira social y política. He aquí unos personajes conocidos de principios del siglo XX, transformados por el pincel del artista en muñecos estereotipados.

Un gran escritor español, don Miguel de Unamuno, dijo que el humor es la ruptura de lo lógico. En otras palabras, nos reímos—o sonreímos—cuando descubrimos **de pronto** lo inesperado, lo absurdo, lo que contraría los dictados de la razón.

> de repente

Esta expresión y sentimiento de lo opuesto, que es el humor, ha estado presente en la literatura española desde sus primeras manifestaciones. En tiempos medievales, había sátira de costumbres y parodia, había el humorismo de lo grotesco y de lo cómico–moral. Obras posteriores ofrecen un humor **amargo** donde el idealismo y el **cinismo** habitan un mismo mundo. Pero es en *Don Quijote de la Mancha* donde lo cómico se emplea mejor para expresar la condición humana.

> cortante, cruel
> escepticismo

Don Quijote es el símbolo universal de los opuestos. Si nuestra primera inclinación es la de reírnos ante sus extrañas aventuras, su heroísmo, que aspira a la justicia, evoca en nosotros los sentimientos contradictorios de compasión y de admiración. Don Quijote no es ridículo. Tampoco es sublime. Es ambas cosas a la vez. Y el humor consiste precisamente en esa **paradoja.**

> contradicción

Si **bien** la ironía suave y sutil de Cervantes representa la aceptación de la vida, con todas sus injusticias, la de otros escritores expresa la rebelión. Allí predomina la **burla,** el insulto caricaturesco, el sarcasmo. En suma, **a lo largo** de los siglos el humorismo español, sea en forma de fina ironía o de sátira **sangrienta,** encierra un sentimiento de dolor. Se trata de la rebeldía del hombre que, por medio del humor, sublima sus agresiones frente a una realidad que le hace sufrir.

> en efecto
>
> humorismo cruel / a través / feroz

La literatura hispanoamericana, en cambio, no tiene la misma tradición humorística que la española. Aunque hay algunas obras satíricas en la época colonial, el humorismo aparece más bien en la segunda parte del siglo XIX con narraciones ligeras y joviales. De ahí, poco a poco, se empieza a desarrollar en distintos países un carácter nacional, como en la literatura **gauchesca** argentina.

> sobre los gauchos

En el siglo XX, la narrativa hispanoamericana adquiere una personalidad **singular** y una difusión internacional. Tanto en el cuento como en la novela se exploran posibilidades muy diversas, entre ellas, el humor. El argentino Jorge Luis Borges emplea una fina ironía similar a la de Cervantes. El colombiano Gabriel García Márquez, ganador en 1986 del premio Nobel, crea un mundo ficticio a base de la exageración y la distorsión cómica. Otros **acuden** a la burla sardónica para expresar su visión de la realidad.

> única y original
>
> utilizan

Mientras tanto, dentro de lo popular, el humorismo siempre se ha cultivado, tanto en América como en España—la anécdota **graciosa,** el chiste político, el juego de palabras, la broma **pesada,** la exageración **intencionada.** Y desde comienzos del siglo actual, el arte visual le añade la dimensión de las caricaturas, las **tiras** cómicas, y las pinturas «serias» de tono tragicómico.

> cómica
> «práctica»/satírica
>
> historietas ilustradas

El humor—sonrisa, **mueca** o hilaridad—diríjase hacia uno mismo o hacia los demás, aquí se lo presentamos en algunas de sus formas: «Anecdotario», una pequeña colección de chistes, definiciones y momentos cómicos del vivir. «Epitafio», mini-teatro de «humor **negro**» sobre dos hombres que deciden ... (No, no se lo vamos a decir) ... hasta que descubren ... (ya lo verá Ud.). ¡Sonría!

> expresión de disgusto
>
> triste

PEQUEÑAS DELICIAS
DE LA VIDA CONYUGAL

Entre 1930 y 1940, las tiras cómicas más populares de los Estados Unidos comenzaron a atravesar las fronteras de Latinoamérica. Aquí vemos, por ejemplo, una versión hispana de «Jiggs» (Trifón), la historia de un inepto ex-millonario que vive dominado por su esposa Maggie (Sisebuta), durante la época de la depresión mundial... Por otro lado, la tira «Isabelita», versión latina de otra historieta norteamericana, precede a «Charlie Brown», cuya graciosa amalgama de inocencia infantil y de perspicacia adulta anticipó a su vez a la popularísima «Mafalda» de hoy.

Gauchos junto a una pulpería—la «tienda general», taberna y centro social
de la pampa... El gaucho, figura que hoy ha desaparecido, se recuerda con
cariñoso humorismo en las vivaces estampas del argentino Florencio Molina
Campos. Sus pintorescas caricaturas abarcan todos los aspectos de la
vida gauchesca, incorporando dentro de la exageración estilizada un fiel
dibujo de su ropa, los aparejos de su caballo, y el ambiente natural.

Baile en la pampa... «El gato», la danza preferido de los gauchos, puede
ser bailado solamente, o puede ser bailado y cantado a la vez, con versos
dialogados entre el gaucho y su pareja. Por ejemplo, él comienza diciendo:
«Niña linda de ojos negros / y de labios colorados, / tus padres serán más
suegros, / tus hermanos, mis cuñados.» Y ella le puede responder: «No soy
de los ojos negros / ni de labios colorados./ /«Tata» *(My Dad)* no será tu
suegro / ni mi hermano, tu cuñado.»

Comentarios

1. ¿Qué clase de humor prefiere Ud.?: ¿la caricatura visual? ¿la tira cómica? ¿la comedia de «situaciones» en la televisión? ¿la sátira política? ¿la ironía, delicada y sutil? ¿o la bufonada *(slapstick),* alegre y ruidosa?
2. ¿Cuál es la película más cómica que haya visto Ud.? ¿y el libro más gracioso que haya leído? ... ¿Le gusta el «humor negro»—el humorismo grotesco o cruel? ¿o la broma pesada? (¿La ha hecho Ud. alguna vez?)
3. ¿Qué sentimiento ha acompañado siempre al humorismo español? ¿En qué obra monumental se refleja mejor el sentido tragicómico del español? ¿Existe esta dualidad en las obras cómicas norteamericanas?
4. ¿Tiene Hispanoamérica la misma tradición humorística que España? ¿Qué grandes autores modernos han incorporado el humor en sus obras? ¿En qué formas se manifiesta el humor popular? ¿Y aquí?
5. ¿Quiénes son los cómicos y humoristas más conocidos de los Estados Unidos? ¿Diría Ud. que provocan más la risa o la sonrisa? ... A propósito, si Ud. fuera pintor(a), ¿qué colores usaría para representar el humor de cada uno de ellos: el negro, el rojo, el amarillo, etc.?

—————————————— LECTURA 1 ——————————————

Preparativos

Pistas

1. In the following readings, watch for the forms of the present subjunctive. They will appear many times, especially in commands.

- Regular verbs + -ar and -er stem-changers: Normal present indicative forms are used, but with these endings:

-ar: e, es, e, emos, éis, en
-er, -ir: a, as, a, amos, áis, an

- Irregular verbs: The **yo** form of the present indicative changes the final -o to -a (dig**o** → dig**a**, conozc**o** → conozc**a**) and then adds the usual endings for each person.
   The only exceptions are ser — sea; saber — sepa; ir — vaya; haber — haya.

- -ir stem-changers: The **nosotros** and **vosotros** forms change as follows:

pedimos → pidamos; dormís → durmáis

2. All direct commands, except for affirmative **tú** or **vosotros** forms, use the present subjunctive. Notice that object pronouns are always attached when we tell someone *to do* something. They are *not* attached when we tell someone *not to do* it.

Orientación

Como todas las lenguas, el español tiene una rica variedad de localismos; aquí tiene Ud. unos mexicanismos que le van a resultar útiles.

1. **¡Ándale!** es una palabra de mil y una caras: *Come on!, Well how about that!, Great!, You don't say!,* etc.
2. **agarrar**   *to take, grab.* Ya que el verbo «coger» tiene connotaciones indecentes en México, se sustituye por «tomar», «agarrar» y hasta «atrapar».

3. **-ito, -cito:** A los mexicanos les encanta usar estos diminutivos para expresar cariño, o simplemente para enfatizar una palabra. Por ejemplo: **padrecito, hijito,** y **ahorita** *(right now!)*.
4. **-azo:** A diferencia del diminutivo **-ito,** el «aumentativo» **-azo** también se usa para dar énfasis: «Pero hombre, ¡qué exitazo! *(what an enormous success!)*».

Asociaciones

el cura *priest*—iglesia, rezar; **pecar** *to sin*—confesar(se) (confieso): «Padre, he cometido un pecado. —Que Dios te perdone, no yo.»

un pez *(a live) fish*—**nadar** *to swim*—en el río, en un lago... ¿y dónde más?; **perro** *dog*—**ladrar** *to bark*

gracia *wit, humor*—**hacerle gracia a uno** *to strike someone funny*—reír, sonreír; **gracioso** *funny; witty:* «¡Ay, pero gracioso es ese tipo! Me hace gracia sólo verlo.»

pelear, luchar *to fight*—una pelea, una lucha; un **pleito** *a dispute, argument, lawsuit;* **perseguir (persigo)** *to pursue:* «¡Qué pleitazo bárbaro! *(What an awful fight!)*—Y parece que lo perseguirán hasta el final.»

Díganos: ¿Cuáles de estas Asociaciones tienen connotaciones religiosas? ¿Cuáles implican violencia, o enemistad? ¿Cuáles tienen que ver con el humor? ¿Cuáles tratan de criaturas naturales?

Anecdotario

A. Del folklore popular

1. Había un turista que fue a México, y fue a un hotel. Pero era día de fiesta y no había cuarto para él. Por fin, le dijo el señor del hotel:

—Bueno, tengo un cuarto allá abajo en el **sótano.** Pero está muy malo el cuarto, *(parte subterránea de un edificio)*
5 y el sótano es muy feo.

—¿Cuánto me va a cobrar? —le dijo el turista.

—Dos dólares, no más.

—Está bien—dijo el turista, porque le gustó el precio. —Yo lo agarro.

Pues el señor agarró el cuarto. Y **a poco** vio que estaban peleando allí unas ratas. *(pronto)*
10 ¡Un pleitazo bárbaro! Entonces va el turista y le dice al del hotel:

—Fíjese, hay un pleito de ratas tan grande en mi cuarto, ¡y hay tantas ratas!

Y el del hotel le dice:

—Bueno, ¿qué esperaba Ud. por dos pesos? ¿Una corrida de toros?

2. Un hombre fue a confesarse a un cura, y le dijo:
15 —Padrecito, no tengo mucho tiempo. No más dos cosas le voy a decir.

—Sí, hijito, **está bueno.** *(Está bien.)*

—Pensé matar, padrecito, y no maté. ¿Verdad que no pequé?

Dijo el cura:

—Sí, pecaste. Con la intención basta.
20 Entonces el hombre se metió la mano a la bolsa, y el cura le extendió la mano:

—Pero hijito, no me diste nada.

Y el hombre le dijo:

—Con la intención basta, padre.[1]

---

[1]Adaptados de *Antología del saber popular,* Monograph No. 2 (University of California, Los Angeles: Aztlán Publications, Chicano Studies Center), June 1971.

B. Chistes al día

25   **1.** En un almacén de autoservicio, varios policías perseguían a un ladrón que finalmente logró escapar.

—¿Cómo escapó?—preguntó el jefe—. ¿No les ordené vigilar todas las salidas?

—Así lo hicimos, mi teniente — contestó un policía. —Pero el muy **vivo** huyó por una de las entradas.   astuto

30   **2.** —Mi esposo está en la oficina como pez en el agua.

—¿Sí? ¿Qué hace?

—Nada.[2]   (¡Tiene dos significados!)

3. El médico le dice a su paciente:

—¿De modo que usted se resiste a tomar el remedio? Tómelo, pensando que

35   es cerveza.

—Entonces es mejor que tome cerveza, pensando que es el remedio.[3]

Proyecciones

A. ¿Qué nos dice?

1. Comenzando con el «folklore» mexicano, ¿cuál de los chistes le pareció más gracioso? ¿Puede contárnoslo en sus propias palabras? ... En su opinión, ¿estos chistes se considerarían cómicos aquí en nuestro país? ¿Por qué?

2. ¿Cuál de los «Chistes al día» le hizo más gracia? ¿Le gustan a Ud. los «juegos de palabras» *(puns)*, como en el chiste del marido que está en su oficina como pez en el agua? Una vez más, ¿quiere contarnos algún chiste popular?

3. Según los ejemplos que le acabamos de dar, ¿le parecen similares o distintos el sentido del humor hispánico y el norteamericano? De su propia experiencia, ¿diría Ud. que son similares o distintos el humorismo norteamericano y el británico? ¿En qué aspectos?

B. Adivine por el contexto y después conteste

1. Me gusta comprar en un almacén de *autoservicio*. Es más rápido así ... *¿Quién sirve a los clientes en una tienda de esa clase?*

2. El jefe ha dado orden de *vigilarlos* día y noche para que no se nos escapen. —Y a pesar de todo, *lograrán huir... ¿Qué debemos hacer para que no evadan nuestra vigilancia? ¿Es probable que tenga éxito el plan?*

3. Si te *vuelven* a llamar, será una *señal* evidente de que están interesados en emplearte... *¿Han llamado una vez ya? ¿Qué indicaría una segunda llamada?*

C. Creación

He aquí un grupo de definiciones y dichos graciosos.

«Dictadura: Tipo de gobierno bajo el cual todo lo que no está prohibido es obligatorio.[4]»

«La paciencia es algo que admiramos en el automovilista que va detrás de nosotros, y desdeñamos en el que va delante.»[5]

---

[2]*Selecciones del Reader's Digest,* noviembre 1987, Jorge Floriano, Montevideo.
[3]*Selecciones del Reader's Digest,* enero 1988.
[4]Alfredo La Mont, en *Definiciones* (Ed. Océano de México), Ciudad de México.
[5]*El Nacional de ¡Ahora!,* Santo Domingo, *Selecciones,* enero, 1988,

«Los políticos dividen su tiempo entre crear leyes y ayudar a sus amigos a evadir-
las.»[6]

«Un abogado es un señor que nos ayuda a pagarle sus honorarios.»[6]

«Uno de los principales problemas del momento es que diariamente nos enfrenta-
mos a muchas tentaciones, y no tenemos tiempo para caer en todas ellas.»[6]

Ahora bien, ¿puede Ud. crear sus propios dichos o definiciones originales?

_____ **LECTURA 2** _____

Preparativos

Pistas

1. **Haber de** is the only expression in which the verb **haber** stands by itself, inde-
pendently, in every person! Actually, **haber de** can be translated in English as:

to be (supposed or expected) to: **Han de llegar esta tarde.**
ought to: **Has de prestarle más atención.**
probably: **Todo el mundo ha de saberlo ya.**

2. As you know, the verb **volver** can mean *to return* or *to turn.* But it has other
meanings, too. Here are some more, plus a few extensions:

volverse   *to turn around;* (+ an adjective) *to become, "go" (crazy, blind,* etc.)
volver a (+ an infinitive)   *to do (something) again:* Volvió a entrar.
la vuelta   *return; turn;* **dar (la) vuelta**   *to make a turn:* **dar una vuelta**   *to go for a
walk or a ride (around something);* **dar vueltas**   *to wind* or *spin around*

Ahora díganos:

1. Si alguien *vuelve a* presentar su petición, ¿es la primera vez que lo ha hecho?
2. Si Ud. hace una compra y el vendedor le entrega *la vuelta* (o *el vuelto*), ¿le tendió
Ud. más o menos de lo que costaba el artículo? 3. Si un viajero da *la vuelta* a la
luna, ¿en qué clase de vehículo va? 4. Si la señal de tráfico dice: «Una vía», ¿se
permite *dar la vuelta* en ambas direcciones? 5. Si las cosas comienzan a *dar vueltas*
a mi alrededor, ¿me siento bien o mal? ...A propósito, ¿la Tierra *da vueltas* alrededor
del sol, o el sol las da alrededor de la Tierra? (¡No me vuelvas loca con esas preguntas, eh!)

Orientación

1. La cortesía, que asume una gran importancia en el mundo hispánico, se tra-
   duce frecuentemente en ciertas expresiones comunes. Digamos, por ejemplo,
   que un amigo espera hacer o recibir algo, y que agrega la frase, «si la suerte
   me acompaña» *(if I'm lucky).* Pues nosotros debemos responder: «Que sea
   por muchos años.» *(May you be lucky for many years.)* Entonces, él nos de-
   vuelve la cortesía, replicando: «Y que usted lo vea.» *(May you be around to
   see it!)*
2. Los españoles son muy aficionados a las frutas del mar—a los pescados y
   mariscos *(shellfish)* de toda clase. Uno de los platos favoritos es el «pulpo a la
   gallega» *(octopus, Galician style),* y otro, los «calamares en su tinta» *(squid
   in its ink).*

[6]Aldo Camarrota, *Visión,* 24 agosto 1987.

Asociaciones

el puente *bridge*—**río** *river;* cruzar en carro o a pie; **tirarse** *to jump (throw one-self out of* or *into);* **hundirse** *to sink;* **ahogarse** *to drown; to choke;* «¡Ay, qué pena! Y ahora, ¿cuándo será el **entierro** *(funeral)*?»

pesado *heavy:* «¡Dios mío, cuánto pesa!»; **plomo** *lead;* **una piedra** *a stone;* **una cadena de hierro** *an iron chain;* **apretar (aprieto)** *to press, squeeze:* «No lo apriete con esa cadena. Lo va a romper. —Pierda cuidado. (No se preocupe.) Yo sé hasta dónde puedo apretar.»

elegir *to choose; elect;* **intentar** *to attempt:* «¿Qué método eligieron para realizar el plan? —Intentaron varios, pero ninguno resultó.»

librarse de *to get rid of, free oneself of;* **suspirar** *to sigh:* «—¡Qué **alivio!**—suspiró. —Por fin, me he librado de esa carga, **de una vez** *(once and for all).*»

cuello *neck;* **los pulmones** *lungs*—respirar, respiración; **el corazón** *heart:* «Le echó los brazos al cuello y suspiró. —Te amo con todo el corazón.»

ahorrar *to save*—dinero; **moneda** *currency; coin:* «¿Traes billetes o sólo monedas en el **bolsillo** *(pocket)*? —Ambos. ¿Qué necesitas?»

Díganos: ¿Cuáles de estas palabras tienen que ver con el cuerpo humano? ¿con el agua? ¿con el dinero? ¿y con cosas pesadas?

Ahora, a base de estas Asociaciones, ¿comprende Ud. las frases siguientes?:

1. Le di un fuerte *tirón,* y la cuerda se me rompió. 2. Tiene buenos *ahorros* en el banco. —Sí. Sabe mucho de asuntos *monetarios.* 3. Dio un profundo *suspiro,* y comenzó a llorar. 4. Me encontré en un *aprieto.* —¿Y cómo lo resolviste? 5. El *intento* de matar al presidente fracasó. —¡Ay, me siento tan *aliviada!*

Epitafio

JORGE DÍAZ (Chile)

*Dos hombres están en un puente observándose **de reojo.***   disimuladamente (indirectamente)

UNO: Buenas tardes.
EL OTRO: Buenas.
UNO: Perdone, y no lo tome a mal, pero querría saber si piensa quedarse mucho
5   **rato** aquí en el puente.   tiempo
EL OTRO: No, unos minutos. Tal vez ni siquiera eso.
UNO: Ah, entonces voy a esperar.
EL OTRO: ¿Esperar qué?
UNO: Que usted se marche.
10 EL OTRO: ¿Para qué?
UNO: Para hacer lo que tengo que hacer.
EL OTRO: ¿Qué es lo que va a hacer?
UNO: Matarme.
EL OTRO: ¡Es increíble!
15 UNO: No intente disuadirme. Será inútil.
EL OTRO: Pierda cuidado. El caso es que yo vine aquí por el mismo motivo.
UNO: (Asombrado) ¿Va a suicidarse?   Sorprendido
EL OTRO: Si la suerte me acompaña.
UNO: Que sea por muchos años.

20　EL OTRO: Y que usted lo vea.

UNO: ¿Qué sistema eligió usted?

EL OTRO: Bueno, está claro, ¿no?: ahogarme en el río.

UNO: Lo suponía, pero me refiero al problema fundamental: hundirse. **Ha de saber**　Quiero que sepa
usted que soy suicida **reincidente**.　　　　　　　　　　　　　　　　　　repetidor

25　EL OTRO: ¡Le felicito!

UNO: La vez **anterior** la gente aplaudía y me pedía que me volviera a tirar al río.　pasada

EL OTRO: Ya pensé en eso. No creo que soy un suicida irresponsable, de esos que
se tiran por una ventana y caen sobre una viejecita vendedora de tabaco. ¿Ve
mis zapatos? ... Tienen las suelas de plomo. Pero hay algo más. Toque aquí.

30　(Señala su cuello.) ¿Nota una rigidez?

UNO: **¿Artrosis cervical?**　　　　　　　　　　　　　　　　　　　　　　　　(una condición
　　　　　　　　　　　　　　　　　　　　　　　　　　　　　　　　　　　　　fisiológica)

EL OTRO: No, una cadena de hierro que me da vueltas al cuello.

UNO: Todo eso **le habrá costado** un ojo de la cara.　　　　　　　　　　　　　debió costarle

EL OTRO: Bueno, yo he ahorrado toda mi vida para poder ir a mi propio entierro

35　con la cabeza muy alta.

UNO: Yo busqué una solución más económica: llevo los bolsillos llenos de piedras.

EL OTRO: Yo también llevo los bolsillos llenos, pero de monedas de **diez duros**. Es　cincuenta pesetas
todo el capital que tengo: me ayudará a hundirme.

*(Un silencio **dubitativo** de parte de ambos.)*　　　　　　　　　　　　　　　incómodo

40　UNO: Bueno, pues cuando usted quiera.

EL OTRO: **¡No faltaba más!** ¡Usted primero! Si quiere que le ayude en algo.　¡De ninguna manera!

UNO: ¿Ayudarme?

EL OTRO: Empujándolo, por ejemplo.

UNO: Gracias, muy amable, pero usted llegó antes. Siempre he sido muy

45　respetuoso con el orden de llegada, y usted me dio **la vez**.　　　　　　　su turno

EL OTRO: No faltaba más. Un caballero es un caballero, hasta en el último segundo
de su vida. ¡Usted primero, y no se hable más del asunto! ¿Puedo satisfacerle
su último deseo?

UNO: **Ya puestos**, mi último deseo sería un **mentolado** largo con filtro.　　Bein pensado / ciga-
　　　　　　　　　　　　　　　　　　　　　　　　　　　　　　　　　　　rrillo / filtro

50　EL OTRO: Sólo tengo negro y sin **emboquillar**.

UNO: No, gracias. Jamás me fumaría un cigarrillo sin filtro. Arruina los pulmones.
Quiero morir de una forma natural y ecológica.

EL OTRO: **Usted es muy dueño.** (Un silencio perplejo.) Bueno, se nos ha hecho　La decisión es suya.
tarde.

55　UNO: ¿Tarde para qué?

EL OTRO: Pues para tirarnos de una vez del puente.

UNO: ¿Acaso tiene usted alguna otra cosa que hacer después de suicidarse?
Tanta prisa es lo que provoca el **infarto**.　　　　　　　　　　　　　　ataque cardíaco

EL OTRO: Pero tampoco es **plan** andar toda la tarde con zapatos de plomo. Me　buena idea

60　aprietan. Me suicidaría sólo para librarme de estos zapatos.

UNO: ¿Ha pensado en su epitafio?

EL OTRO: A mí **no se me da muy bien** la literatura **sepulcral**.　　　　　no me gusta mucho
　　　　　　　　　　　　　　　　　　　　　　　　　　　　　　　　　　de la tumba

UNO: Para mí yo he pensado el siguiente: «Perdone que no me levante a
saludarle.»

65　EL OTRO: Muy apropiado. Una vez, vi en un cementerio de Castilla el siguiente
epitafio que me impresionó mucho. Decía: **«Me daba en el corazón** que me iba　Ya se me figuraba
a pasar una cosa así.»

UNO: Le propongo una cosa: vamos a tomarnos unas **copitas** y elegimos su　bebidas de licor
epitafio. No se va a tirar al río sin dejar resuelto ese detalle.

70 EL OTRO: No es mala idea.

UNO: Conozco un **chiringuito** al otro lado del río donde preparan un pulpo a la gallega que **está para morirse**.

EL OTRO: Estupendo. Lo ahogaremos con un vinito de Ribeiro.

UNO: Y, **de paso**, inventaremos un epitafio digno de usted.

75 EL OTRO: Gracias, es usted muy amable. Creo que me voy a quitar los zapatos: pesan como el demonio. **No le importará** que vaya **descalzo**, ¿verdad?

UNO: Por mí, **como si quiere ir desnudo**.

(EL OTRO se quita los zapatos.)

EL OTRO: (Suspirando) ¡Uy, qué alivio! Me estaban matando.

80 UNO: Vamos. (Inician el **mutis**) Para epitafios curiosos, el de mi padre. Puso en su tumba: «Este es el **oficio** en el que más voy a durar.»

*(Salen **charlando**. Oscuro rápido.)*

Glosses (right margin):
- pequeño café
- uno daría la vida por comerlo
- mientras tanto
- Ud. no se ofenderá/ sin zapatos
- puede andar sin nada
- salida de la escena
- ocupación
- conversando

ACERCA DEL AUTOR

Aunque nació en la Argentina, Jorge Díaz se educó en Chile, país al que su familia se había trasladado en 1934, cuatro años después de su nacimiento. Se graduó de arquitecto en 1955, pero a partir de 1961 se dedicó casi totalmente al teatro. Ha estrenado más de sesenta comedias tanto para niños como para adultos, figurando entre ellas *El cepillo de dientes, El lugar donde mueren los mamíferos,* y su obra más reciente, *Muero, luego existo.* Díaz, quien ha ganado numerosos premios internacionales, reside ahora en Madrid, y viaja constantemente a Chile.

Proyecciones

A. ¿Qué nos dice?

1. ¿Quiénes son los dos protagonistas de «Epitafio»? ¿Por qué han venido al puente? ¿Cómo piensan realizar su plan? En realidad, ¿quieren quitarse la vida?

2. ¿Cómo interpreta Ud. esta pequeña pieza? ¿Demuestra el autor una actitud positiva o negativa ante la vida? ¿Qué le produce esta impresión?

3. En su opinión, ¿se deben tratar de un modo humorístico temas tan trágicos como el suicidio y la muerte? Si Ud. fuera artista, ¿con qué colores pintaría el humorismo de «Epitafio»? ¿Lo encontró Ud. gracioso? ¿Por qué?

B. Adivine por el contexto

He aquí varias expresiones corrientes en inglés. ¿Puede Ud. hallar sus equivalentes en español?

Don't take it wrong . . .   Never fear! . . .   "an arm and a leg" . . .   safe and sound . . .   First come, first serve . . .   a repeater . . .   No way! Don't even think about it! . . .   like the dickens . . .   I have a sneaking suspicion . . .   "You could die over"

1. Pero, hombre, ¡qué cochazo! Te habrá costado *un ojo de la cara.*
2. *Me da en el corazón* que me van a engañar. —*No faltaba más.*
3. *No lo tome a mal,* pero no creo que su idea sirva.
4. *Pierda cuidado.* Van a volver pronto, *sanos y salvos.*
5. Hay que respetar *el orden de llegada.* No le puedo quitar el turno.
6. Ahí sirven una paella que *está para morirse.*
7. Era un criminal *reincidente.* —Entonces merecía un castigo más fuerte.
8. ¡Caramba! Estos zapatos duelen *como el demonio.*

Díganos, ¿qué claves le señalaron los significados?

Creación

En la obra que acabamos de leer, Uno y El Otro han llegado ya al puente con intenciones de suicidarse. Por lo menos, así nos dicen. Pero, ¿quiénes son esos dos hombres que no tienen nombre siquiera? ¿que tienen solamente un presente, y nada de pasado? ¿Por qué decidieron suicidarse? ¿Y por qué en efecto no lo hicieron? ...Ud. va a tener la oportunidad ahora de crear sus vidas. Comience dándole a cada uno sus nombres—nombres de pila y apellidos. Después, dele a cada uno una presencia física, y unos años de edad, y si quiere, un poco de experiencia humana. Entonces díganos, ¿por qué piensan en acabar su vida? ¿Será por un amor no correspondido? ¿por falta de dinero? ¿por falta de amigos? ¿Cree Ud. que van a tratar otra vez de suicidarse, o que realmente están apegados a la vida? ¿Cambiará su vida después de haberse conocido?

En conclusión

Ya que hemos experimentado diferentes tipos del humor, díganos: ¿encontró Ud. en ellos aquel sentido doloroso que caracteriza al humorismo hispano? ¿Qué ejemplos nos puede dar? ... Finalmente, ¿se parece *Epitafio* a alguna obra que Ud. haya leído en inglés? ¿Cuál era?

LECCIÓN 6

En busca del destino

AMBIENTE

El destino, enigma insoluble. ¿Es una fuerza **ajena**, todopoderosa, indomable? ¿O   fuera de nosotros
existe acaso alguna manera de negociar con él, colaborar con él, guiarlo? Desde
los comienzos de la historia, este dilema ha obsesionado al ser humano. El
hombre se ha acercado a él—sigue acercándose a él—en diversas formas: por la
religión, por la «**magia**», por la superstición, por la ciencia. Quiere saber lo que no   artes ocultas
puede, quizás lo que no debe saber. Y como Miguel de Unamuno, cuya religión
consistía en «luchar con Dios», en «**trepar** a lo inaccesible», la humanidad sigue   subir
luchando contra el destino.

   A través de los siglos, el catolicismo ha sido el sostén principal del pueblo
hispano, un fenómeno que alcanza por un lado hasta el **ente** político, y por el otro,   institución
los detalles más mínimos de la vida diaria. Los nombres que les da a sus hijos, y

San Andrés y San Francisco, por El
Greco, gran pintor del Siglo de Oro
español. El profundo sentimiento
católico compenetra todos los
aspectos de la cultura hispánica.

las fiestas que celebra son mayormente religiosas. La moral que **rige** su existencia y la perspectiva desde la que **abarca** la muerte son mayormente religiosas. Y cuando se enfrenta con un peligro mortal, la Virgen María es su última «corte de apelación». Aunque hoy día la joven generación urbana se está distanciando **en cierta medida** de las tradiciones eclesiásticas, la iglesia sigue siendo la institución más potente y **duradera** de aquella sociedad.

ordena
percibe

hasta cierto punto
permanente

A pesar de esa profunda religiosidad, se encuentra otro fenómeno que tampoco le es extraño al hispano—la superstición en múltiples y diversas formas. Algunas provienen de la tradición española. Otras, de fuentes indígenas americanas. Y aunque el cosmopolita urbano **las rechace**, todavía quedan **arraigadas** entre la gente menos educada, sobre todo en las zonas rurales.

no las acepte
profundamente fijadas

Para muchas personas, el poner el sombrero sobre la cama trae mala suerte. Si pasa una **culebra** por el camino del caballo, igual. En cambio, si un gato negro o una culebra se le cruza en el camino en España, la buena suerte le va a esperar. El día martes para todos **augura** mal: «En martes no te cases ni te embarques», dice el **refrán**. Y sin duda **alguna**, ¡con el martes trece sobre todo hay que tener cuidado!

serpiente

pronostica
proverbio / ninguna

Colocar el pan **entero** sobre la mesa, como tirar el pan, o comer pan y leche en el mismo plato, **acarrea** la mala suerte. Pero **derramar** el vino le hace a uno prosperar, como bajar de la cama con el pie derecho primero. Para muchos existe todavía el «mal de ojo», que algún **malvado** le puede echar a un **nenito**. ¿Y cómo curarlo? En México, tal vez colocando un huevo debajo de la camita del niño, con mucho cuidado de no romper la **yema**. Pero la prescripción varía según el pueblo y el lugar.

sin cortar
trae / dejar perder un poco
persona malévola / bebé

la parte amarilla

«Santería». Magia y milagros en venta... Una «botánica» neoyorquina, donde la fusión de ritos afrocubanos y de doctrina cristiana forma el culto de los «santeros». Las supersticiones antiguas abundan todavía en el clima multirracial de Latinoamérica.

En suma, el folklore hispánico, igual que el de muchas partes del mundo, está repleto de **brujas,** demonios, fantasmas y espíritus malos. Y la única defensa, además de unos remedios caseros, es la fe—una fe absoluta que **se remonta** otra vez a la profunda y antigua religiosidad.

gente con poderes sobrenaturales
vuelve

Las lecturas de este capítulo tratan de distintas maneras el tema del destino. La primera es una condensación de un drama español titulado *La muralla,* historia de un hombre que, **encarado con** la muerte, quiere salvar su alma rectificando su vida pasada. ¿Qué va a triunfar—**las exigencias** de la conciencia, o las del bolsillo? ... La segunda, por el mismo autor, es un cuento titulado simplemente «La suerte», la historia de un hombre honrado a quien la «Dama Suerte» ha abandonado, hasta que la encuentra en el lugar menos esperado... Religión y moral, razón y superstición, éste es nuestro tema. En busca del destino.

La pared,
frente a
demandas

Comentarios

1. ¿Hasta qué punto cree Ud. que podemos guiar nuestro propio destino? (¿Cree Ud. que la ciencia puede ser la solución?) En su opinión, ¿está determinado con anticipación todo lo que vamos a ser y hacer?
2. ¿Cómo trata de luchar el hombre contra el destino? ¿Qué impacto ha tenido el catolicismo sobre la sociedad hispánica? ¿Tiene la religión el mismo influjo en nuestro país?
3. ¿Qué otro fenómeno se encuentra al lado de la religiosidad tradicional? ¿Qué formas toma la superstición? De las supersticiones referidas arriba, ¿cuáles le llamaron más la atención? ¿Tenemos algo equivalente aquí?... A propósito, ¿conoce Ud. a alguna persona supersticiosa? ¿Puede Ud. contarnos algunas de sus creencias?

————————————— LECTURA 1 —————————————

Preparativos

Pistas

1. The structural focus of this chapter's readings will be the three concepts of the subjunctive. In brief, the subjunctive appears in the subordinate clause to convey:

■ Indirect or implied command
Whenever the main clause expresses one person's will that *someone else do something* (or that *something be done*), the clause that follows must use the subjunctive:

Direct command: **Perdóneme.**   *Forgive me.*
Indirect or implied command: **Le ruego que me perdone.**   *I beg you to forgive me.*

■ Emotion
Whenever the main clause expresses emotion—joy, sadness, fear, surprise, anger, etc.—about the following action, again the subordinate clause will be in the subjunctive:

Temo que hayan muerto.   *I'm afraid that they have died.*
¿Les sorprendió que volvieses?   *Were they surprised that you returned?*

■ Unreality

Whenever the subordinate clause action is considered doubtful, uncertain, indefinite, hypothetical, incomplete or nonexistent, the subjunctive expresses that unreality:

No puedo creer que sea culpable.   *I can't believe that he is guilty.*
¿Era posible que mintiera?   *Was it possible that he lied?*
Hazlo cuando lo creas oportuno.   *Do it when you find the right moment.* (You haven't found it yet.)

These are only a few of the instances of the subjunctive that you'll find in the forthcoming selections. So watch for them. And remember that in most cases, the actual translation in English is the same as for the indicative.

2. The verb **contar** has two principal meanings: *to count* and *to tell*. That is why there are two separate nouns that stem from it: **la cuenta** *(account; bill)* and **el cuento** *(story)*. Of course, even these nouns have their own extensions.

¿Cómo interpretaría Ud. las expresiones siguientes?

1. *Cuenta* conmigo. Soy tu amiga. 2. Hola, ¿qué me *cuentas*? 3. Hay que darse *cuenta* de las dificultades. 4. He aquí un *cuento* que les va a interesar. Es por uno de los *cuentistas* más importantes de Latinoamérica. 5. Al fin de *cuentas*, ¿qué decidieron? —No me *contaron* nada. 6. Tenemos que *contar* el número de transacciones, no solamente los ingresos. —Pues el *contador* nos dará toda esa información. 7. ¿En el primer año enseñan *contabilidad*? —No, en el segundo. 8. «Y va de *cuento* que había una princesa que vivía en un palacio de oro...»

Asociaciones

advertir (advierto), avisar *to warn*—**aconsejar** *to advise:* «Fue como un aviso providencial, una advertencia de que tengo que salvar mi alma. —Pues te aconsejo que sigas los dictados de tu corazón.»

amenazar *to threaten*—con consecuencias malas: ¡Cuidado! **aterrado, temeroso** *frightened;* **vencer (venzo)** *to conquer, overcome:* «Estoy aterrado. Siento una **sombra** *(shadow)* amenazante. —No seas tan temeroso. Hay que vencer el miedo.»

casamiento, boda *wedding:* «¡Mil felicidades! ¡Y que sea para siempre su matrimonio!»; **suegro** *mother-in-law;* **padrino** *godfather*

suplicar, rogar (ruego *to beg:* «Por favor!»; **jurar** *to swear;* **conmover (conmueve)** *to move with emotion;* **absolver (absuelvo),** perdonar: «Le suplico que me perdone. Juro que soy inocente. —Sus súplicas me conmueven, pero no le absuelvo de toda culpa. Me ha mentido en otras ocasiones.»; **mentir (miento)** *to lie*

medir (mido) *to measure; consider, gauge:* «Antes de actuar, debes tomar la medida de tus fuerzas. —Las he medido. Y concluyo que sí tengo **medios** *(means)* para triunfar.

1. ¿Cuáles de las palabras arriba se relacionan con el matrimonio y la familia? ¿Cuáles tratan de una situación difícil o amenazante?

2. Ahora, vamos a hacer unas asociaciones lingüísticas. Por ejemplo, si un *ruego* es el acto de *rogar*, ¿qué es una *súplica*? ¿Qué es un *aviso*? ¿una *advertencia*? ¿un *consejo*? ¿un *consejero* (una *consejera*)? ¿una *amenaza*? ¿una *medida*? ¿y una *mentira*? A propósito, ¿dónde encontramos un *jurado*—en una iglesia o en la corte? ¿y dónde se recibe la *absolución* de los pecados?

3. Finalmente, ¿con qué otras palabras se relacionan estos adjetivos?: *aterrado, emparentado, invencible, mentiroso, amenazante, temeroso*

La muralla

JOAQUÍN CALVO SOTELO (España)
(Selecciones)

Parte primera... La escena es en Madrid. El año, 1953. Estamos en la sala del millonario Jorge Hontanar, dueño de la hacienda «El Tomillar». Jorge, apenas recuperado de un ataque cardíaco, le confiesa a su esposa, Cecilia, un secreto que ha mantenido por quince años. Le revela que todo lo que posee ha sido el
5 *fruto de un fraude que cometió durante la Guerra Civil. Al morir su padrino, Jorge falsificó el testamento, nombrándose a sí mismo heredero en lugar de Gervasio Quiroga, el hijo natural del **fallecido**. Todos los testigos de su crimen han muerto.*   recién muerto
*Nadie ha sospechado nunca de él. Pero Jorge no puede vivir más así. Su **roce***   contacto
con la muerte le ha hecho pensar en Dios. Desesperado ahora por salvar su
10 *alma, ha decidido **restituirle** a Gervasio el dinero robado, y le pide a su esposa*   devolverle
que le ayude y perdone. Cecilia le responde, asombrada.

CECILIA: Y si nadie te amenaza, ¿por qué has roto tu silencio?
JORGE (**Sombrío**): Dios me amenaza.   (serio y algo triste)
CECILIA: ¿Dios?... Escucha, Jorge. Yo sé bien lo que es Dios para ti. Una sombra,
15   un nombre que usas **de cuando en cuando,** pero en el que no crees.   esporádicamente
JORGE: Me prometí a mi mismo que, si me libraba de aquel **trance**, rectificaría mi   peligro
   conducta pasada. Entendí mi ataque como un aviso providencial que se me
   daba de arrepentirme, más concretamente aún, de salvarme. Y no quiero
   desoírlo. Por eso pedí a **don Ángel** que volviese a verme.   desatenderlo / (el
                                                                                             cura)
20 CECILIA: ¿Qué piensas hacer, Jorge?
JORGE: Lo necesario para que se me absuelva. Pero antes he de saber si cuento
   contigo, si estás a mi lado de todo corazón y dispuesta a ayudarme.
CECILIA: Yo...
JORGE: Escúchame, Cecilia: dame fuerzas para que esa resolución que tomé
25   cuando me creí cercano a la muerte, no se venga a tierra, ahora que me siento
   fuera de peligro. Empiezo a oír dentro de mí muchas voces que me aconsejan
   mal. Ayúdame tú a que sea la de Dios la que yo escuche sobre todas. ¿Cuántas
   veces me has dicho al verme solo, alejado de las cosas de la religión, que era
   eso lo que te impedía ser feliz por completo? Pues ahora tienes en tu mano mi
30   conversión; ayúdame.
CECILIA: Bien. ¿Qué **pretendes**?   piensas hacer
JORGE: Devolver «El Tomillar» a su legítimo dueño.
CECILIA (**Abrumada**): Jorge...   Consternada
JORGE: ¿Comprendes lo que significa?
35 CECILIA: Sí.

JORGE: No tenemos otra fortuna ni otros medios de vida que los que nos vienen de la **finca.**   *propiedad*

CECILIA: Ya lo sé.

JORGE: Es quedarnos con el día y la noche, empezar de nuevo, lo que eso traerá
40 consigo.

CECILIA: Sí, Jorge.

JORGE: ¿Estás dispuesta a ayudarme a que repare el daño que cometí? ¿Cuento contigo? No, no me contestes ahora. Es una pregunta demasiado grave para que me respondas sí o no, sin que antes lo hayas pensado a fondo. Mañana,
45 **pasado,** cuando lo creas oportuno, entonces...   *al día siguiente*

CECILIA (Sin demasiado convicción, opacamente): No, Jorge: lo tengo pensado ya. Cuenta conmigo.

JORGE: (*emocionadamente la abraza.*) ¡Oh, Cecilia! (*Cecilia se deja abrazar,*
aterrada *e inerte.*)   *asustada*

50 *Parte segunda: Una por una, las personas que rodean a Jorge comienzan a formar una muralla alrededor de él, para impedir que realice su deseo. Su suegra, Matilde, una mujer egocéntrica y materialista, trata de influir en Cecilia para que retire su promesa de ayudar a su marido. Amalia, hija del primer matrimonio de Jorge, le ruega que no ponga en peligro su casamiento con un*
55 *joven de familia conocida. Cecilia empieza a vacilar, y Matilde decide explicarle a Jorge las brutales realidades de la vida. En vano.*

MATILDE: ¿Estás decidido entonces a dar este paso monstruoso?

JORGE: Sí.

MATILDE: ¿A sacrificarnos a todos para vencer tus escrúpulos **de beata**? ¿A   *fanáticos*
60 dejarnos en la calle para irte al cielo como un angelito?

JORGE: Cállese, Matilde; no le tolero esa manera de hablarme.

MATILDE: Muy bien, Jorge. Pues yo te juro que defenderé a Cecilia y Amalia, y me defenderé a mí misma, no me importa decírtelo, **como sea y de la manera que**   *de cualquier manera*
sea. Te va a costar cara la salvación de tu alma.   *que pueda*

65 *La muralla sigue creciendo. Alejandro, el fiel secretario de Jorge, temiendo por su propia seguridad, se une a la oposición y destruye la única evidencia que podría* **inculpar** *todavía a Jorge. Ahora, si Hontanar insiste en acusarse a sí*   *probar la culpa*
mismo, le declararán incompetente. Cecilia no ofrece más resistencia.

CECILIA: Jorge, te lo suplico, **vuelve atrás.** Aún no ha pasado nada irremediable. Es   *no prosigas con ese*
70 tiempo todavía. Piensa en tu hija, y en lo que va a ser de nosotros, **en lenguas**   *plan*
de todos, sin medios de vida.   *tema de*
     conversación

JORGE: Tampoco tú, Cecilia.

CECILIA: Estoy aterrada, Jorge. Es que no medí mis fuerzas cuando te dije que sí, y me dejé conmover por muchas cosas. Después, he pensado que era demasiado
75 débil para soportar lo que me esperaba. Te quiero, sí, pero no he nacido para santa.

JORGE: Tampoco tú...

La muralla acaba de cerrarse. Pero Jorge no quiere abandonar la lucha. Ya ha mandado una carta a Gervasio, pidiéndole que venga a verlo en seguida. Lo está
80 *esperando de un momento a otro. Ya verán ellos...*

Hay alguien a la puerta ahora. ¿Será Gervasio? Tiene que serlo... Se oyen voces. Y de repente, la puerta de la calle se cierra. La persona se ha marchado.

Jorge llama a su viejo sirviente.

JORGE: ¡Romualdo! ¡¡Romualdo!! ... ¡¡Romualdo!!
85 ROMUALDO: **Mándeme** el señor.												A sus órdenes
JORGE: ¿Quién era?
ROMUALDO: Uno ... que se había equivocado de piso y que preguntaba por los señores de abajo.
JORGE: Dígame la verdad. ¿Quién era?
90 ROMUALDO: Le repito al señor que...
JORGE: ¡Miente! ¿Era Gervasio Quiroga? Contésteme.
ROMUALDO: Yo no sé, señor.

JORGE: (*Expulsa a Romualdo con violencia.*) ¡Ay, qué difícil hacéis mi arrepentimiento!... Yo pequé un día, yo cometí una vileza terrible; pero me
95 arrepentí y quise reparar el daño que había hecho. Entonces se formó delante de mí una muralla para impedirme hacer el bien, una muralla tremenda. Pero aunque esta muralla fuese más fuerte aún, la vencería. Porque Dios está conmigo... ¡Ay...! (*Se lleva la mano al brazo izquierdo con una terrible expresión de dolor.*)
100 CECILIA: **¿Qué tienes**, Jorge, qué tienes?												¿Qué te pasa?
JORGE: Un dolor espantoso en el brazo izquierdo y en el pecho...
CECILIA: ¡El médico, en seguida!... (*A Jorge*) **¿Se te pasa?**												(el dolor)
JORGE: No, Cecilia. Y la otra vez empezó así...
CECILIA: Preparad la inyección.
105 JORGE: ¿Y Quiroga? ... ¿Y Quiroga? ...(*Intenta incorporarse.*)
CECILIA: (*Se lo impide.*) Ahora vendrá.
ALEJANDRO: Romualdo tardará un poco en encontrarle...

(*Va a la puerta, y se coloca delante de ella con los brazos extendidos, en actitud de oponerse a que la abra nadie.*)

110 JORGE: ¡¡Dejadle entrar!! No le cierres la puerta, Alejandro, déjale entrar.
ALEJANDRO: Claro que sí, Jorge... **Apenas** llegue...												Tan pronto como

(*Pero no abandona su guardia.*)

JORGE: (*Se ha puesto de pie en un esfuerzo supremo.*) Quiroga, Qui – ro – ga...
(*Y **se derrumba** de nuevo. Ahora para no levantarse ya.*) Perdóname, Señor... Tú												se cae
115 sabes que he querido... vencer la muralla...

TELÓN

ACERCA DEL AUTOR

El gallego Joaquín Calvo Sotelo (1905–   ) es uno de los escritores más conocidos del teatro contemporáneo español. Después de la Guerra Civil, Calvo Sotelo pasó largos años de exilio en Chile, visitando también los Estados Unidos y otras partes de Latinoamérica. De regreso en España, continuó su asombrosa producción literaria, que incluye hasta la fecha unas cuarenta obras dramáticas, más otras de diversos géneros, *La muralla,* que se estrenó en Madrid en 1954, ha sido traducida y presentada en numerosos países del mundo.

Proyecciones

A. ¿Qué nos dice?

1. ¿Quiénes son los protagonistas de este drama? ¿y los personajes secundarios? ¿Cómo ha sido hasta ahora la vida de la familia Hontanar?
2. ¿Qué sufre Jorge de repente? ¿Cómo afecta su vida este roce con la muerte? ¿Qué secreto le revela a Cecilia? ¿Qué piensa hacer para rectificar su crimen?
3. ¿Qué significaba antes para Jorge la religión? ¿Cree Ud. que todavía puede salvar su alma, haciendo restitución, o que ya es tarde? En su opinión, ¿tiene Jorge el derecho de salvar su alma a expensas de la seguridad y reputación de su familia?
4. ¿Qué piensa Ud. de Cecilia? ¿Es sincero su amor por Jorge? ¿Es sincera su religiosidad? ¿Qué haría Ud. si fuera ella?
5. ¿Qué significa el título de la obra? ¿Cree Ud. que la mayor parte de las personas harían lo mismo que Cecilia, Matilde, etc., o que apoyarían la decisión de Jorge?
6. ¿Cree Ud. que hay vida después de la muerte? (¿Cómo se la imagina?) ... Si no existiera la muerte, ¿sería más religiosa o menos religiosa la gente? ¿Sería más interesante la vida, o menos? ¿Sería mejor o peor? ¿Por qué?

B. Adivine por el contexto

¿Cómo se relacionan estas expresiones norteamericanas con el español?

> *I did a terrible thing. . .   we'll be flat broke. . .   you're absolutely right. . .*
> *you've thought it over. . .   I overestimated myself. . .   won't be "shot down"*

1. Si hago restitución de lo que le debo, *nos quedaremos con el día y la noche.*
2. No respondas hasta que *lo hayas pensado a fondo.*
3. Tengo que confesar que *toda la razón está de tu parte.*
4. Necesito tu ayuda para que mi resolución *no se venga por tierra.*
5. Cuando te hice esa promesa, *no medí mis propias fuerzas.*
6. Sé que *cometí una vileza,* pero ahora estoy arrepentido.

C. Creación

(Dos personas.) ¿Cómo imaginan Uds. los siguientes diálogos?

1. Jorge Hontanar, recién fallecido de un ataque cardíaco, se acerca a las puertas del Paraíso. El Ángel que vigila la entrada le pregunta qué ha hecho en su vida para merecer la salvación. Jorge le confiesa su pecado, pero explica también cómo trató de hacerle restitución a Gervasio Quiroga. El Ángel escucha atentamente, le hace diversas preguntas, y después toma su decisión...

2. Han pasado treinta años desde la muerte de Jorge, y la rica viuda, Cecilia, ha muerto también. Su alma se encamina a las puertas del Paraíso, donde el Ángel le pregunta qué ha hecho en vida para merecer la salvación. Cecilia le habla de su devoción a la iglesia, de las donaciones caritativas que ha hecho, etc. Y el Ángel, recordando su conducta durante la agonía de Jorge, toma su decisión...

LECTURA 2

Preparativos

Pistas

1. Both Spanish and English have a number of ways to express "probability." For example, instead of saying *They are so rich,* we can hedge by saying: *They probably are, They must be, They have to be. . . , It seems that, I think that (suspect that, expect that, imagine that), It looks like they are. . . .* And if it is a question, we say: *Can they be. . . ?, I wonder if they are. . . .* Spanish isn't quite so profuse. But it does have several ways to convey this idea. Here are the two most common.

■ The future tense in place of the present; the conditional in place of a preterite or imperfect:

Es riquísimo. → **Será riquísimo...**	*He probably is (must be) so rich...*
Era millonario. → **Sería...**	*He probably was (must have been)...*

■ **deber** (or **deber de**)

Debe ser riquísimo.	*He probably is...*
Debía ser...	*He probably was...*

Look for these in the following texts.

2. Tocar is a verb of multiple character. It can mean *to play an instrument, a record,* etc. (Don't confuse this with **jugar,** *to play a game* or *to gamble.*) But it can also mean *to touch* or *to be someone's turn* or *obligation* or *luck* (good or bad)! At times it can even mean *ought to* or *has to, had to . . . Por ejemplo...*

¿Cómo interpretaría Ud. las expresiones siguientes?

1. ¿Me quieres *tocar* una linda canción? 2. ¿A quién *le toca* ahora? —A Guillermo. 3. *Jugó* toda la fortuna que su familia le dejó. —Lástima. Se deben cerrar esas casas de *juego.* 4. Les *tocó* la lotería. —¡Qué suerte! ¿Cuánto dinero les *tocó?* 5. Ahora te *toca* ir a ellos y pedirles perdón. 6. Me tocó trabajar toda la noche. — ¡Qué pena! 7. Vamos a ponerle el *toque* final. 8. Tienes un *toque* muy suave en el piano.

Orientación

1. De acuerdo con la tradición católica de los pueblos hispanos, la mayor parte de las fiestas, aun aquellas que parecen ser seculares, suelen tener un origen religioso. Por ejemplo, una verbena es una feria nocturna que se celebraba en la víspera de San Antonio, San Juan, San Pedro y otros festivales. Pero hoy día, desviándose de sus raíces exclusivamente religiosas, el término se extiende para incluir cualquier fiesta y baile nocturno, sobre todo de carácter benéfico.

2. Hace unos cuarenta años, cuando se escribió el cuento «La suerte», la suma de cien mil pesetas representaba una cantidad considerable de dinero, lo suficiente para comprar un buen carro, etc. Ahora el valor de la peseta ha disminuido tanto que las mismas cien mil pesetas servirían para comprar tal vez un buen reloj de pulsera.

Asociaciones

la suerte *luck*—**un golpe** *(stroke)* de suerte; **juego** (a kind of) *game; gambling; a set (of things);* rifa, sorteo *raffle, game of chance*—**rifar, sortear; rueda** *wheel:* «¿Ah, te tocó la suerte? ¿Qué premio ganaste? —Un **juego de cocina** *(set of pots),* nada más.»

encogerse de hombros *to shrug one's shoulders:* «¿Ganar dinero? ¿Perder? ¿Qué importa?» —dijo, encogiéndose de hombros. —«La verdadera suerte consiste en...» (Termínelo Ud.)

empresa (comercial) *a company*—**dueño,** propietario *owner;* **la propiedad** *property;* **hallar** *to find:* «¿Sabes? Acabo de hallar una **concha** *(shell)* de ostra con dos perlas adentro. —¡Qué suerte! ¿Vas a devolverla o guardártela?»

el amanecer *dawn*—la mañanita: «El amanecer era tan hermoso que se me asomaron **lágrimas** *(tears)* a los ojos.»; **asomarse (a)** *to appear at* (una ventana, etc.): A propósito, ¿qué colores asocia Ud. con el amanecer? ¿Y con el atardecer?

toldo *canopy, awning;* **grueso** *thick, heavy:* «Ay, no, ¿qué pasó? —No sé. Se cayó una cosa gruesa y me rompió el toldo nuevo.»

silbar *to whistle*—una canción, etc.; **acudir (a)** *to hasten; respond to (a call).* «Silba si me necesitas, y acudiré a tu lado. —Gracias. Ya sé que puedo **apoyarme** en ti.»; **apoyarse en** *to lean on*

Vamos a hacer un rápido juego de asociaciones. Díganos, ¿cuál es la primera cosa que se le ocurre cuando oye estas palabras?

un golpe de suerte... una rifa... una empresa... una propiedad... un juego de cocina... un toldo... una concha... una rueda

Ahora, ¿qué asocia Ud. con estas acciones?

silbar... llorar... sortear... asomarse a... acudir a...

La suerte

JOAQUÍN CALVO SOTELO (España)
(Versión condensada)

Mariano acababa de cerrar el coche cuando la descubrió de pronto en el asiento **posterior.** *Era una cartera. La abrió. En ella había nada menos que cien mil*   de atrás
pesetas. ¡Toda una fortuna! Se puso a pensar en los pasajeros del día, y casi al
instante, recordó al hombrecito **soñoliento,** *el último ocupante de su taxi. Sí. A él*   medio dormido
5 *debía pertenecerle ese dinero. Pero era él, Mariano, chofer de taxi, quien lo*
había hallado. ¿Qué hacer?

¿Devolverlo? Pues claro, se decía. Él no tenía derecho a aprovecharse de tal
cantidad por un simple golpe de suerte. Además, era posible que esas cien mil
pesetas no fueran propiedad de ese pasajero sino de un banco o de una empresa
10 *comercial. Si no le creían que las había perdido, el pobre podría terminar en la*
cárcel.

¿Guardárselo? ¿Por qué no?, argüía consigo mismo. Con esas cien mil pesetas
podría comprar un taxi nuevo, iniciar un negocio, pagar sus deudas y asegurar el
porvenir *suyo y de sus hijos. Además, él ni sabía quién era el dueño. ¡Eso no era*   futuro
15 *robar!*

Aunque los argumentos en contra pesaban más que los que estaban a favor, Mariano decidió entregar la cartera. Tranquilamente se la metió en el bolsillo y caminó hasta la estación de policía. Iba ya a entrar, cuando alguien le detuvo. Era una mujer.

20 ¡Y qué hermosa mujer!... Le llamó por su nombre: «Mariano». Y le dijo: «Sígueme.» Y le llevó hasta la esquina. Y entonces se reveló: «Yo soy la Suerte.»

Habían comenzado a andar lentamente, calle abajo, mientras las estrellas, como **trapecistas** del cielo, cubrían el camino.   aerialistas de circo

—¿Has pensado bien en lo que vas a hacer? —le preguntó con insistencia la
25 Suerte.

—Sí; devolver la cartera.

—¿Estás decidido?

—Sí; no es mía. No quiero **quedarme con** lo que no es mío.   retener

—Entonces, ¿vas a **desairarme?**   rechazarme
30 —¿A usted? ¿Por qué?

—¿No te he dicho que soy la Suerte?

—Sí, pero...

—Tú creerás que te has encontrado la cartera en tu coche **porque sí**...   por coincidencia

—Exactamente.
35 —Pues estás equivocado. La cartera te la has encontrado porque yo he hecho que su dueño la olvidara, y que la olvidara en tu coche precisamente. Y ahora pareces dispuesto a desairarme, a devolver la cartera a quien la perdió, como si quisieras darme una lección.

—¿Yo?
40 —Sí; tú, tú. Y te advierto que no estoy acostumbrada a ser desairada. Mis **mercedes** son aceptadas siempre. Tú, un día, dijiste: «Si me **llovieran** del cielo   favores / cayeran cien mil pesetas...» Yo te oí; me **caíste** simpático y pensé en dártelas. Ahí las   pareciste tienes: son una parte ridícula de la inmensa fortuna de ese banquero **miserable**   tacaño que se llama Ros...

45 —Sin embargo...

—¿Qué?

—Soy un hombre honrado.

—Bueno.

—Y no puedo **quedarme con** la cartera.   guardar para mí
50 La Suerte miró al chofer de arriba abajo, con una mirada que era una pura impertinencia. Y entre dientes, sin **despedirse,** le dijo: decirle adiós

—Pues ándate con cuidado...

El chofer la vio marchar. Se encogió de hombros. Silbó una cancioncilla. Y se fue derecho a la Comisaría a entregar los cien billetes.

55 *Poco después, Mariano comenzó a verse envuelto en una serie de incidentes desagradables. Las cosas le iban de mal en peor hasta que un día alguien le dijo: «¡Hombre, qué mala suerte tienes!» Entonces lo comprendió todo. ¡Era la Suerte quien le castigaba!*

Mariano salió en su coche a buscarla por toda la ciudad. Tenía que enfrentarse
60 *con ella y llegar a un acuerdo. Pero no la podía encontrar... Se compró amuletos de toda clase. Visitó las agencias de lotería y los **salones de juego**. Y, nada. La*   casinos *Suerte no aparecía por ninguna parte... Siempre salía con el pie derecho. Nunca ponía el sombrero en la cama, y huía del número trece. Pero la Suerte no **acudía***   respondía *a sus llamados. Todo era inútil. «Ya que no quiere venir—se dijo—tendrá que*
65 *hacerlo por fuerza.»*

Ved cómo fue. Se marchó a la verbena. Sólo quedaban **unas cuantas** personas.   (vosotros) / pocas
Ya empezaba a amanecer; las ruedas de las rifas se movían lentamente. Mariano
se paró frente a una de las ruedas donde se sorteaban los mil objetos
insignificantes de las verbenas.

70   —¡La última, la última!... —gritaba el dueño.
      —¿Cuántos números hay en la serie?...
      —Doscientos —le contestaron con cierta sorpresa.
      —**¿De a cuánto?**   ¿Cuánto vale cada
      —De a peseta los veinte.   uno?
75   Pagó.
      —Pero, ¿**cómo**? ¿Los compra todos?   ¿Cómo puede ser?
      —Sí, claro, ¿no lo ve? Ahora, sortee...
      —¿Para qué? Tome usted el premio.
      —No, no, de ninguna manera. Quiero que sortee; quiero que me **toque.**   (el número de la
80   Le miraba el dueño, le miraban las dos hijas del dueño.   suerte)
      —Está loco —oyó decir a una. Pero se encogió de hombros y **puso en marcha**   dio vuelta a
      la rueda de la rifa.
      —¡Aquí va la rueda!—anunció la más fea.
      —¡**El de** la suerte, el de la suerte! — gritó su su hermana.   (El número de)
85   —¡El noventa y cinco! ¡Le ha tocado el noventa y cinco!
      —¡Yo lo tengo!—contestó Mariano con alegría convencional. Y enseñó su
      número.
      —¡Un juego de cacerolas para el señor!
      Le entregaron un hermoso juego de cocina. Al **destapar** la más gruesa de las   abrir
90   cacerolas, apareció la Suerte. Tenía un aire de mal humor.
      —¿Por qué me has hecho venir? Yo no quería.
      —Sí, sí; ya lo noté. Pero te he obligado a venir; he tomado todos los números.
      Tenías que venir, **quisieras o no.**   aunque no te gustara
      —¿Y para qué?
95   —Porque necesito hablarte. ¿Cuándo vas a terminar tu venganza? ¿No te
      parece que estoy ya bien castigado? — preguntó Mariano.
      —¡Bah! ¡Bah! Pronto te quejas...
      —Ya no tengo paciencia.
      —Deberás tenerla.
100   —¡Escúchame! — pedía Mariano.
      —No, no quiero escucharte.
      —Un instante...
      —No, no...
      —Una palabra...
105   —No, no...
      Y la Suerte se echó a correr.
      —¡**No huyas,** no huyas! —imploraba el chofer.   No te vayas
      Pero la Suerte, sobre sus pies ligeros, desaparecía ya en un revuelo gracioso de
      gasas y tules. Era inútil pensar en alcanzarla.   telas transparentes

                                         • • •

¿Qué piensa Ud. que Mariano va a hacer ahora para cambiar su suerte? ... A ver
si le va a tocar bien o mal.

                                         • • •

110   Ya había meditado su decisión, y acababa de convencerse de que no podía
      aplazarla. ¿Para qué vivir en aquella lucha constante, inútil y pesada, contra la   posponerla

Suerte? Él no era nadie frente a ella. Ella dominaba las fuerzas naturales; él era
sólo un pobre chofer. Sin suerte no se podía hacer nada, ni vivir...

Lo pensaba mientras subía penosamente la escalera que le llevaba a su
115 habitación. Toda la escalera crujía a su paso en el silencio de la mañana. El buen
chofer llegó al final, abrió la puerta de su cuarto y se fue sin vacilar, sin una duda,
a la ventana. Al borde de ella se detuvo un instante. Después, serenamente,
fríamente, se lanzó al espacio...

Había un toldo abierto como una gran concha dos pisos más abajo, y cayó
120 sobre él. Y tuvo la suerte de encontrarlo como una hamaca providencial antes de
llegar al suelo. Se asomaron tres o cuatro vecinos en distintas ventanas. «¡Qué
suerte! ¡Qué suerte!», oyó decir. Pero él no se fijó en nada. Estaba agarrado
furiosamente a **los restos** del toldo y haciendo un esfuerzo supremo por | lo que quedaba
mantenerse en equilibrio hasta que le ayudaran. Su vista, en cambio, estaba fija en | no caer
125 uno de los balcones donde aparecía, radiante bajo su **pamela** graciosa, el rostro | sombrero
seductor y bellísimo de la Suerte, que tan familiar le era.

—¿Cómo te va, Mariano? — le preguntó cariñosamente.
Mariano comprendió que acababa de volver a su **gracia**. | favor
—Así, así... —dijo por decir algo.

130 Y entonces le tocó en el hombro una cuerda maravillosa, robusta y ancha, que
le lanzaban desde arriba. Mariano, envuelto en el sol, en la brisa, en la alegría de
aquella mañana, subió por ella triunfalmente, mientras todos los vecinos le miraban
desde los balcones. Ya estaba **a salvo**, vivo por milagro. Y la Suerte, más atractiva | fuera de peligro
y hermosa que nunca, se despedía con una sonrisa llena de bondad, que era
135 como una dulce promesa.

Proyecciones

A. ¿Qué dice?

1. ¿Cómo se imagina Ud. a Mariano? ¿Cómo sería su aspecto físico? ¿Qué edad
   tendría? ¿Cómo sería su mujer? ¿Cuántos hijos tendría?

2. Antes del hallazgo de la cartera, ¿era Mariano un hombre feliz? ¿Era un
   hombre afortunado? ¿Cómo cambió su vida después de hallarla? ¿Está Ud. de
   acuerdo con su decisión de devolver el dinero? ¿Por qué?

3. ¿Cómo trata Mariano de hacer volver a la dama Suerte? Por fin, ¿cómo la
   obliga a aparecer? ¿Qué decide hacer cuando ella le rechaza la segunda vez?
   ¿Y cómo resulta? ... ¿Cómo cree Ud. que será de aquí en adelante la vida de
   Mariano?

4. ¿Cómo se relaciona esta historia con nuestro tema: «En busca del destino»? A
   propósito, ¿se considera Ud. una persona afortunada? (¿Tiene suerte en el
   amor? ¿Tiene suerte con el dinero?) ¿Cuáles son los aspectos más afortunados
   de su vida?

B. Adivine por el contexto y después conteste

1. Desesperado, Mariano salió a buscar a la Suerte, para *enfrentarse* con ella y
   llegar a un acuerdo... ¿Cómo quería Mariano hablarle, cara a cara o por algún
   intermediario?

2. Mientras subía penosamente, toda la escalera *crujía a su paso*... ¿Qué ruido
   hacían los peldaños?

3. Ya estaba *a salvo, vivo por milagro... Según parece, ¿quién le ayudó a escapar con su vida?*
4. La Suerte, sobre sus pies ligeros, desaparecía ya en un *revuelo gracioso* de
   gasas y tules... *¿Cómo se veían las telas de su vestido cuando la Suerte se
   marchaba?*
5. La Suerte jamás le iba a favorecer, pensó *afligido*. Su vida ya no tenía sentido... *¿Cómo se sintió cuando pensó que la Suerte le había abandonado?*

Ahora díganos: ¿Que palabras—en español o en inglés—le sirvieron de clave para
entender las siguientes?: vivo, un revuelo, afligir, a salvo, enfrentar, un acuerdo

C. Creación

1. Cuéntenos brevemente la historia de «La suerte» desde el punto de vista del
   chofer Mariano. Por ejemplo: «Un día yo encontré en el asiento trasero de mi
   taxi una...   Pero, hombre, ¡qué cantidad de dinero! Claro está, me hubiera
   gustado quedarme con ella, pero...   Entonces, ¿sabes lo que pasa? Camino
   a la Comisaría, se me presenta en la calle la Dama Suerte, y ella me dice...»
   ¿Puede Ud. continuar desde aquí hasta el final? ...   O si prefiere, díganos la
   misma historia, desde el punto de vista de la Dama Suerte. «¿Saben Uds.? Un
   día se me ocurrió hacerle un favor a un pobre taxista que se llama Mariano ...
   no sé siquiera su apellido. ¿Y qué hice? Pues hice que un pasajero dejara en
   el asiento trasero de su taxi una ...   Pero ese estúpido del chofer, en lugar de
   aceptar mi regalo, él ...   Bueno, yo me puse furiosa, y decidí...»   Otra vez,
   ¿puede Ud. contarnos lo demás?

2. Escriba Ud. otro final al cuento, de acuerdo con la siguiente premisa. En lugar
   de llevar las cien mil pesetas a la Comisaría de policía, Mariano decide guar-
   darlas para sí. ¿Cómo resultará el resto de su vida? ¿Será feliz? ¿Cambiará su
   carácter? ¿y su personalidad? ¿Le sonreirá siempre la Suerte, o le castigará
   en alguna otra forma?... Ud. dirá.

En conclusión

Hemos visto en este capítulo dos modos distintos de abarcar el destino. En *La
muralla*. Jorge Hontanar se lo quiere conquistar, llevando una vida más moral. En
La suerte, Mariano lo quiere dominar a través de sus amuletos y supersticiones.
Díganos, ¿con cuál de estas actitudes se identifica Ud. más? ¿O es que tiene Ud.
otra manera de acercarse al último misterio? ... Desde el punto de vista literario,
¿cuál de las obras le pareció mejor escrita? ¿Cuál tiene más impacto emocional?
¿Le gustaría cambiar alguna parte de ellas?

LECCIÓN 7

Cuentos de amor

AMBIENTE

Se cae de su peso. El amor no conoce fronteras. En todas sus formas, en todos los tiempos, es un fenómeno que invade el corazón—¿y la razón?—rompiendo los lazos del **ensimismamiento.** El amor de hombre y mujer, con todos los **matices** del cariño y de la pasión; el amor de padres e hijos; el amor a un ideal, o a una vocación; el amor a Dios, el amor a la tierra. Son sentimientos universales, y no intentaremos señalarle una **pauta** distinta al hispano. Pero ya que nos **aguardan** dos intrigantes historias de amor, tal vez **convenga** hacer algunas ligeras observaciones sobre unas perspectivas amorosas tradicionales.

Amor. ¿Cómo lo percibe el hombre hispánico? Como una **entrega** mezclada con un deseo de posesión. Imbuido de un profundo «machismo», se quiere **adueñar** del ser amado, exigiéndole una fidelidad absoluta, de cuerpo y de pensamiento. **Se ufana** de ser celoso y de «amarrarse los calzones», porque «eso es ser **varón**»... Al mismo tiempo, de acuerdo con su concepto romántico—y hasta religioso — quiere adorar a la mujer, quiere colocarla sobre un pedestal que él solo ha creado. Ella es el espejo donde su honor varonil se ve reflejado. Es su amante, y a la vez, una madre perdonadora. Y así, aunque él le sea infiel, la puede seguir amando sin sentirse culpable.

La mujer hispana, por lo general, estaba dispuesta a aceptar este múltiple papel, no sólo por el amor que la unía a «su hombre», sino por su función tradicional en la sociedad. Los siglos le habían enseñado que el hombre era una necesidad tanto física como económica, y el amor—**renuncia,** pasión, entrega— nace frecuentemente dentro de los parámetros de la dependencia. Por eso no le importaba que el hombre fuera el jefe absoluto de la casa, con tal que el amor de ella sostuviera la unidad dentro de la familia, y su «buen nombre» afuera.

Los tiempos cambian. Influencias extranjeras han penetrado en el ambiente hispano. Y las relaciones tradicionales **se desvanecen** ante los asaltos de nuevas tecnologías, nuevas necesidades. **Puede** que el machismo deje de **regir** en el concepto masculino del amor. Puede que la independencia económica le dé a la mujer hispánica una nueva percepción de sí misma. También puede que entre todos los cambios evolutivos, los **consagrados** sentimientos de amor y posesión se mantengan intactos, invulnerables, porque ... puede que sean ya un modo inerradicable de ser.

Las dos historias que **integran** este capítulo hablan del amor en distintos niveles. *La caída,* breve adaptación de una novela argentina, trata de una joven estudiante que se une a una extraña familia de niños, y que acaba obsesionándose por un hombre que conoce sólo de lejos... Después, «En provincia» nos relata las memorias de un hombre cuya vida fue simultáneamente destrozada y **enaltecida** por una pasión incomprendida... Cuentos de amor, espejos del ser humano.

Es auto-evidente.

egoísmo / tonos de color

camino / esperan
sea apropiado

(de sí mismo)
posesionar

Está orgulloso / «llevar» los pantalones / hombre

sacrificio

desaparecen
Es posible / dominar

tradicionales

componen

elevada

Comentarios

1. ¿Podría Ud. darnos una breve definición del amor? ¿Lo ha sentido Ud. alguna vez? ¿Siente ese mismo amor todavía?

2. Según estas breves observaciones, ¿en qué consiste el concepto amoroso del hombre hispánico? ¿Qué papel le asigna a la mujer? ¿Cree Ud. que el hombre norteamericano acepta por lo general estas ideas? ¿Acepta Ud. alguna de ellas?

3. De acuerdo con el concepto tradicional, ¿cómo se acerca al amor la mujer hispánica? ¿Por qué ha estado dispuesta a aceptar su papel consagrado? ¿Cree Ud. que la mujer norteamericana lo aceptaría? ¿Por qué?

4. En su opinión, ¿forma la posesión una parte significativa del amor? ¿Siente Ud. la necesidad de poseer al ser amado? ¿Se ufana Ud. de ser celoso/celosa? ¿Conoce Ud. a alguien que sí se ufane de eso? (¿Quién es?)

Los amantes de Pablo Picasso (1923)... Las delicadas figuras de su «período azul» anticipan la producción cubista y surrealista del extraordinario pintor español, cumbre del arte moderno.

_____ **LECTURA 1** _____

Preparativos

Pistas

1. The imperfect subjunctive will be used very often in the following *lecturas.* So here is a quick review of its forms and meaning.

- The imperfect subjunctive is used in place of the imperfect, preterite, or conditional whenever the idea calls for subjunctive. So translate it exactly as you would the indicative: *went, was going, would go,* etc.
- The endings of the imperfect subjunctive are always:

-ar: -ara, -aras, -ara, -áramos, -arais, -aran
                    (or)
          -ase, -ases, -ase, -ásemos, -aseis, -asen

-er, -ir: -iera, -ieras, -iera, -iéramos, -ierais, -ieran
                    (or)
          -iese, -ieses, -iese, -iésemos, -ieseis, -iesen

2. vos

- Argentinians use a special pronoun, **vos,** in place of **tú** and **ti.** The verb form that goes with **vos** in the present tense ends in a stresed -**ás,**-**és,** or -**ís,** and there are *no* stem changes. For example: **Hablás bien. ¿A qué hora volvés? ¿Oís algo?**

- When the reflexive pronoun **te** is attached to an affirmative command, the final -s of the special **vos** form drops: **¿Te sentás? → Sentate. ¿Te vestís? → Vestite.**

- In other tenses, the forms are the same as for the normal **tú.**

3. The verb **deber** can have several different meanings:

to owe: **Le debo la vida.** (Remember the English *debt, debit.*)
should, ought to: **Debes ayudarla.** (Unlike English, it can be used in every tense: **Debías, Debiste, Deberías,** etc.)
probably, must (must have, etc.): **Debe ser tarde ya. Deben haber salido.** (Sometimes **deber de** is used in this sense.)

Ahora, dados los siguientes contextos, ¿cómo traduciría Ud. el verbo **deber** y sus extensiones?

1. *Debía* más dinero del que ganaba. 2. Es mi *deber* ayudarlos. 3. *Debiste* invitarla. La pobre se sintió tan herida. 4. Le *debo* la vida. Esa *deuda* jamás se podrá pagar. —Yo también le estoy *endeudada.* 5. ¡Qué coche! *Debe haberle costado* un dineral. 6. Van a *debitar* nuestra cuenta bancaria. 7. ¿Qué hora es? —*Deben ser* las tres.

Asociaciones

encerrar   *to lock up; enclose;* cerrar—una **cerradura**   *a lock:* «¿Tienes la llave? —No. Tendremos que romper la cerradura. Préstame ese **palo** (*stick*).».
abrigar(se)   *to put on something warm; take shelter:* «Abrígate, ¿eh? Está haciendo frío.» **arropar(se)**   *to cover up*—con una manta, etc.; **calentar (caliento)**   *to warm up:* «Déjame calentarte las manos. Las tienes heladas.»

rostro *face;* boca, labios; **mejillas** *cheeks*—rosadas, pálidas; **ojos**—**ojeras** *circles under the eyes:* «Debes descansar, ¿sabes? Estás muy ojerosa.»; **pestañas** *eyelashes*—**pestañear** *to flutter one's lashes; blink:* «Me lo dijo sin pestañear. —¡Increíble!»

cabello, pelo *hair:* ¿Cómo le gusta, rizado *(curly)* o **lacio** *(straight)*?

culpa *fault, blame, guilt*—**culparse,** echarse la culpa: «¿Por qué te culpas a ti misma? Si yo soy tan **culpable** como tú. —Tienes razón. Pero no puedo pensar en ello sin **temblar** *(to tremble)*.»

perseguir (persigo) *to pursue;* **agotar** *to exhaust, wear out:* «Lo perseguimos por tres días hasta que quedamos agotados. —Lástima. Hicieron un gran **esfuerzo** *(effort)*.»

Díganos: ¿Qué partes del cuerpo se mencionan arriba? ¿Con qué colores asocia Ud. cada una? ... ¿Qué palabras encuentra Ud. que se refieran al frío o al calor?

Repase la lista otra vez, y conteste ahora.

1. Si uno se siente *agotado,* ¿se ha esforzado mucho o poco? 2. Si el jurado encuentra *culpable* al acusado, ¿qué le va a pasar? 3. Si uno tiene que «*buscar abrigo*» en otro país, ¿qué tipo de problema se le ha presentado? 4. Finalmente, si tengo las manos *temblorosas,* ¿debo llevar cosas frágiles?

La caída

BEATRIZ GUIDO (Argentina)
(Selecciones)

Recién llegada a Buenos Aires para comenzar sus estudios en la universidad, Albertina Bardén, una muchacha inocente y tímida **criada** *en provincias, alquila una habitación en la casa de una viuda con cuatro hijos. En ese hogar* **envejecido** *y pobre viven los Cibils: Martha, la madre, una inválida que vive* **recluida** *en su*
5 *alcoba, y que golpea en el piso con su* **bastón** *cuando necesita algo; Gustavo, de doce años, que lleva una vida casi independiente, tanto en la calle como en la casa; y los menores, Laura, Lydia y Diego. Allí no hay adultos. Sólo niños. Sin embargo, parece que alguien los* **vigila** *y manipula desde lejos. Se trata del tío Lucas, personaje elusivo que los mantiene económicamente, pero que aparece y*
10 *desparece cuando le conviene. En estos momentos se encuentra en el Brasil escribiendo* **historietas** *para una revista.*

Los niños viven **embrujados** *por el recuerdo de ese tío extraordinario que, con su sola presencia, tiene el poder de crear un mundo bello donde pueden volver a ser niños. Ese tío Lucas que «parece un artista de cine». Sin darse cuenta, en las*
15 *emociones de Albertina se* **forja** *también la imagen de alguien excepcional, una imagen a la cual se ve* **ligada** *día tras día con creciente intensidad.*

Angelicales y monstruosos a la vez, los niños revelan por una parte la inocencia **propia** *de su edad; por otra, una* **sabiduría** *de viejos. Ordenan y asaltan la vida de Albertina: la vigilan, la espían, la* **juzgan.** *Pero recordando su propia niñez*
20 *solitaria en casa de sus tías, Albertina siente por ellos una gran* **ternura,** *mezclada con impotencia y miedo.*

Junto a este mundo patético, extraño e irritante de los Cibils, está el muy normal de la universidad. Albertina **traba amistad** *con un grupo de estudiantes, y uno de ellos, llamado José María Indarregui, se enamora de ella. Albertina trata*

de pueblo pequeño
viejo y descuidado
encerrada
palo de caminar

observa

cuentos
fascinados

crea
envuelta

normal / astucia
critican
cariño

se relaciona

25 *de corresponderle, pero no puede, porque su corazón ya está en otro lugar...*
Una tarde, al volver de la universidad, Gustavo se adelanta a **su encuentro.**   a encontrarla
«No te asustes»— le dice —pero, Mamá ha muerto.» Albertina sube
precipitadamente las escaleras y entra en el cuarto de Martha.

—¿Qué ha sucedido?— Albertina gritó, desesperada.
30 Guardaron silencio.
—¿Qué ha sucedido?— volvió a **clamar.**   gritar
—La encerramos— respondió Diego.

Albertina miró hacia la cerradura: la llave estaba **colocada** del lado de afuera.   metida
«La asesinaron», fue lo primero que pensó, horrorizada.
35 —¿Qué pasó...? ¿Cómo fue...? Necesito saberlo todo.

Ellos comenzaron a contar **atropelladamente.**   confusamente
—Fuiste vos quien cerró la puerta.
—Mentira, fue Gustavo.
—Laura no le **hizo caso.**   prestó atención
40 —Quiero saberlo todo— acertó a repetir Albertina. —Sea lo que sea.
Entonces, Laura, adelantándose, dijo:
—Desde la mañana no hacía más que gritar. Desde la mañana, todo el tiempo
con el palo, **golpea que te golpea. Ya estábamos hartos.**   golpeando / No
                                                              aguantábamos
—Quiso pegarme— observó Diego.   más
45 —Entonces, continuó Gustavo— decidimos encerrarla para que gritara **a su**
gusto.   todo lo que quisiera
—La han dejado morir; ¿no se daban cuenta de que los llamaba..., que se   (Albertina habla.)
moría?
—Gritaba como siempre; y si abríamos era peor... ¿Cómo íbamos a adivinar que (Gustavo habla.)
50 se moría...?
—Te llamaba... Decía que llamáramos a un médico... Pero, ¿quién le iba a   (Laura habla.)
creer?
Albertina **se repuso** y les gritó: se controló
—¿Pero no se dan cuenta que no la verán más? ¿No se dan cuenta que ahora
55 se quedarán solos, solos?
—Tenemos a Lucas... y a vos.
—No contarás que la encerramos, ¿no es cierto?...

Cuando llegó el médico Albertina dijo:
—... Ha tenido un ataque. Los chicos jugaban en la **vereda** y yo estaba en la   calle
60 Facultad.
—Sí— dijo el hombre, indiferente—; tenía que terminar así. Nunca quiso
cuidarse... ¿Y los chicos? ¡Pobres **criaturas!**   muchachos
—Yo me ocuparé de ellos...

El entierro fue al día siguiente. Al regresar a la casa, Albertina se encerró en su
65 *cuarto. Necesitaba dormir. Pero primero, necesitaba poner en orden sus*
emociones. Un único pensamiento la obsesionaba: «la han dejado morir, la han
asesinado, y yo no he hecho nada por ella ni por ellos». Esa tarde se dio cuenta
de su complicidad, de su caída. Había **encubierto** *su crimen. Se había dejado*   ocultado
seducir por esos niños, y les había entregado su inocencia.

70 *Albertina se despertó a las tres de la mañana. Alguien abría la puerta de la*
casa. Se cubrió con un impermeable y salió de su cuarto.

Allí estaba Lucas. Los dos, **frente a frente,** permanecieron unos instantes sin poder   mirándose
pronunciar una sola palabra. Después habló él.

—Usted es Albertina— dijo—. Vine **apenas** me avisaron de Arroyo Seco; no   tan pronto como
75   pude llegar antes.
—Perdone por no esperarlo. No sabíamos que llegaría tan pronto.
—¿Cómo **ha sido**?— preguntó ansiosamente Lucas, dejando la **valija** en el **suelo**.   ocurrió (su muerte) /
—Fue ayer... Tuvo un ataque... Los chicos jugaban en la vereda y yo ...   maleta / piso
—No sabe cuánto lamento no haber llegado antes para ayudarla. **Cuánto se lo**   Le debo tantas
80   **agradezco,** además. Todo debe haber sido demasiado terrible. Hace tiempo que   gracias
esperaba ese **desenlace.**   final
—No hay nada que agradecer...; éramos amigas.
—Querría saber cómo ha sido... ¿A qué hora fue? Perdóneme... Quizá sea mejor
que hablemos de esto mañana. **Habrá** tenido que repetirlo tantas veces.   Me imagino que ha...
85   —Yo no estaba, los chicos tampoco— ella afirmó, siguiendo sus propios
pensamientos.
—Todo se arreglará ahora. Yo me ocuparé de los chicos... Deben haber sido
muy difíciles para usted estos últimos meses. Los chicos son terribles, pero la
adoran. Han vivido solos, siempre solos.

90   Albertina pensó: no debo seguir escuchándolo, tengo que decírselo, contarle la
verdad antes que sea demasiado tarde.

—El padre desapareció en el **naufragio** del «Titania». Diego era recién nacido.
Mi hermana se dejó morir. Ya antes había estado muy enferma de los nervios,
pero bastó esa muerte para que se olvidara de ellos.

95   Albertina comenzó a temblar.   pérdida de un barco
—¿No se siente bien? Siéntese en esa silla— ordenó—. Ya ha tenido bastante
todo este tiempo...; la casa, los chicos y además la Facultad... Ahora las cosas
cambiarán— volvió a decir con un **dejo** más profundo de tristeza.   tono
«¿Qué me sucede?», pensó Lucas. Incomprensiblemente sintió una **imprecisable**   indefinible
100 angustia. Y Albertina, adivinándolo, dijo:

—Ellos me han contado cosas maravillosas de sus viajes, de sus historias de la
selva. Su cuarto es muy hermoso, ¡tantos libros!   jungla
—A mí también me han contado de usted; conozco toda su vida desde que
llegó a esta casa...De mí también le habrán contado muchas cosas.
105 «No tanto, no tanto, los asesinos», sintió deseos de gritarle... Albertina seguía
tiritando.   temblando de frío
—¡Qué fría es esta casa! ¿No habrá una **estufa** por algún lado?— preguntó   calentador
Lucas.
—En **su** cuarto— respondió Albertina, agresiva.   (de usted)
110 Y él, comprendiendo el sentido de su respuesta, dijo:
—Martha no los dejaba entrar para que no destruyeran eso también. ¡Qué
milagro que no se hayan despertado! No **suelen** dormirse hasta muy tarde.   acostumbran
—Anoche no durmieron..
—Sigue tiritando—**observó** después de un silencio. **Debería** abrigarse.   (Lucas) / Ud. debe

115 Albertina levantó sus ojos hasta los de Lucas, quizás por primera vez desde que
había llegado. Nada de él le era desconocido, ni siquiera esa pequeña herida en
la mejilla izquierda, y hasta el **cansancio** que denotaban sus ojeras.   fatiga

Lucas ya había descubierto su rostro aún **infantil**; el temblor de sus labios y el continuo pestañear que la ayudaba a **delatar** sus pensamientos.

como de niña
revelar

120 —¿Le sucede algo?

—Sí, algo me sucede— dijo, y después de un silencio gritó: La mataron, ellos la mataron y yo soy su cómplice, yo...

(Albertina)

Y todas las cosas comenzaron a **girar vertiginosamente** a su alrededor...

dar vueltas rápidas

Despertó en su cama; Lucas a su lado, le calentaba las manos. La había 125 llevado en brazos desde el comedor hasta su cuarto.

Albertina comenzó a sentir que su sangre circulaba nuevamente. Sus manos se perdían entre las manos de Lucas y **hubiera** deseado que el tiempo **se detuviese** para siempre; no tener que abrir los ojos nunca más.

habría / se parase

—Hábleme, Albertina, le hará mucho bien. Yo la ayudaré; se sentirá mucho 130 mejor— rogaba Lucas a su lado.

Albertina le contó a Lucas todo lo que había pasado, culpándose a sí misma de no haber salvado a Martha y a esos niños. «Los abandonaba, los dejaba solos; no me atrevía a luchar, ni siquiera a hablarles. Eran más fuertes que yo.»

Lucas no podía permitir que Albertina se atormentara así. «¿Y mis cartas, mis 135 *fantasías?» dijo. —¿No soy culpable, tanto como usted? Fui cobarde yo también.»*

Todo sería distinto ahora, le siguió contando. Él no se marcharía jamás. Los niños ya no quedarían solos con sus fantasías. Pero, ¿cómo le podía decir que se casaba pronto con una mujer que les daría la realidad? Por otra parte, ¿cómo se lo podía ocultar?...

140 *Albertina, sin responder, comenzó a sentir que le faltaba el aire en el cuarto. «¿Qué puede importarme este hombre?», se dijo. «Hace solamente una hora que ha entrado en esta casa.» Pero* **el hecho** *era que sí le importaba, demasiado.*

la verdad

Como no habían comido, Lucas bajó al bar de la esquina y volvió cargado de paquetes. Comieron y bebieron, y **repuestos** *ya de la angustia que habían sentido* 145 *poco antes, volvieron a conversar. Hablando con él, Albertina veía desaparecer sus temores. Le contó hasta los más pequeños detalles de su vida, cosas que jamás había compartido con nadie. Y por primera vez, se sentía feliz. A Lucas le brillaban los ojos. Parecía más joven, mucho más joven que en las fotografías. Escuchándola, mirándola de cerca, se dio cuenta de que esa muchacha* **de** 150 *impermeable, de cabello largo y lacio y ojos* **asombrados,** *le pertenecía a él desde hacía mucho tiempo. Aun más, él le pertenecía a ella. Y la interrumpió:*

recuperados

vestida sólo con
llenos de trepidación

—Te olvidás de una cosa muy importante— dijo, acercándose aun más a ella— ... Nada existe antes de esta noche. He tenido que viajar miles y miles de kilómetros para encontrarte. Creo haberte visto aparecer y desaparecer. En una 155 estación, en un puerto de río. En un solitario hotel de viajantes o en medio de la pampa. Te **hubiera** encontrado entre miles. Tu rostro me ha perseguido siempre.

habría

Albertina, haciendo un esfuerzo por hablar, dijo:

—¿Y las demás...? ¿y **ella**?

la otra mujer

—Te amé desde el día que supe que habías llegado a esta casa; recuerdo que 160 cuando los chicos me escribieron que habías invitado a **alguien** a comer, sentí de pronto un odio irresistible, por haberse él atrevido a mirarte. Ellos ya te **creaban** en sus cartas. Si no te **nombraban**, me desesperaba sin darme cuenta del motivo, y arrojaba **indiferente** la carta.

(a Indarregui)
hacían vivir
mencionaban
sin interés

—¿Y cómo pudiste, entonces...?

165 —Nada existe antes de esta noche.

Albertina se incorporó en la cama; deseaba vivir cada gesto de Lucas, para comprobar que no soñaba. Lucas acercó sus labios a los de Albertina. No supo cuánto tiempo permanecieron abrazados.

De pronto, **somnoliento** y semivestido, apareció Diego; con los ojos apenas   con sueño
170 **entreabiertos** descubrió a Lucas. Se arrojó en sus brazos, y como si la emoción   medio abiertos
hubiera sido demasiado intensa, se volvió a dormir sobre su hombro. Albertina comprendió que la entrada de Diego en su cuarto cerraba, definitivamente, un capítulo de su vida. **Se hizo** a un lado en la cama para dejarle espacio, y Lucas lo   Se movió
depositó junto a ella. Después los **arropó** a los dos; besó a Albertina en los labios   cubrió con la manta
175 y dijo:
—Descansa; ya has tenido bastante por hoy. Mañana comenzaremos.

Albertina abrió los ojos y no los volvió a cerrar en toda la noche. **Al amanecer**   Al romper el día
tomó su decisión: para salvarse, debía huir de esos niños; debía renunciar a Lucas. Sin despedirse, abandonó la casa y caminó hasta la estación del
180 **ferrocarril** *donde tomó el tren para San Nicolás, su pueblo natal. «No debo volver*   trenes
a verlos nunca más: debo escribirles como hacía antes Lucas», se dijo. **Redactó**   Escribió
*una carta, y la concluyó de la siguiente manera: «***Que** *Lucas no me busque.* **He**   Quiero que
de *regresar cualquier noche o cualquier tarde de marzo.»*   Voy a

Tomó otro papel, y casi inconscientemente, comenzó a reproducir en él lo
185 *ocurrido durante esos dos meses. Cuando llegó a su destino, ya había terminado los primeros capítulos del* **relato**. *Pero su* **intento** *de catarsis no la purgaba de*   historia / esfuerzo
culpa. Al contrario. Albertina, a través de la página escrita, recreaba una y otra vez su caída. Esos cuatro niños continuarían en perpetuidad dentro de ella. Y Lucas... ¿Lucas?...

ACERCA DE LA AUTORA

La obra de Beatriz Guido, nacida en Rosario (República Argentina) en 1925, abarca dos temas principales: uno, los problemas de la adolescencia; el otro, las conmociones políticas de su país. Su vasta producción literaria en el campo de la novela, el cuento y el guión cinematográfico, empezó en 1964 con *La casa del ángel,* y terminó trágicamente con su muerte repentina el 4 de enero de 1988, mientras servía en Madrid como Agregada Cultural de la Embajada Argentina. Ese mismo mes se publicaba su última novela, *Rojo sobre rojo.*

Proyecciones

A. ¿Qué nos cuenta?

1. ¿Dónde ocurre la acción de esta novela? ¿Quiénes son los personajes principales? (Díganos todo lo que sepa de ellos.) ¿Se identifica Ud. con alguno de ellos?

2. ¿Por qué cree Ud. que Albertina sigue viviendo allí, a pesar de las dificultades que encuentra? ¿Lo haría Ud.? ... ¿Cómo había sido la niñez de Albertina? ¿Por qué no puede entregar su corazón a José Indarregui?

3. ¿Qué tragedia sucede un día? ¿Qué papel hicieron en ella los niños? ¿Por qué los protege Albertina?

4. ¿Cómo explica Ud. la indiferencia de los niños ante la muerte de su madre? ¿Quién quieren ellos que ocupe su lugar? ¿Por qué?

5. ¿Cómo se imagina Ud. a Lucas—su rostro, sus ojos, su pelo, su cuerpo, su voz? ¿Qué edad tendrá? ... Y Albertina, ¿cómo será?

6. ¿Por qué cree Ud. que Albertina se enamora de Lucas? ¿Qué ve él en ella? ¿Cree Ud. que Lucas y Albertina podrían vivir felices? Explíquenos sus razones.... ¿Podría Ud. vivir con un hombre como él (con una mujer como ella)? ¿Qué busca Ud. en un hombre (o en una mujer)?

7. Al final de la obra, ¿qué decide hacer Albertina? ¿Le parece a Ud. que es definitiva su decisión? ¿Qué le hace pensar así? ... ¿Cree Ud. que volverá a ver a los niños? ¿y a Lucas? ¿Acaso se olvidará de él? ¿Se olvidará él de ella?

8. ¿Cómo entiende Ud. el título «La caída»? ¿Es una caída simbólica o real? ¿física o espiritual? ... Si Ud. fuera el autor de esta obra, ¿qué título le pondría? ¿Le daría un final triste o feliz? ¿Cómo la terminaría?

B. Adivine por el contexto

Díganos en cada caso con qué otra palabra se relaciona.

1. Nada de él le era *desconocido,* ni siquiera la pequeña herida en una mejilla.

2. Trató de mostrarse indiferente, pero *el temblor* de sus labios delató sus sentimientos.

3. Las cosas comenzaron a *girar* vertiginosamente alrededor de ella, y se cayó. (A propósito, ¿qué le pasa a uno si siente «vértigo»?)

4. Por favor, no *te atormentes.* Tú no eres culpable de lo que sucedió.

5. Fue al almacén y volvió *cargado de* paquetes.

6. Si no te nombraban en sus cartas, *me desesperaba* y las arrojaba.

C. Creación

1. Ud. es Albertina Bardén. Está decidida a marcharse de Buenos Aires y volver a la casa de sus tías. ¿Para siempre? No lo sabe todavía. Pero antes, quiere escribirle a Lucas una carta de despedida, explicándole...

2. Ud. es Lucas Foster. Acaba de recibir una carta de Albertina en la que le dice que se tiene que ausentar de esa casa, de esos niños, de Ud. mismo. Pero Ud. no puede permitir que desaparezca así de su vida. No quiere perderla porque la ama y la necesita, y ... (Ud. dirá.)

3. Ud. es el autor (la autora) de esta novela. ¿Puede Ud. escribir el párrafo final?

LECTURA 2

Preparativos

Pistas

1. Just like verbs, nouns have telltale endings. Aside from the most common **-ión**, **-ción** *(-ion, -tion)*, **-tad**, **-dad** *(-ty)*, and **-tud** *(-tude)*, here are three other frequently found groups:

- **-o:** un **ahorro** *a saving (of money);* **enojo** *anger;* **suceso** *event;* **desagrado** *displeasure;* **descuido** *neglect*
- **-ada:** una **ojeada** *a glance;* **mirada** *a look*
- **-eza, -ez:** la **tristeza** *sadness;* **niñez** *childhood;* **altivez** *haughtiness, arrogance*

Ahora, ¿qué significan las frases siguientes?

1. Están buscando *empleo.* 2. Se quedó en el *olvido.* 3. Le daré una rápida *lavada.* 4. ¡Dios mío! ¡Qué *estupidez*!

2. Here are two more hints for understanding through context:

- Look for antonyms (opposites):

    «¿*Aceptó* el empleo? —No, lo *rechazó.*»... ¿Está trabajando allí ahora?
    «¿*Te marchas* mañana? —No. Voy a *permanecer* hasta el lunes.»... ¿Hasta cuándo se va a quedar esta persona?

- Notice how a negative prefix (**gusto** — dis**gusto;** **capaz** — in**capaz**) suggests something unfavorable in what follows:

    «Por un *descuido* mínimo que cometió, el jefe la *reprendió* delante de todos los empleados.» ... ¿Estuvo contento o descontento con ella el dueño del negocio? ¿Cómo expresó su disgusto? *(What prefix gave you the clue?)*

3. The verb **soler** adds the idea of "usually" to whatever verb follows it. For example: **Suele llegar a las seis.** *(He usually comes at six.)* **Solíamos viajar juntos.** *(We used to travel together.).*

Asociaciones

una **velada** *a get-together*—invitados, comer, charlar, tocar música; guitarra, **flauta** *flute;* **el estuche** *case*

patrón, patrona *boss;* **tenedor de libros** *bookkeeper;* cuidar—**descuidar** *to neglect;* **alabar** *to praise*—**reprender** *to scold;* aceptar—**rechazar** *to reject:* «Antes el patrón la alababa. Ahora la reprende por el descuido más mínimo.»

tardar en *to take time to, delay in;* **permanecer (permanezco)**, quedarse *to stay;* «Tardó mucho en decidirse. —Por eso ha permanecido **soltero** *(a bachelor).*»

despedirse (me despido) *to say good-bye*—dejar un **recuerdo** *(keepsake; memory);* **retrato** *portrait* or *photo of a person;* **echar de menos** *to miss (someone or something):* «La echo tanto de menos. El único recuerdo que me queda es su retrato. —Pues vaya a verla. No se despidió para siempre.»

confiar (confío) *to confide:* «Le confié un secreto, y se lo contó a todo el mundo. —Ése no tiene **vergüenza** *(shame).*»

Díganos: ¿Cuáles de estas palabras se relacionan con los negocios? ¿con un instrumento musical? ¿con una reunión social? ...¿Qué asocia Ud. con «sacar un retrato»?

Ahora halle en el grupo 2 lo opuesto de cada expresión del grupo 1.

1. tardanza, vergüenza, confianza, alabanza, soltero, aceptación, permanecer, recuerdo, atender a, desinteresarse (por alguien), llegada
2. orgullo, represión, casado, sospecha, precipitación, saludo, descuidar, despedida, echar de menos, rechazo, marcharse

¡Cuidado!

- Do not confuse the verb **dejar** (to leave behind or to let, allow) with **salir** (to leave a place, to go out).
- The idiom **dejar de** has two very different meanings: to stop (doing something) and to fail to (do something), not to do ...

Ahora, ¿cómo interpreta Ud. las siguientes frases?

1. Debí casarme y *dejé de* hacerlo. 2. Cuando me canso, *dejo de* tocar y me acuesto. 3. *Déjale* en paz, ¿está bien? 4. ¿Dónde *dejaron* el dinero? 5. Cuando tenía doce años, *dejó de* estudiar. 6. ¿Cuándo *sales* para Madrid? ... Pues *no dejes de* llamarme cuando regreses.

En provincia

AUGUSTO D'HALMAR (Chile)
(Versión condensada)

Tengo cincuenta y seis años y hace cuarenta que soy tenedor de libros. Me llamo Borja Guzmán. Soy soltero, gordo, calvo, y trabajo en el «Emporio Delfín». ...
Debí casarme y dejé de hacerlo. ¿Por qué? No por falta de inclinación sino porque con mi salario, el ahorro se hace difícil.

5   *Mi vida es pura rutina: llego al almacén a las nueve; interrumpo mi trabajo para almorzar, y lo continúo hasta que llega la hora de cerrar la oficina. Para regresar a mi casa sólo tengo que cruzar la* **plazoleta**.   pequeña plaza

    Así que llego a mi apartamento, lo primero que veo es una fotografía, sobre el papel **celeste** *de la habitación. Si no tengo demasiado sueño, saco la flauta de su*   azul claro
10 *estuche y me pongo a tocar. Son siempre dos o tres* **motivos** *melancólicos. Tal vez*   melodías *pude aprender otros; pero éstos eran los que Ella prefería, hace un cuarto de siglo, y con ellos me he quedado.*

    Cuando me canso, dejo de tocar. Me desvisto, y antes de meterme en la cama, le doy una última **ojeada** *al retrato. El rostro de Pedro es* **acariciador,** *pero*   mirada / dulce
15 *los ojos de ella tienen la misma* **altivez** *de siempre. Así me miraba.*   arrogancia

    Ésta es mi existencia, desde hace veinte años. Para llenarla me han bastado un retrato y la música de mi flauta. Pero ahora, eso ya no me es suficiente. Necesito escribir.

    ¡Si alguien lo supiera! ¡Si sorprendiese alguien mis memorias, la novela triste de
20 un hombre **alegre**, «don Borja», «el del Emporio del Delfín!»   jovial

    Fue, como dije, hace veinte años; más, veinticinco, pues ello empezó cinco años antes. Yo no podía llamarme ya un joven y ya estaba calvo y bastante **grueso**; lo   robusto he sido siempre; las penas no hacen sino **espesar mi tejido adiposo**.   aumentar mi gordura

    Había **fallecido** mi primer patrón, y el Emporio pasó a manos de su sobrino, que   muerto
25 habitaba en la capital. Nada sabía yo de él. Ni siquiera lo había visto nunca, pero no tardé en conocerle a fondo. Duro y **atrabiliario** con sus dependientes, con su   malhumorado mujer se conducía como un perfecto enamorado, y **cuéntese con** que su unión   recuerde databa de diez años, ¡Cómo parecían amarse, santo Dios!

También conocí sus penas, aunque a simple vista pudiera **creérseles** felices. A   pensar que eran
30 él le **minaba** el deseo de tener un hijo, y aunque lo mantuviera en secreto, algo   atormentaba
había llegado a sospechar ella. A veces **solía preguntarle**: «¿Qué echas de   le preguntaba
menos?», y él le cubría la boca de besos. Pero ésta no era una respuesta. ¿No es
cierto?
        Me habían admitido en su intimidad desde que conocieron mis aficiones
35 **filarmónicas**.   musicales

        Yo, que tocaba de oído y que nunca había estudiado música, ¡qué feliz me
        sentía tocando la flauta delante de aquellos señores de la capital! Recuerdo las
        tres piezas que toqué aquella primera vez. También recuerdo la gran belleza de la
        esposa de mi patrón cuando se me acercó para felicitarme.

40   De allí dató la costumbre de reunirnos, apenas se cerraba el almacén, en la
salita del piso bajo, la misma donde ahora se ve luz, pero que está ocupada por
otra gente. Pasábamos algunas horas **embebidos** en nuestro corto repertorio, que   absortos
ella no me había permitido variar en lo más mínimo, y que llegó a conocer tan
bien que cualquier nota falsa la impacientaba...
45   En los primeros tiempos, el marido asistió a los conciertos, y al **arrullo** de la   suave ritmo
música, se adormecía; pero **acabó por dispensarse de** ceremonias y siempre que   después, eliminó
estaba fatigado, nos dejaba y se iba a su **lecho**.   cama
        Algunas veces **concurría uno que otro** vecino, pero la cosa no debía parecerles   asistía algún
divertida, y con más frecuencia quedábamos solos. Así fue como una noche que
50 me preparaba a pasar de un **motivo** a otro, Clara (se llamaba Clara) me detuvo   pieza de música
con una pregunta a **quemarropa**.   inesperada
        —Borja, ¿ha notado usted su tristeza?
        —¿De quién?, ¿del patrón? —pregunté, bajando también la voz. — Parece
preocupado, pero...
55   —¿No es cierto?— dijo, **clavándome** sus ojos **afiebrados**.   fijando en mí /
        Y como si hablara consigo mismo: llenos de fuego
        —**Le roe el corazón** y no puede quitárselo. ¡Ah, Dios mío!   Está deprimido
        Me quedé perplejo y debía haber permanecido mucho tiempo perplejo, hasta
que su acento imperativo me sacudió:
60   —¿Qué hace usted así? ¡Toque, pues!
        Desde entonces pareció más preocupada y como **disgustada** de mí. Se   descontenta
instalaba muy lejos, en la sombra, tal como si yo le causara un profundo
desagrado. Me hacía callar para seguir mejor sus pensamientos, y al volver a la
realidad, **como hallase** la muda sumisión de mis ojos **a la espera** de un mandato   al encontrar / espe-
65 suyo, se irritaba sin causa.   rando
        Otras veces me acusaba de **apocado**, estimulándome a que le confiara mi   tímido
pasado y mis aventuras **galantes**. Según ella, yo no podía haber sido eternamente   amorosas
razonable, y alababa con ironía mi «reserva», o se **retorcía en un acceso de**   se reía
incontenible hilaridad: «San Borja, tímido y discreto» (...)   convulsivamente

70   **Transcurrió** un año, durante el cual sólo viví por las noches. Un año breve como   Pasó
una larga noche.
        Llego a la parte culminante de mi vida. ¿Cómo relatarla para que pueda creerla
yo mismo? ¡Es tan inexplicable, tan absurdo, tan inesperado!
        Cierta ocasión en que estábamos solos, suspendido en mi música por un
75 **ademán suyo**, me dedicaba a adorarla, creyéndola **abstraída**, cuando de pronto la   gesto de su mano /
vi dar un salto y apagar la luz. Instintivamente me puse de pie, pero en la   distraída
oscuridad sentí dos brazos que se enlazaban a mi cuello y el **aliento entrecortado**   respiración rápida
de una boca que buscaba la mía...

Salí **tambaleándome.** Ya en mi cuarto, abrí la ventana y en ella pasé la noche. *(caminando como borracho)*
80 Todo el aire me era insuficiente. El corazón quería salirse del pecho, lo sentía en la garganta, **ahogándome.** ¡Qué noche! *(sofocándome)*

Esperé la siguiente con miedo. Creíame **juguete de un sueño.** El amo me *(que soñaba)* reprendió un descuido, y aunque lo hizo delante del **personal,** no sentí ira ni *(otros empleados)* vergüenza.

85 En la noche él asistió a nuestra velada. Ella parecía profundamente **abatida**... Y *(deprimida)* pasó otro día sin que pudiéramos hallarnos solos. Al tercero ocurrió. **Me precipité a** *(Me arrodillé a sus pies)* **sus plantas** para cubrir sus manos de besos y lágrimas de gratitud, pero altiva y desdeñosa, me rechazó, y con su tono más frío, me rogó que **tocase.** *(la flauta)*

¡No, yo debía haber soñado mi **dicha!** ¿Creeréis que nunca, nunca más volví a *(felicidad)*
90 **rozar** con mis labios ni el extremo de sus dedos? La vez que, loco de pasión, *(tocar)* quise **hacer valer** mis derechos de amante, me ordenó salir en voz alta, que temí *(imponer)* que hubiese despertado al amo, que dormía en el piso superior.

¡Qué martirio! Caminaron los meses, y la melancolía de Clara parecía disiparse, pero no su **enojo.** ¿En qué podía haberla ofendido yo? Hasta que, por fin, una *(molestia conmigo)*
95 noche en que atravesaba la plaza con mi estuche bajo el brazo, el marido en persona **me cerró el paso.** Parecía extraordinariamente agitado, y mientras *(me cortó el camino)* hablaba mantuvo su mano sobre mi hombro con una familiaridad **inquietante.** *(que me preocupaba)*

—¡Nada de músicas! — me dijo.— La señora **no tiene propicios los nervios,** y *(no está de humor)* hay que empezar a respetarle éste y otros caprichos.
100 Yo no comprendía.

—Sí, hombre. Venga usted al casino conmigo y **brindaremos** a la salud del *(beberemos una copa)* futuro patroncito...

Nació... ¡Mi hijo! Porque era mío. ¡No necesitaba ella decírmelo! ¡Mío! ¡Mío! Yo, el solterón solitario, el hombre que no había conocido una familia, a quien nadie
105 dispensaba sus favores **sino** por dinero, tenía ahora un hijo, ¡el hijo de la mujer *(excepto)* amada!...

En silencio me dediqué a amar con todas las fuerzas de mi alma a aquella criatura, mi carne y mi sangre, que aprendería a llamar padre a un extraño.

Las veladas musicales se suspendieron, y Clara hasta se negó a recibirme las
110 *pocas veces que fui a su casa. Al principio tuve que contentarme con ver a mi hijo cuando la **niñera** lo paseaba en la plaza. Pero a **medida que** el niño iba* *(criada que cuidaba al bebé / cuando)* *creciendo, el amo lo llevaba al almacén hasta que venían a buscarlo. Un día Clara misma vino en su busca, y al ver al niño en mis brazos, lo **arrebató** como si* *(me lo quitó bruscamente / recién nacido)* *hubiera sido una leona que recobra su **cachorro.***
115 *Así iban pasando las cosas cuando, de la noche a la mañana, llegó un extranjero. El patrón me informó poco después que había vendido el almacén porque estaba cansado de la vida en provincias y que probablemente volvería con su familia a la capital.*

¡Dios mío! ¡Se iba **cuanto** yo había amado! ¡Un extraño se lo llevaba lejos para *(todo lo que)*
120 gozar de ello en paz! ¡Me **despojaba** de todo lo mío! Ante esa idea tuve en los *(robaba)* labios la confesión del adulterio. ¡Oh! ¡Destruir siquiera aquella feliz ignorancia en que viviría y moriría el ladrón! ¡Dios me perdone!

Se fueron. La última noche, por un capricho final, aquella mujer me hizo tocarle las tres piezas favoritas, y al concluir, me premió permitiéndome que besara a mi
125 hijo. Si la **sugestión** existe, en su alma debe de haber conservado la **huella** de *(poder psicológico / rastro)* aquel beso.

¡Se fueron! Ya en la estacioncita, donde **acudí a despedirlos,** él me entregó un *(fui a decirles adiós)* pequeño paquete, diciendo que la noche anterior se le había olvidado.

—Un recuerdo— me repitió— para que piense en nosotros.

130 —¿Dónde les escribo? — grité cuando ya el tren se ponía en movimiento; y él, desde la plataforma del tren:

—No sé. ¡Mandaremos la dirección!

En la ventanilla vi a mi hijo, con la nariz aplastada contra el cristal. Detrás, su madre, de pie, grave, la vista **perdida en el vacío.**   vacante

135 Me volví al almacén, que continuaba bajo **la razón social,** sin ningún cambio   el mismo nombre
aparente, y oculté el paquete, pero no lo abrí hasta la noche, en mi cuarto
solitario.

Era una fotografía. La misma que hoy me acompaña; un retrato de Clara con su
hijo en el regazo, apretado contra su seno, como para ocultarlo o defenderlo. ¡Y
140 tan bien lo ha secuestrado a mi **ternura,** que en veinte años, ni una sola vez he   cariño
sabido de él; y probablemente no volveré a verlo en este mundo de Dios!

Si vive, debe ser un hombre ya. ¿Es feliz? Tal vez a mi lado su porvenir habría
sido **estrecho.** Se llama Pedro... Pedro y el apellido del otro. Cada noche tomo el   más limitado
retrato, lo beso, y en el reverso leo la dedicatoria que escribieron por el niño.

145 «Pedro, a su amigo Borja.»

—¡Su amigo Borja! ... ¡Pedro se irá de la vida sin saber que haya existido tal
amigo!

ACERCA DEL AUTOR

«Augusto D'Halmar» era el pseudónimo del chileno Goemine Thomson (1882–
1950). Un hombre de carácter melancólico e introspectivo, D'Halmar pasó muchos
años en el servicio diplomático, donde llegó a conocer distintos países del mundo.
Sus obras son mayormente de dos tipos literarios—por una parte, novelas socio-
psicológicas de un naturalismo brutal; por otra, cuentos y bosquejos impresionistas
que reflejan la influencia poética de su íntimo amigo Federico García Lorca. D'Halmar, que recibió el primer Premio Nacional de Literatura en 1942, figura entre las
cumbres literarias de la primera parte del siglo XX.

Proyecciones

A. ¿Qué nos dice?

1. ¿Cómo pintaría Ud. el retrato de Borja? Describa cómo se lo imagina, con
   todos los detalles posibles... Ahora haga su retrato psicológico. ¿Qué adjetivos
   emplearía para describir su carácter y su personalidad?

2. ¿Qué edad tiene Borja ahora? ¿Cuándo ocurrió el suceso más importante de
   su vida? ¿Puede Ud. decirnos exactamente lo que pasó?

3. ¿Cómo explica Ud. la seducción de Borja? ¿Era porque Clara amaba mucho a
   su esposo o porque no lo amaba de verdad? ¿Era porque se sentía aburrida
   en ese pueblo de provincia? ¿O era solamente porque deseaba tener un
   heredero? (En tal caso, ¿cree Ud. que su acto era justificable?) ¿Cree Ud. que
   el esposo de Clara sabía la verdad? ... A propósito, ¿cree Ud. que Clara y su
   esposo hicieron bien o mal mudándose a la ciudad? ¿Debían permitir que
   Borja siguiera viendo a su hijo?

4. ¿Por qué cree Ud. que Borja no se casó jamás? ¿Fue simplemente por razones económicas? ¿Fue porque quería conservar intacta la memoria de Clara? ¿O fue tal vez porque siendo calvo y gordo, ninguna mujer se pudiera interesar en él? ... ¿Cree Ud. que habría sido buen padre y marido? ¿Por qué?

B. Adivine por el contexto

Y díganos siempre cuál fue la pista.

1. Yo tocaba sólo *de oído,* ya que jamás había estudiado música.
2. A los suaves ritmos de la música, el patrón *se adormecía.*
3. Al principio no los comprendía, pero después llegué a conocerlos *a fondo.*
4. Sentí dos brazos que *se enlazaban* a mi cuello, y una boca que buscaba la mía.
5. Me quedé *perplejo,* no sabiendo qué pensar.
6. Me acerqué a ella, lleno de amor. Pero *altiva y desdeñosa,* me volvió la espalda.
7. Con un salario tan reducido, era imposible *ahorrar* dinero.
8. Yo, el *solterón* solitario, el que no había conocido una familia, tenía ahora un hijo, ¡el hijo de la mujer amada!

C. Creación

Imagínese

1. Don Borja es viejo ya, viejo y enfermo. Pronto su vida se va a acabar. Un día, al salir de la consulta de su médico, ve en la calle a su hijo Pedro. Por lo menos, cree que es él, está casi seguro de que es él, pero ... ¡han pasado tantos años! Si pudiera hablarle esta sola vez, si pudiera decirle... Borja se acerca y le comienza a hablar... *Escriba Ud. la conversación que tiene lugar entre los dos.*

2. Un día Borja tropieza en la calle con Clara. Ella ha cambiado mucho, pero todavía revela los restos de su antigua hermosura. Borja se acerca a ella. Al principio Clara no parece reconocerlo. Y por fin ... *Otra vez, ¿cómo se imagina Ud. esta conversación?*

3. Ahora Ud. es el (la) protagonista... Imagínese que tiene setenta años ya. La vida no le ha tratado mal, pero sí le ha traído, como a todos, su tanda de altibajos. Últimamente, Ud. ha pensado mucho en su juventud, en los amigos—y en los amores—que tuvo. Y se pone a escribir sus memorias ... *¿Dónde comenzará? ¿Cuáles son sus momentos más emocionantes?*

En conclusión

Acabamos de leer dos cuentos de amor, cuentos en los cuales el amor toma distintas formas. ¿Cómo los compararía Ud.? ¿Desde qué punto de vista se relata *En provincia?* ¿Desde qué punto de vista se relata *La caída?* ... ¿Cuál revela mejor el carácter humano? ¿Cuál tiene más movimiento narrativo? ¿Cuál demuestra más dimensiones? ... ¿Cuál le parece más real? ¿más triste? ¿más sensual? ¿mejor escrito? ... Y finalmente, ¿con cuál se identifica Ud. más? ¿Por qué?

LECCIÓN 8

Ojos de niño

AMBIENTE

«Cu-cú, cantaba la rana,
cu-cú, debajo del agua;
cu-cú, cu-cú, pasó un caballero,
cu-cú, cu-cú, de capa y sombrero;
cu-cú, cu-cú, pasó una señora,
cu-cú, cu-cú, con falda **de cola**; — con cola larga por detrás
cu-cú, cu-cú, pasó una criada,
cu-cú, cu-cú, llevando ensalada;
cu-cú, cu-cú, pasó un marinero;
cu-cú, cu-cú, vendiendo **romero**; — (una hierba aromática)
cu-cú, cu-cú, le pidió un **ramito**; — (unas hojas del romero)
cu-cú, cu-cú, no le quiso dar;
cu-cú, cu-cú, se metió en el agua,
cu-cú, cu-cú, se echó a **revolcar**.» — dar fuertes patadas

Los niños juegan en la calle. Los niños saltan **a la comba.** Voces. Risas. Gritos... — con una cuerda

«Pin, pin, sarabín, — (Ini, mini, maini, mo)
yoqui, yoqui, pasaré — (no significa nada)
por los lagos de ... ¡SAN JUAN!»

«Tú, Pirro, tú quedas fuera. Te tocó 'San Juan'. —No quiero, Me tocó la otra vez también. —Pues así salió. —No es justo. Cantemos otra vez.»— Bueno. «Pin, pin, sarabín...»

Los niños juegan en la calle. Voces. Risas. Gritos... Los niños van al colegio, limpios, uniformados... Los niños van al parque de recreo. «Quiero ir a la **Montaña Rusa.**» Los niños corren por la calle, hambrientos, **descalzos.** — (roller-coaster) sin zapatos

Niños de todas las edades. Niños amados, niños rechazados. Niños cuya vida es regida muchas veces por los números. Porque cuando las familias son grandes, y los medios económicos escasos, los números determinan más que ningún otro factor las circunstancias del vivir. Y las familias grandes son una de las realidades más palpables del mundo hispánico.

En Latinoamérica, por ejemplo, donde la familia «normal» tiene cinco o seis hijos, y no es anormal tener hasta diez, el niño goza de todas las **ventajas**—y — beneficios
desventajas—de ser uno entre muchos. Por una parte, el profundo concepto de la unidad familiar crea un mini-mundo propio, un microcosmo presidido desde lejos por el padre, figura de autoridad. **De hecho,** la vida del niño es moldeada más por — En realidad
la madre, y por las demás generaciones que constituyen el núcleo familiar. Dentro

de este mundo, el niño siente a la vez la seguridad de estar rodeado de «los suyos», y la independencia de ser anónimo, libre de la vigilancia constante de «mamá y papá».

Por otra parte, en aquellas familias donde el dinero no abunda (y ésas desafortunadamente son la gran mayoría), el niño sufre las consecuencias de ser uno entre muchos. **A menudo,** sobre todo en las áreas rurales, no puede acabar sus estudios primarios, porque urge más ir a trabajar. Y cuando el **presupuesto** de la familia sí deja lugar para los estudios, la oportunidad de seguir adelante se les presenta mayormente a los hombres. Son éstos quienes se encargarán del futuro, mientras las niñas por lo general se preparan más bien para el papel de esposa y madre, madre de otra familia numerosa. Y así adelante... ¿Así adelante? Las semillas que se **sembraron** en la década del ochenta pueden dar otro fruto.

Frecuentemente
dinero disponible

plantaron

«Pin, pin, sarabín...»
«No es justo. ¿Por qué me tocó a mí otra vez 'San Juan'?»

Mundo infantil. *El barrilete,* historia de un niño y de su juguete «mágico». *Angeles pintados,* historia de una niña y de su primera rebelión...

La cascada por Manuel Lepe (México)... Niños angelicales vuelan por un cielo azul y juegan en las aguas de un río apacible. Lepe, que murió en 1984, dijo una vez que pintaba niños para suplir la infancia que él no tuvo, ya que le fue preciso dejar la escuela en el cuarto grado para ir a trabajar... A propósito, ¿por qué cree Ud. que Lepe les da a sus niños el don de volar?

Comentarios

1. Según estas observaciones, ¿cuál es uno de los factores más importantes en la vida del niño hispánico? ¿Cuáles son las ventajas de ser uno entre muchos? ¿Cuáles son las desventajas?

2. Basándose en su propia experiencia, ¿es más unida o menos unida la familia numerosa? ¿Quiénes componen su propio núcleo familiar? ¿Se extiende para incluir a otras generaciones? En su opinión, ¿cómo debe ser la familia ideal?

LECTURA 1

Preparativos

Pistas

1. **Ser** and **estar** will be used many times throughout the readings of this lesson. So look for the following uses as you go along:

ser	estar
■ **who** or **what** the subject is	■ *where* the subject is or what position it is in
■ where it is from, what it is made of, what it is for, or to whom it belongs	■ with a present participle: progressive tense (what is or was happening at a given time)
■ + a past participle—passive voice	■ + a past participle—the resultant state of an action
■ with an adjective—what the subject is really like	■ with an adjective—what condition it is in, how it seems to be

Now here are a few opening lines taken from our first story. How would you explain the uses of **ser** and **estar**?

«Mi maestra dice que *soy* un mentiroso, que siempre *estoy inventando* cosas. Pero, ¿qué culpa tengo yo, si lo que digo *es* la verdad? La señorita Susana, que *es* mi maestra, me dijo que ya *era* bastante grande, que debía *ser* ejemplo para los demás chicos. Pero la culpa no *era* mía de haber tenido un barrilete mágico. Por ejemplo, una vez *estábamos* Juancito y yo en ...» (Bueno, adelante.)

2. More about noun endings:

■ Most words that end in **-ería** correspond to English words ending in *-ery*. They can refer either to a store where something is sold, or to the general product itself: **panadería** (*bakery* or *baked goods*): **pastelería** (*pastry shop* or *pastry);* **papelería** (*stationery store* or *stationery*).

■ **-ote, -ota** adds "big" and, sometimes, even "ugly" to the idea of the word: «Le pegó al pobre niño. —¡Bruto! ¿Con esas manotas?» So does **-ón, -ona:** un tirón *a big pull* or *yank).*

Asociaciones

barrilete *large kite*—jugar, un juguete *toy;* **remontarse** *to soar;* **hilo, cuerda** *string, cord;* **ovillo** *spool;* **desenrollarse** *to unwind;* **enredarse** *to get tangled:* «Se enredó las piernas en el hilo del barrilete, y se fue volando, arriba, arriba.»

mentira *a lie*—mentiroso *liar;* hacerle caso a uno *to pay attention to, believe (someone);* apostar (apuesto) a *to bet:* «No le hagas caso a ese mentiroso. —No. Esta vez te apuesto a que dice la verdad.»

joya *piece of jewelry*—una mariposa de oro *a gold butterfly;* conseguir (consigo) *to get;* llevarse *to take away, make off with:* «Ayer cumplí años, y Fredi me regaló una joya tan linda, una hermosa mariposa de oro. —¿Dónde la consiguió? —No sé. Al marcharse, ¡se la llevó!»

arder *to burn;* rabia *anger;* acariciar *to pat affectionately:* «A veces ese niño me hace arder de rabia. —¿Y qué haces? —Nada. Lo acaricio, le doy un beso, y lo perdono.»

balneario *beach resort*—vacaciones, playa: ¿Qué estación del año asocia Ud. con esto? ¿En qué lugares piensa?

Dadas las Asociaciones arriba, ¿puede Ud. entender las frases siguientes?

1. Le di una *caricia* y la besé. 2. El jefe estaba *rabiando*. 3. ¿Qué *regalos* recibiste para tu cumpleaños? 4. Era un aficionado *ardiente* de los toros. —¡Jamás he visto tanto *ardor!* 5. Compramos la mariposa *dorada* en la nueva *joyería.* 6. ¡Ay, cómo *mienten!* 7. ¿Quieres hacer una *apuesta?* 8. Tendieron una *red* para captar a los peces. 9. Hizo un *rollo* de los periódicos y los tiró a la basura.

Ahora, ¿qué es lo primero que se le ocurre al oír las palabras siguientes?

una mariposa... un regalo... una joyería... una apuesta... una cuerda, o un hilo...

El barrilete

HERBERTO G. E. PRADO (Argentina)
(Versión abreviada)

Mi maestra dice que soy un mentiroso, que siempre estoy inventando cosas. ¿Qué culpa tengo yo, si lo que digo es la verdad?... Pero me doy cuenta que las personas mayores no hacen mucho caso de un chico como yo o como Juancito. Por eso, un día, cuando le dije a la señorita Susana, que es mi maestra, que yo
5 tenía un barrilete mágico, primero me miró con una sonrisa y después con un poco de **fastidio.** Y me dijo que ya era bastante grande, que debía dejar de decir | molestia
mentiras, que tenía que ser ejemplo para los demás chicos, y no me acuerdo cuántas cosas más.

Yo no tengo la culpa de haber tenido un barrilete mágico. ¿Ustedes nunca
10 tuvieron uno?... ¡Qué lástima!... ¡El mío era tan lindo!... Cuando se remontaba alto, alto en el cielo, parecía una estrella verdadera. Era entonces que yo le pedía cosas y el barrilete me las **concedía.** Por ejemplo, aquella vez que estábamos Juancito y | daba
yo, y le aposté a que si pedía al barrilete una mariposa de oro, la conseguiría. Y no había terminado de decirlo, cuando llegó volando y **se posó** sobre mi mano, | descansó
15 esa mariposa grandota, de oro, oro verdadero, esa que mamá llevó a la **comisaría** | estación de policía
diciendo que era una joya perdida hallada por nosotros. Y no me quisieron creer cuando le dije que había llegado volando, que me la había dado el barrilete, que no era una **alhaja.** Por eso, desde entonces no volví a hablar de él. | joya

El único que sabe de todas estas cosas es Juancito, el hijo de doña
20 Cristobalina, que vive una cuadra más allá de la panadería. Con él, siempre nos
íbamos con nuestro... con mi barrilete, a remontarlo en los campos que se
extienden hasta los canales en los que muchas veces nos bañábamos, durante el
verano. Claro, todas estas escapadas podíamos hacerlas cuando no nos veía
Ramón Parral, mi **padrastro**, que siempre llegaba borracho y **se la agarraba**
25 conmigo. Me odiaba, seguro. No sé por qué, pero me odiaba. «**Vago** —me
decía— será mejor que vayas a trabajar»... Y ¡zas!, me **largaba un cachetazo.**

esposo de mi mamá /
se peleaba / Perezoso
golpeaba en la cara

Un día, me acuerdo, en que estaba así, con la cara contra la tierra, llegó
Juancito y me dijo: «**Che**, ¿qué te pasa?... ¡Estás llorando! ¡No seas mujercita!» Y
entonces yo, que tenía una rabia tremenda y aún me ardía la cara por los golpes
30 que **me acertara** Ramón Parral, me levanté de un salto y le di una **paliza** terrible a
mi amigo... Después le pedí disculpas; claro, ¡qué culpa tenía él!... Pero no tenía
por qué haberme dicho nada...

«Hombre»

me había dado /
golpes
razón para

Ahora ya no está más mi padrastro, pero yo tampoco tengo mi barrilete. Y no
quiero construir otro; no saldría tan bien como aquél y, además, estoy seguro que
35 ya no sería mágico. Dicen que mi padrastro se fue, sin decir nada, a **correr
caminos.** Todo el mundo, en el barrio no habla de otra cosa. «¡Ese **atorrante se
mandó mudar** vaya a saber dónde!... ¡Borracho **de porquería!** ¡En vez de trabajar y
cuidar de su pobre mujer y esta criatura!... Así son, así son todos....» Claro, yo no
le puedo decir lo que realmente sucedió, aunque a veces, tengo unas ganas
40 **bárbaras** de hacerlo. Pero no me va a creer, ya lo estoy viendo. Juancito sabe,
pero sin decirnos nada, hemos resuelto no hablar más del asunto.

vagabundear
vago se fue /
que no vale nada

enormes

Fue una cosa de lo más rara. Díganme, ustedes creen que un barrilete... Pero,
bueno, mejor que le cuente todo... Resulta que hace dos semanas, aprovechando
esos días de mucho viento después de comer, íbamos Juancito y yo al campo
45 cercano a los **tajamares,** a remontarlo. ¡Nos divertíamos **en forma!**... Pero un
sábado, parece que mi padrastro espió cuando yo saltaba la ventana y corría a
encontrarme con mi amigo, y nos siguió. Nosotros, sin mirar atrás, estábamos
embobados mirando el barrilete, que bailaba alto, altísimo en el cielo; y justo
cuando pasaba el tren para Galván, y nosotros levantábamos la mano saludando
50 a los que iban al balneario, siento en la cara un terrible golpe que me tira al suelo.
Juancito dio un salto y **disparó** como cien metros... Bueno, bah, no tanto... Pero se
puso lejos de la mano de mi padrastro que, mientras me insultaba, se quitaba el
cinto para pegarme.
Yo vi que el ovillo de mi barrilete se desenrollaba rápidamente, y **tiré el manotón**
55 para salvarlo; Ramón Parral levantó el cinto y me lo dio en la cara, pero se enredó
las piernas en el hilo. Y entonces yo, gritando de rabia y dolor, sin darme cuenta
dije: «¡Ojalá que te lleve el viento, que no vuelvas nunca más!...» y aunque no lo
quieran creer, el barrilete dio un tirón, mi padrastro cayó al suelo, otro tirón más, y
cuando **nos quisimos acordar,** lo oíamos gritar como a seis metros **de altura,**
60 cabeza abajo, enredadas las piernas en el hilo del barrilete.
Juancito y yo mirábamos con la boca abierta, sin saber qué hacer, mientras el
barrilete se iba más y más alto, **derivando** rápidamente hacia el mar. Juancito

pequeños canales /
tanto

fascinados

se fue corriendo

cinturón de cuero
extendí la mano

nos dimos cuenta /
en el aire

yendo

gritó: «¡Se lo lleva, se lo lleva!...». Y los dos, sin decir nada más, nos pusimos a
correr como locos por el campo, detrás del barrilete y de mi padrastro, que se
65 veían cada vez más altos, más lejanos.

Estuvimos allí un rato largo, no sé cuánto. Después, quise correr a decirle a
mamá lo que había pasado. Pero Juancito tuvo razón. «No te va a creer», me dijo.
Y era cierto. ¿Cómo iba a creer que el barrilete se había llevado a mi padrastro?...
Eso no sucede nunca, a menos que sea cosa de **magia**... Pero es que mi barrilete   artes mágicas
70 era mágico, ¡de veras, de veras! Y **no siéndolo** ¿cómo pudo suceder aquello?...   si no lo fuera
Por eso, cuando algún vecino me pide noticia de Ramón Parral, le digo que no sé
nada, que nos parece se fue a correr caminos.

Y a mi maestra, que a veces me pregunta por «... tu famoso barrilete mágico...»,
le digo que barriletes así no existen. Y entonces, sonriendo y acariciándome la
75 cara, me contesta que así es y que se alegra que no diga mentiras.

No se da cuenta de que lo que le estoy diciendo entonces es una mentira gorda
como doña Amancia; y que **no me queda más remedio que** contestarle de esa   sólo puedo
manera ya que la verdad —que, como les he contado, es que tuve un barrilete
mágico— no la cree...

ACERCA DEL AUTOR

Herberto G. E. Prado ha trabajado como periodista, redactor, maestro y escritor de
radio. Sus poesías y cuentos han aparecido en numerosas revistas argentinas. A
través de esta encantadora narración, Prado intenta poner de manifiesto «la multi-
plicidad mágica de realidades en que los niños están inmersos», y sus cualidades
de proyección sensitiva inexistentes en los adultos.

Proyecciones

A. ¿Qué nos dice?

1. ¿Quién es el personaje principal de este cuento? ¿Cuántos años cree Ud. que
   tiene? ¿Dónde vive, en el campo o en la ciudad? ¿Qué más sabe Ud. acerca
   de su vida?
2. ¿Qué juguete tenía antes el muchacho? ¿De qué le acusaba siempre su maestra? ¿Quién es la única persona con quien comparte la verdad del caso?
   ¿Cómo explica Ud. el episodio de la «mariposa de oro»?
3. ¿Quién era Ramón Parral? ¿Cómo trataba al niño? Según los vecinos, ¿qué
   hizo un buen día Ramón?...Pues, según el niño, ¿qué ocurrió realmente aquel
   sábado? ¿Por qué no se lo dijo nunca a su mamá? ¿Qué cree Ud. que sucedió
   de verdad?
4. ¿Qué contesta el niño ahora cuando le preguntan por su barrilete mágico?
   ¿Qué le dice ahora la maestra?... A propósito, cuando Ud. era niño (niña),
   ¿tenía un juguete «mágico»? ¿Inventaba personajes fantásticos? ¿Creía Ud.
   en lo sobrenatural? ¿Cree en ello ahora?

B. Adivine por el contexto

Aquí tiene Ud. varias expresiones coloquiales en inglés. ¿Cómo las relaciona con el español?

---

you lazy loafer...   we're having a ball...   he'd pick on me...   he'd swing at my head...   he ran out on us...   I ducked...   he "got me"...   I'd really love to...   a sissy...   really weird...   good for nothing...   cut us off...   took off for parts unknown...   he bolted

---

1. ¡Juancito y yo *nos divertíamos en forma...!*
2. Mi padrastro siempre llegaba borracho y *se la agarraba conmigo.*
3. «Vago», me decía, «¡y zas!», *me largaba un cachetazo.* A veces, lo *esquivaba,* pero otras veces *me acertaba.*
4. «Che, un muchacho no llora. ¡No seas *mujercita!»*
5. Sin decir nada, *se fue a correr caminos.*
6. Ese atorrante *se mandó mudar* para vaya usted a saber dónde. —¡Borracho *de porquería!*
7. *Tengo unas ganas bárbaras de* contarles lo que pasó, pero no puedo. Fue una cosa *de lo más rara.*
8. Seguimos corriendo hasta que Ramón *nos cortó el paso.* Al verlo, Juancito dio un salto, y *disparó* como cien metros.

C. Creación: Puntos de vista

El niño nos ha contado el episodio del barrilete mágico, y la desaparición de su padrastro, Ramón Parral. Ahora vamos a ver si Ud. puede enfocarlo desde otra perspectiva. Por ejemplo:

1. Usted es Ramón Parral. Nos relata su vida con la madre del niño y lo que significa tener un hijastro tan vago, tan holgazán («ocioso, perezoso»): lo que significa ser un hombre pobre sin esperanzas, sin futuro. Hasta que...

2. Usted es la madre del muchacho. Se le ha ido de repente su marido y no entiende por qué. Habla con su hijo, y llora y...

3. Es usted ahora el barrilete mágico. Mientras se remonta por el cielo, le gusta ver cómo se porta la gente en la Tierra. Se ha encariñado mucho con ese niño que tira de usted—así piensa él—de un hilo. De ese niño pobre, descalzo y solo, que es el único que reconoce sus poderes mágicos. Y se siente triste al verle sufrir las crueldades de su padrastro. Por fin, no puede aguantar más y decide...

Vamos a ver...

LECTURA 2

Preparativos

Pistas

1. When there are two or more adverbs in a row, and both or all end in **-mente** *(-ly)*, only the last one retains the ending: «**Respondió silenciosa, heroicamente.**» This applies even when the adverbs are linked by **y** *(and)* or **o** *(or).*

2. Many verbs ending in **-ecer** simply add the idea of "get or become" to the adjective on which they are based. Here are some examples of related adjectives, verbs, and nouns. Can you supply the missing ones?

loco	enloquecer	locura
duro	_____	dureza
_____	enriquecer	_____
_____	envejecer	vejez
sordo *(deaf)*	_____	sordera
ronco *(hoarse)*	_____	_____

Orientación

1. El título «Misia», una adaptación de *Miss* o *Ms.*, se emplea a veces en lugar de «doña» o «la señora, la señorita». Este uso se encuentra mayormente en aquellas partes de Sudamérica, sobre todo en la Argentina, Chile y Uruguay, donde se siente más la influencia británica.

2. Al final del cuento siguiente, «Ángeles pintados», vemos a una niña que está llorando en el regazo de su amada sirviente, la negra Feli, haciendo de su delantal *(apron)* un «lienzo de Verónica». Esta expresión alude a Santa Verónica, una mujer judía que, según la tradición cristiana, encontró a Jesús camino al Calvario, y le limpió la cara con una tela blanca en la que quedó impresa la imagen divina.

3. Un «mascarón de proa» era una imagen que se pintaba en el frente de los barcos antiguos para protegerlos de los espíritus malos que habitaban el mar. Por supuesto, la mayoría de esos mascarones no eran muy bellos.

Asociaciones

los afeites *cosmetics*—pintarse la cara, peinarse el pelo; **estampa** *"look," image:* «Juanita, quítate esos afeites. Eres muy **tierna** *(young, tender)* para salir con tal estampa.»

asombro, pasmo *astonishment:* «Sucedió tan rápidamente que quedamos pasmados (asombrados). —Nosotros también. El asunto fue **espantoso** *(awful).»*

delantal *apron:* «Voy a cocinar. ¿Me puedes prestar un delantal? —¿Cuál prefieres? ¿Éste azul o el otro **a cuadros** *(checked)*?»

echarse a llorar *to burst into tears;* **sollozar** *to sob*—lágrimas: «¡Ay, pobre! Cuéntame lo que pasó, y yo te ayudaré—dijo. Y la sentó en su **regazo** *(lap).»*

juicio *opinion, judgment;* **advertencia** *warning, advice;* **consejo** *advice:* «¡Caray! Pedí su juicio sobre una sola cosa, y me dio mil advertencias y consejos. —No seas tan **altivo** *(arrogant),* ¿eh? Tienes un amigo muy **leal** *(loyal).»*

el tacón, taco *heel (of a shoe):* «¿Por qué se echó a llorar Adelita? —Porque se puso los zapatos de tacón alto de su madre, y le dolían los pies.»

Díganos:

1. ¿Qué asocia Ud. por lo general con los cosméticos o «afeites»? ... Por otra parte, si un hombre *se afeita* con una *afeitadora eléctrica,* ¿qué está haciendo? 2. ¿Qué es lo primero que se le ocurre al oír las palabras siguientes?: *un delantal* ... un mantel *de cuadros blancos y rojos* ... *tacones* altos ... una edad muy *tierna* ... *echarse a llorar* ... 3. Finalmente, ¿qué es una situación *pasmosa*? ¿una conclusión *asombrosa*? ¿un crimen *espantoso*? ¿una persona *juiciosa*?

Ángeles pintados

JUANA DE IBARBOUROU (Uruguay)
(Condensación)

Yo debía tener entonces entre once y doce años. Un día aparecí en la escuela
*pintada con el **carmín** con que mamá decoraba las flores de **merengue** de sus*   color rojo /
postres caseros. Me peiné a lo africano, me puse los zapatos de tacos altos de   dulce hecho de
mi hermana, y bajo los ojos, me pinté anchas y oscuras ojeras.   clara de huevo

5   No sé cómo **burlé** la buena vigilancia doméstica, ni cómo pude cruzar el pueblo   pude evadir
tranquilamente **con tal estampa.** Recuerdo, sí, el espantoso silencio que se hizo a   vestida y pintada así
mi paso por el salón de clase, y la mirada entre **enloquecida** y desesperada con   frenética
que me recibió la maestra. Recuerdo también, como si hubiera sido ayer, su voz
enronquecida, al decirme:
10   —Ven acá, Juanita.

Entre **desconfiada** y orgullosa, avancé hacia su mesa de directora. Y otra vez su   nerviosa
voz, ronca siempre:
—¿Te has mirado al espejo?
Hice que sí con la cabeza.
15 Y ella:
—¿Te encuentras muy bonita así?
¡Pobres cándidos ojos oscuros elevándose hacia el rostro ya no **terso** de la   joven y suave
implacable interrogadora! Y la debilitada voz infantil:
—Yo... sí...
20   —¿Y te duelen los pies?

¡Ay, cómo ella lo adivinaba todo! No un reino por un caballo, sino un cielo por
mi par de zapatos más viejos, yo **hubiera** dado en aquel momento. Pero era un   habría
ángel altivo y contesté **con entereza:**   valientemente
—Ni un poquito.
25   —Está bien. Vete a tu **sitio.** A la salida, iré contigo a tu casa, pues tengo que   lugar (asiento)
hablar con **Misia Valentina.**   (la madre de Juanita)

Fue una tarde durante la cual, en el salón de estudio, hubo un **sordo** ambiente   silencioso
de revolución. Oí, de mis pequeñas compañeras, toda clase de juicios,
advertencias y consejos, en general leales. Sólo estuvieron en contra de mí las
30 dos niñas modelo de la clase. Empecé entonces a conocer la **dureza** feroz de los   intolerancia
perfectos.

No sé qué hablaron mi maestra y mi dulce madre. En mi casa **no estalló ningún**   no hubo ninguna
polvorín, no se me privó de mi plato de dulce, nadie me hizo un reproche siquiera.   explosión (de ira)
Sólo me dijo mamá, después de la comida:
35   —Juanita, no vayas a lavarte la cara.
Con un asombro que llegaba al pasmo, **pregunté apenas:**   pude preguntar
—¿No?
—No, ni mañana tampoco.
—¿Mañana tampoco, mamita?
40   —Tampoco, hija. Ahora, anda ya a dormir. Desabróchale el vestido, Feliciana.
Y fue mi madre quien me despertó al otro día, quien vigiló mis **aprontes** para la   preparativos
escuela y quien, al salir, me llevó ante su gran **armario de luna,** y me dijo con un   guardarropa con
tono de voz absolutamente desconocido hasta entonces para mí: espejo

—Vea, m'hija, la cara de una niña que se atreve a pintarse a su edad, como si
45 fuera una mujer mala.

¡Dios de todos los universos! Aquella cara parecía un **mapamundi,** y aquella   mapa del mundo
chiquilla **encaramada** sobre un par de tacos torturantes, era la verdadera estampa   balanceada
de la **herejía.**   sacrilegio

Me eché a llorar silenciosa, heroicamente. Vi llenos de lágrimas los ojos tiernos   (yo)
50 de mi madre, pero aún **no sabía** de arrepentimientos oportunos y me dirigí a la
calle, con mis libros y cuadernos en tal desorden, que se me iban cayendo al   buena Feliciana /
camino. Fue mi **santa Feli** quien me alcanzó corriendo, casi **a la** media cuadra, y   a una distancia de
allí mismo me pasó por la cara, sollozando, su delantal de cuadros blancos y   sobre sus espaldas
azules. Yo casi no le cabía ya en el regazo, pero volvió a casa conmigo **a cuestas,**
55 y las dos, abrazadas, lloramos desoladamente el desastre de mi primera   «aventura» de mujer
coquetería.

Después, andando los años, me he pintado **rabiosamente,** y he llorado lágrimas   furiosamente
de fuego sobre los afeites de Elizabeth Arden, y quizás más de una vez he
quedado hecha un mascarón de proa. Pero ahora no está mi madre para sufrir por
60 mi pena, ni mi negra ama para hacer de su delantal mi lienzo de Verónica, y ya no
me importa nada, nada, nada ... ¡nada!

ACERCA DE LA AUTORA

Juana de Ibarbourou, una de las poetisas más grandes que hayan producido las
letras hispanoamericanas, nació en el Uruguay en 1895. Consagrada en 1929 por
el pueblo uruguayo con el título de «Juana de América», su poesía temprana es un
himno a la vida y al amor. Sus obras posteriores, entre ellas *Los sueños de Natacha*
(1945), *Pérdida* (1950) y *Oro y tormenta* (1956) muestran una mayor experiencia
vital y un acercamiento a las formas de la vanguardia. Juana también cultivó la
prosa, una prosa poética, espontánea y vivaz.

Proyecciones

A. Díganos

1. ¿Qué edad tenía Juanita cuando ocurrió este incidente? ¿Qué hizo un día?
   ¿Cómo la recibió la maestra? ¿Y qué hizo después? ¿Cómo la recibieron sus
   compañeras de clase? ¿Cómo se imagina Ud. el mundo en que vivían esas
   personas?

2. ¿Cómo la castigó a Juanita su madre? ¿Le parece cruel o muy justo ese castigo? ¿Por qué? ... ¿Quién la salvó al día siguiente? En su opinión, ¿quién comprendía mejor a la niña, su madre o la criada? ¿Qué habría hecho Ud. si fuera
   la maestra? ¿y si fuera la madre?

3. ¿Por qué cree Ud. que Juanita recuerda ese episodio de su niñez? ¿Por qué
   llora a veces ahora sobre sus afeites? ¿Por qué se pinta a veces con rabia, y
   dice que no le importa ya nada? ¿Conserva memorias buenas o malas de su
   madre? ¿y de su «santa» Feli?

4. ¿Se rebeló Ud. alguna vez cuando era niño/niña? ¿Qué hizo? ¿Cómo respon-
   dieron sus padres?

B. Adivine por el contexto

Sin duda, Ud. conoce el significado exacto de las palabras o expresiones indicadas. Pero a veces hay que buscar otra connotación, fuera de las palabras exactas. Por ejemplo, ¿cómo las traduciría Ud. al inglés, de acuerdo con el contexto dado? En cada caso, ¿cuál es la pista?

1. *Hice que sí* con la cabeza.
2. Aunque nadie alzó la voz, había un *sordo* ambiente de revolución.
3. Recuerdo el silencio que se hizo *a mi paso* por el salón.
4. *No se me privó* de mi *plato de dulce,* ni se me hizo ningún reproche. Pero yo sentía su desaprobación.
5. «Es tiempo de acostar a la niña, Feli. *Desabróchale* el vestido, por favor, y ponle la piyama.»
6. Mi *santa* Feli me *alcanzó* corriendo *a la media cuadra* y limpió mis lágrimas con su delantal.

C. Creación

Piense por un momento en su propia niñez y cuéntenos en forma narrativa:

1. su primer recuerdo (una fiesta de cumpleaños, el nacimiento de un hermano, una visita a San Nicolás, un viaje a...)
2. su primera travesura *(mischief)* o rebelión

O si prefiere, háganos el retrato de una persona a quien Ud. quería mucho cuando era pequeño (pequeña). (¿Representa lo mismo para Ud. ahora?)

En conclusión

En su opinión, ¿cuál de los cuentos de este capítulo capta mejor la sensibilidad de los niños? ¿Hasta qué punto lo identifica Ud. con su propia experiencia? ... ¿Puede Ud. contarnos algún recuerdo parecido de su propia niñez? ¿Qué edad tenía? ¿Cómo afectó su vida?

LECCIÓN 9

Yo, mujer

AMBIENTE

«La mujer honrada, la pierna quebrada y en casa.» «La mujer y la gallina, por andar se pierden **aína**.» ... Brutales y concisos, estos dos **refranes** populares resumen elocuentemente la actitud tradicional del hispano frente a la mujer. En las palabras de Octavio Paz, el ensayista y poeta mexicano, la mujer—según el hombre—es «una **fiera** doméstica, **lujuriosa** y pecadora de nacimiento, a quien hay que someter **con el palo** y **conducir con el freno** de la religión.» Y agrega: «En un mundo hecho a la imagen de los hombres, la mujer es sólo un reflejo de la voluntad y **querer** masculinos.»

fácilmente / pro-verbios, «dichos»

animal / sensual
a la fuerza / con-trolar por medio
deseos

Sin embargo, en los últimos treinta años, factores sociales y económicos le han dado a la mujer una mayor independencia. Tanto en España como en la América Latina, al papel de esposa, madre y ama de casa que tradicionalmente se le había asignado, se ha añadido otro: la de contribuyente al bienestar económico de la familia.

Los problemas causados por la inflación y por economías nacionales inestables han obligado a la mujer a trabajar fuera del hogar. Y no sólo como criada o empleada de fábrica, como secretaria o vendedora, sino también **a niveles** que exigen una educación universitaria. Así, en Costa Rica, el 21% de la fuerza laboral femenina está compuesta de profesionales o técnicas; en la Argentina y el Perú, un 18% de las mujeres que trabajan fuera del hogar integra esa categoría. (Por supuesto, estas estadísticas no incluyen a las campesinas, que siempre han **labrado** la tierra al lado del hombre.)

en posiciones

cultivado

No obstante, **sea cual sea** su educación o su nivel socio-económico, la mayoría de las mujeres aspiran a casarse y a tener hijos. Y el hogar es su principal preocupación. Por otra parte, cuando el matrimonio no es feliz, su disolución puede ser difícil, porque la influencia de la iglesia ha **demorado** en muchos países la sanción de una ley de divorcio. Colombia logró instituir el divorcio al fin en 1975, y sólo recientemente, en 1987, ha sido legalizado en la Argentina.

no importa

retardado

A pesar de muchos adelantos, la mujer y el hombre no son siempre iguales ante la ley. En algunos países de la América Latina, la **patria potestad** sobre los hijos menores de edad le es dada al hombre. En otros, las circunstancias para determinar el adulterio varían y son más estrictas para la mujer que para el hombre. Más aún, hay países donde se ha **dispuesto** que si el adulterio es por parte del hombre, la mujer no tiene derecho a invocarlo como causa de divorcio.

autoridad legal

determinado

Aunque en muchos aspectos la desigualdad continúa, es indudable también que en estos últimos treinta años la mujer ha ganado terreno en su larga y penosa **trayectoria** hacia su identidad y emancipación. Éste es el tema que vamos a **abordar** en las siguientes selecciones. En «Una chica problema», conoceremos a una muchacha de la clase media alta que escandaliza a sus familiares con sus ideas modernas y feministas. Y en «Poesía femenina», la mujer se presentará en sus distintas guisas—como esposa, madre, amante, ser humano.

camino
enfocar

La mujer por Rufino Tamayo (1938). Visión simbólica de la mujer a través de la historia... ¿Cómo interpreta Ud. el mensaje del artista? ¿Por qué pone una barrera ante los ojos de las mujeres que miran por la ventana? ¿Qué cargas llevan todas sobre la cabeza? En su opinión, ¿las llevan todavía?

Comentarios

1. Según Octavio Paz, ¿cómo ha visto el hombre hispano tradicionalmente a la mujer? ¿Cree Ud. que ha existido esta actitud en nuestra cultura también?

2. ¿Qué cambios recientes han afectado la posición de la mujer hispánica? No obstante, ¿cuál sigue siendo su mayor aspiración, por lo general? ¿Diría Ud. que la mujer norteamericana tiene la misma aspiración?... En su opinión, si la mujer no se ve obligada económicamente a trabajar fuera del hogar, ¿debe quedarse en casa para cuidar a los niños? ¿Por qué?

3. En algunos países hispanos, ¿cómo discrimina la ley todavía en contra de la mujer? ¿Cómo se compara esto con nuestro propio sistema legal?... A propósito, ¿está Ud. a favor del divorcio? ¿Qué razones lo justificarían para Ud.?

LECTURA 1

Preparativos

Pistas

1. Throughout the readings of this lesson, be especially alert for the uses of the future and conditional. Briefly, here are their forms and meanings. Notice that both the future and the conditional are based on the whole infinitive, except in the cases of a few compressed forms. In the future tense, the last syllable is usually the stressed one.

FUTURE: *I will go...*

iré, irás, irá, iremos, iréis, irán

CONDITIONAL: *I would go (under certain conditions)...*

iría, irías, iría, iríamos, iríais, irían

The future and conditional are also used to make a guess or to express "probability":

Es María. → **Será María.**	*It must be (probably is) Mary.*
Era María. → **Sería María.**	*It must have been (probably was) Mary.*

2. Our next story, «Una chica problema» is written in the colloquial middle-class jargon of Mexico today. So in addition to the all-purpose exclamation ¡Ándale!, here are a few other localisms to recognize:

ai   ahí
compadre   *my friend, "brother", "man"*
dizque   *so-called*
este or **esté**—a "filler" when you can't find the next word to say: *—er . . . I mean . . . you know?*
...ni   *at all:* «Tú no respetas ni.» *(You don't show any respect at all.)*
ora   ahora
Quee or **Quia**   *Aw, come on!*
viejo, vieja, and **hijo, hija**   *woman, man, dear, honey,* or any other pet word between husband and wife. (Of course, hijo, hija retain their usual meaning of *son, daughter* when appropriate.)

The dialogue also uses a number of shortcuts, interrupted or incomplete sentences, and abbreviations. For example:

muchacha problema   *problem child* (muchacha que causa problemas)
muchachas orgullo de los padres   *girls who are their parents' pride and joy*
esposa funcionario   *executive's wife,* etc.

Orientación

1. En esta sátira de la alta clase media mexicana se señalan varias «pertenencias» típicas de tal nivel social. «Vajilla de porcelana» *(a set of fine china),* coñac *(French brandy),* y «café de exportación» *(export coffee)*—demasiado fino para el consumo popular. Al mismo tiempo se indica sutilmente que esa gente no alcanza un nivel aristocrático porque sus muebles son de «Chippendale local»—reproducciones menos costosas que los originales ingleses. Observe también cómo se satiriza al abogado, quien habla elocuentemente sin decir nada, y se contradice a cada momento.

2. Al principio de la obra se menciona que los ingresos mensuales *(monthly income)* de esas familias eran de 10 a 25 mil pesos. En realidad, hace quince o veinte años, ésa era una suma suficiente para vivir con comodidad. Hoy día no, porque el peso mexicano ha bajado increíblemente de valor. Observe, por ejemplo: En 1975, un dólar norteamericano valía 12 pesos mexicanos. ¡En 1988, el dólar valía 2500 pesos! En otras palabras, en 1975, 25 mil pesos al mes valdrían unos $2000. En 1988, valdrían $12.50.

3. «El que me diga o me señale mi casa o a la madre de mis hijos....» El hombre hispano, no sólo el mexicano, se siente ferozmente orgulloso del «buen nombre» de su familia, y la mayor ofensa que se le puede hacer es la de insinuar algo desfavorable acerca de cualquier miembro de ella—sobre todo, la mujer. Es totalmente inaceptable que su esposa o sus hijas «anden en lenguas» de los demás.

Asociaciones

mortificar *to upset; bother; embarrass;* **exaltarse** *to get excited;* **sensible** *sensitive*—sensibilizarse: «Me mortificas con tus constantes insinuaciones. —Ah, por favor, no te exaltes. Eres demasiado sensible.»

proveer de *(past part.* **provisto***) to provide with;* **ordenar** *to set in order, straighten out;* «Marta no sabe ordenar su vida. Nos provee (de) hartos disgustos. —¡Quia! No creo que la cosa sea tan grave.»

vajilla *dishes*—de cerámica, de porcelana; **sobremesa** *after-dinner time*—café, coñac, fumar un cigarro, platicar

vaca *cow*—**el pesebre** *manger:* Jesucristo nació en el pesebre, rodeado de cabras y vacas. —Y los Reyes Magos (que en inglés se llaman **sabios**—*wise men*), lo fueron a adorar. Ésa es la historia de la santa (la sagrada) familia.»; **santo**, sacro, sagrado *holy, sacred*

esclava *slave;* **muñeca** *doll;* **concurso de belleza** *beauty contest:* «Las mujeres no somos esclavas. No somos muñecas que sirvan sólo para adornar los concursos de belleza. —**Desde luego.** *(Of course.)* No estoy en **desacuerdo** *(disagreement)* con Ud.»

Díganos, ¿qué es lo primero que se le ocurre al oír las expresiones siguientes?: una muñeca; un concurso de belleza; un pesebre de Natividad; una vaca; un desacuerdo violento; una persona sabia; un lugar santo (o «sagrado»); vajilla de porcelana fina; plática de sobremesa

Ahora conteste:

1. Si un cuarto está *desordenado,* ¿están las cosas en su propio lugar? 2. Si me siento *mortificada,* ¿me agrada lo que acaba de pasar? (¡Ay, qué cosa más mortificante!) 3. Si me siento *exaltada,* ¿anticipo con emoción o con indiferencia lo que va a pasar? 4. Si alguien está *desprovisto* de preocupaciones, ¿las cosas le van bien o mal? ...Y si una institución comercial es *proveedora* de fondos, ¿cuál es su negocio principal? 5. Finalmente, si una persona demuestra mucha *sensibilidad* artística, ¿qué habilidades tendrá?

Una chica problema

RICARDO GARIBAY (México)

Noche. Sobremesa en una casa de alta clase media mexicana. Ingresos entre 10 y 25 mil pesos mensuales. Vajilla de porcelana. Coñac. Café de exportación. Chippendale local. Un abogado, un agente de seguros, un **funcionario** bancario o gubernamental (estas profesiones u ocupaciones pueden cambiarse por
5 cualesquiera otras), sus esposas, y tres muchachas de 18 años. Dos de ellas son orgullo de sus padres; la otra los provee de preocupaciones y malos **presagios.**

ejecutivo

señales para el futuro

FUNCIONARIO: ...Mira, y esto nadie puede **enmendarlo**: la mujer es la mujer y nunca *(cambiarlo)*
dejará de ser la mujer. **Esto no tiene vuelta de hoja, por mucha** ciencia y *(Así es y será, no importa cuánta)*
progreso que quieras.

10 AGENTE: Yo estoy contigo, compadre. En la vida la mujer debe ocupar el lugar de
la mujer, porque yo **de plano** no apruebo que ande ocupando un lugar que no le *(absolutamente)*
corresponde. O tú, ¿qué opinas, abogado?

ABOGADO: Sin estar en desacuerdo con ustedes, yo creo que, sin embargo,
debemos sensibilizarnos a las nuevas corrientes que... porque, desde luego, yo

15 creo que...aunque las leyes, ¿verdad?, ...este, ...pero claro, la mujer pertenece al
hogar...

AGENTE: Eso es todo, abogado, y olvídate de las leyes.

ABOGADO: Por supuesto, ...si no, ...pues no hay manera de... sin embargo, es un
imperativo categórico detectar los adelantos de la sociología..., sin que yo esté

20 de acuerdo con ellos...

MUCHACHA PROBLEMA: ¿Por qué no nos preguntan a nosotras?

MAMÁ DE LA MUCHACHA PROBLEMA Y ESPOSA DEL ABOGADO: Ay, hija, no vayas a
empezar.

ABOGADO: No, déjala, está bien. Ella debe **corroborarse** ante los tópicos que, ... o *(reafirmar su posición)*

25 corregirse...

FUNCIONARIO: Claro, que participen las jóvenes. A ver.

MUCHACHAS ORGULLO DE SUS PADRES **(a coro)**: Ay, tío... *(al mismo tiempo)*

AGENTE: O las señoras, que participen también. Si ya se acabó el tiempo en que la
mujer ... A ver, **vieja**, diles... *(mujer)*

30 ESPOSA AGENTE: Ah, **quee**, ...yo no, ustedes discutan. *(vamos)*

ESPOSA FUNCIONARIO: Como si nosotras fuéramos a opinar.

MUCHACHA PROLEMA: ¿Y por qué no? **¿Hemos de** seguir siendo las vacas, buenas *(Tenemos que)*
para el pesebre y para...

MAMÁ DE LA MUCHACHA PROBLEMA: ¡Hija, por favor!

35 MUCHACHAS ORGULLO DE LOS PADRES: Aay, Berta, tenías que **salir con** eso. *(decir)*

Los hombres se ríen. Las madres **se sofocan**. *(quedan mortificadas)*

AGENTE: Mira, abogado, sin meterme en tu vida privada, pero Bertita te va a **sacar** *(volver loco)*
de quicio.

ABOGADO: No,... esté... ¿por qué? ... yo creo que toda muchacha moderna tiene el

40 derecho a contactar con...

MUCHACHA PROBLEMA: No, papá, no me defiendas. Yo creo que debemos las
mujeres ser algo más que las tradicionales **dizque** compañeras del hombre. El *(llamadas)*
pensamiento y la sociedad también nos pertenecen, y los podríamos ordenar
mejor que ustedes, **cuando menos**. *(por lo menos)*

45 MUCHACHAS ORGULLO DE SUS PADRES: Ay, Berta, cómo eres.

FUNCIONARIO: La mujer es la mujer, y el mucho estudio, no creo que la... ¡Ai tienen
los resultados!

MAMÁ MUCHACHA PROBLEMA: No te imaginas los dolores de cabeza...

ESPOSA AGENTE: **Yo que tú** la sacaba de la Universidad. *(Si yo fuera tú, la sacaría)*

50 ESPOSA FUNCIONARIO: Hijo, no te exaltes.

FUNCIONARIO: Cómo de que no ... si es que... ¿adónde va uno a **dar**? A ver, hija, tú, *(acabar)*
con franqueza...

AGENTE: Y tú, hija, de veras.

MUCHACHAS ORGULLO DE SUS PADRES: Ay, tío... Pues no, ¿ves? Yo creo que como tú

55 dices, la mujer es la mujer y ... este ... porque no debe ser. Yo sí lo digo con ...

pues así ... que me estoy preparando para ser una buena esposa y una buena
madre... Yo creo que Berta está **mal**.   *equivocada*

FUNCIONARIO: Ésa es la cosa. Una buena esposa y una buena madre. Mira,
abogado, y tú eres igual que yo, ¿a quién escogimos como mujer para toda la
60 vida?

AGENTE: ¡Para toda la eternidad!

FUNCIONARIO: **Por eso**. ¿A quién, abogado? ¿A un sabio? ¡No! ¡Una mujer! Mira,   *¡Precisamente!*
antes que nada, mi mujer es la madre de mis hijos, y eso es cosa santa...   *encima de todo*

AGENTE: Seguro, compadre, el hogar es santo.

65 FUNCIONARIO: ¡Y eso lo cuido yo! ¡Porque el que me diga o me señale mi casa o a
la madre de mis hijos, ¡tú sabes lo que yo hago con él!

ABOGADO: ¡Hombre! En eso ni hablar. El hogar es un complejo de valores
inmanentes... y transcendentes ...   *inherentes*

MUCHACHA PROBLEMA: ¡No, no, y no!

70 ABOGADO: Cállate, Berta.

MUCHACHA PROBLEMA: ¿No tengo derecho a hablar?

ABOGADO: ¡Cállese usted, muchachita!

AGENTE: **Bien**, abogado.

ESPOSAS AGENTE Y FUNCIONARIO: Berta, estás mortificando a tus papás...   *Bien hecho*

75 MAMÁ MUCHACHA PROBLEMA, O SEA ESPOSA ABOGADO **entra al quite por su hija**:   *defiende*
Bueno, y no es que me queje, que, gracias a Dios no tengo de qué quejarme...   *porque*
pero, ¿qué tiene de malo que las esposas tuvieran un poquito de ... **es decir** ...   *quiero decir*
no vivir tan encerradas?

AGENTE: Ora, sí, compadre, **te'stá lloviendo**.   *te están dando por*
                                                                                       ambos lados
80 ESPOSA ABOGADO: No, perdónenme, si no me quejo.

FUNCIONARIO: Ándale, abogado, **a ver'ora** qué detectas...   *vamos a ver ahora*

ABOGADO: **Hija, me extraña**, ¿te ha faltado algo hasta ahora? ¿No eres la reina de la   *Mujer, me sorprende*
casa? ¿O acaso ya...? Porque me estás... aquí delante de tus parientes...

ESPOSA, espantada: No, no, si no digo eso...

85 MUCHACHA PROBLEMA: Sí, mamá, dilo, no somos esclavas. Tampoco somos **pies de**   *animales de procrea-*
cría, ni **potrancas** de concurso de belleza... Ni nos resignamos a ser **eje** de la   *ción / exhibicion-*
publicidad comercial... esas muñecas de naylon en biquini ofreciéndose como   *istas / foco*
artículos de consumo. Dilo, ¿cuándo vamos a comenzar a ser seres humanos?

MADRE, **atribulada**: ¡Por favor, hija!   *apenada*

90 MUCHACHAS ORGULLO DE SUS PADRES: ¡Ay, Berta, tú ya de veras no respetas **ni**!   *nada*

Proyecciones

A. ¿Qué nos dice?

1. ¿Cómo imagina Ud. a la familia de Berta? Describa a su padre, el abogado...
—su aspecto físico, su edad, su voz, su manera de hablar... Ahora describa a
su madre... ¿Cómo serán sus tíos? ¿y sus primas? ¿Qué piensa Ud. de ellos?

2. ¿Cómo imagina Ud. ahora a Berta? ¿Qué problema se ha presentado entre ella
y sus familiares? Según éstos, ¿cuál debe ser la función de la mujer en la
sociedad? ¿Y según Berta? ... En su opinión, ¿estarían de acuerdo con Berta
o con sus parientes la mayor parte de los norteamericanos?

3. ¿Ha tenido Ud. algún problema semejante con sus propios padres? ¿Ha surgido algún otro problema familiar entre Uds.? Según su propia experiencia,
¿son más liberales las mujeres o los hombres? ¿En qué sentidos?

B. Adivine por el contexto

Aquí tiene Ud. unas expresiones populares en inglés. ¿Cómo las relaciona con las próximas en español?

> *don't start up now...   to say the least...   there are no two ways about it... straight out...   drive you up a wall...   how can I not..?...   what would become of things?...   Well, how about that!...   stick up for...   if anyone points a finger at...   you're getting it hard and heavy...   Great going, man!...   I couldn't agree with you more.*

1. Nosotras lo podríamos ordenar tan bien como ellos, *cuando menos.* —¡*Ándale!*
2. Por favor, chica, *no vayas a empezar.* Si se cumplieran esas ideas tuyas, ¿*adónde iría uno a dar?*
3. Yo les digo *de plano* que esa muchacha *les va a sacar de quicio.* —Desde luego. *No estoy nada en desacuerdo con Ud.*
4. Así es y así será. *No hay vuelta de hoja.*
5. Ahora sí *te está lloviendo.* —Y, ¿*cómo de que no* me voy a exaltar?
6. *Al que me diga o me señale* mi casa, mucho le va a pesar. —¡*Ándale!*
7. Mamá, no tienes que *entrar al quite* por mí. Yo me sabré defender.

C. Creación

1. Berta y sus padres están de vuelta ahora en su propia casa. Es tarde, pero todavía se sienten molestos por la conversación que tuvo lugar en casa de sus parientes. El abogado comienza diciéndole a Berta que... Su madre agrega que... Y Berta, furiosa, contesta... ¿Como desarrollaría Ud. esta escena?
2. Ud. está en su propia casa. Su hermano (o hermana)—o tal vez Ud. mismo (misma)—quiere hacer algo que sus padres no aprueban. Por más que Ud. explique su posición, ellos seguirán diciendo que no, que no, y que no, hasta que Ud.... Otra vez, desarrolle Ud. en forma dialogada esta situación.

LECTURA 2

Preparativos

A. Orientación

1. ¿Qué es poesía? Es dificilísimo definirla. ¿Tiene que tener rima? —No siempre... ¿Tiene que tener alguna forma fija? —No necesariamente... ¿Importa el ritmo? —Eso sí. Aunque el ritmo no tiene que ser constante. Puede variar de un momento a otro para producir diferentes efectos, como de música o de baile. Por eso, la poesía española se basa en líneas (o «versos») de distintos números de sílabas—de seis, o siete, u once, o los que el poeta quiera.

¿Qué mas debe tener la poesía? —Una cualidad musical. Y la habilidad de convertir las palabras en imágenes y colores. Porque un poema no es más que una canción sin música, una pintura sin lienzo *(a canvas).* Si el poeta desea, le puede añadir un concepto, o una historia o el fragmento de una emoción. Y nos puede pedir a nosotros que colaboremos para completar su significación.

2. Las imágenes sirven para relacionar lo que ven todos con lo que ve uno mismo. Las lágrimas, por ejemplo, son un fenómeno universal. Pero, ¡qué distinta faz toman cuando decimos: «Lloró lágrimas de fuego...» o, «Lloró lágrimas de cristal!» La imagen que emana del poeta evoca otras en nosotros, frutos de nuestra propia experiencia, y el verso acaba creando una mutua comprensión.

Las imágenes poéticas toman diferentes formas. Hay símiles, que comparan una cosa o una sensación con otra: «Su voz era *como* un rayo de sol. Su mirada era *como* hielo.»... Hay metáforas que convierten una cosa directamente en otra, sin el puente de la comparación: «El cielo *es una temblorosa tela* gris.» «El pájaro *es un canto* traspasado de luz.»... Y hay transferencias de un nivel de percepción a otro. Un color adquiere temperatura, sonido o movimiento; un sonido adquiere color, dinamismo, tacto: «Su vestido era de un *rosado palpitante;* sus ojos, de un *azul frío.*» «*La guitarra llenaba el salón de gemidos negros (black moans).*» Una cosa inmaterial cobra forma material: «Sentí su *beso de oro.*» «*Los latidos de mi corazón formaban una hilera de pisadas (a row of footsteps)* hacia el recuerdo.»

Ritmo, música, imágenes, símbolos, pintura hechas con ideas, no «al óleo»; sensaciones proyectadas en infinitas dimensiones, emoción desnuda, razón adornada—en una palabra, poesía. Pedazos del alma. Experiencias.

B. Asociaciones

el horizonte *horizon;* **cielo** *sky; heaven;* rayos de sol; lluvia, nieve: «De repente, el horizonte se oscureció. Y los rayos de sol se convirtieron en lágrimas de lluvia.»

tropezar (tropiezo) con *to come upon, bump into;* **el rincón** *corner (of a room, etc.):* «¿Qué pasó? ¿Te caíste? —No. Había un busto grande en un rincón de la sala, y tropecé con él en la oscuridad.»

latido *throb, beat (of the heart);* **quieto** *still, motionless:* «El único ruido eran los latidos de mi corazón. El mundo estaba quieto. Y me pregunté: ¿Eso es el final? ¿Eso es el **olvido** *(oblivion; obliviousness)?*»

llanto *crying, tears:* «No llores, mi vida. Ya oigo las **pisadas** *(footsteps)* de papá.»

testigo *witness;* **florecer (florezco)** *to flourish, to flower:* «Tú eras testigo de ese amor, que floreció con las rosas y murió con la primera nevada.»

Díganos: ¿Cuáles de las palabras arriba se refieren a fenómenos climáticos? ¿y a otros fenómenos naturales? ¿Cuáles producen una impresión de silencio? ¿de tristeza? ¿de movimiento o de actividad? ¿de vida o de vitalidad? ... A propósito, si uno ha *atestiguado* algo, ¿lo ha presenciado él mismo o se lo han contado?

Una mañanita azul

NORAH LANGE (Argentina)

Una mañana azul
el sol se cayó en mis manos.
Los rayos se pasearon
     por los caminos de mis brazos.
5 El beso de oro
hizo sangrar mis dedos.
Todo el **cristal** se rompió de llanto
y el camino
largo como un siglo,
10 formó otro horizonte.

¿el vidrio de la
ventana? ¿el aire
de la atmósfera?
¿el cuerpo de la
poetisa misma?

Exploración

¿Cómo personifica Norah Lange a la mañana? ¿Cómo la incorpora dentro de su propio ser? ... ¿Qué simboliza para Ud. «el cristal que se rompió de llanto»? Si ese *cristal* era una barrera que se interponía entre la poetisa y la naturaleza, ¿qué nuevo horizonte formaría «el camino, largo como un siglo»?... ¿Percibe Ud. un sentimiento de liberación o de frustración en este poemita? ¿Termina en una nota alegre o pesimista? ... A propósito, si un poema no comunica una idea específica, ¿puede ser una buena obra de arte? ¿Y si una pintura...?

Tarde a solas

NORAH LANGE

Vacía la casa donde tantas veces
las palabras **incendiaron** los rincones.   iluminaron con fuego
La noche se anticipa
en el piano mudo
5 que nadie toca.

Voy a solas desde un recuerdo a otro
abriendo las ventanas
para que tu nombre **pueble**   habite
la mísera inquietud de esta tarde a solas.

10 Ya nadie inmoviliza las horas largas y cerradas
a toda **dicha** mía.   felicidad
Y tu recuerdo es otra casa
    grande y quieta
por donde yo **tropiezo** sola.   camino sin dirección

15 Y mis latidos forman una hilera de pisadas
que van desde su puerta hacia el olvido.

Impresiones

¿A quién cree Ud. que se dedica este poema? ¿Qué edad tendría Norah Lange cuando lo escribió? ...¿Qué impresión le comunica la frase «donde las palabras incendiaron los rincones»? ¿Cómo se imagina Ud. la relación que existió entre la poetisa y aquella persona? ... Si Ud. fuera artista, ¿con qué colores pintaría este poema? ¿Serían los mismos que usaría para «Mañanita azul»?

ACERCA DE LA AUTORA

La obra de Norah Lange transciende los límites de su propia producción literaria. Nacida en Buenos Aires en 1906, hija de una familia acomodada de procedencia escandinava, la poetisa convirtió su hermosa mansión en un centro de reunión para los jóvenes escritores de la vanguardia, entre ellos Jorge Luis Borges. Las más conocidas colecciones de poesía de Norah Lange incluyen *La calle de la tarde* y *El rumbo de la rosa*. A partir de 1937 se consagró mayormente a la prosa, siendo premiada por su novela *Cuadernos de infancia,* en la cual evoca con un estilo sugestivo y poético las memorias de su niñez.

El testigo

IDEA VILARIÑO (Uruguay)

Yo no te pido nada,
yo no te acepto nada.
Alcanza con que estés   Basta
en el mundo,
5 con que sepas que estoy
en el mundo,
con que seas,
me seas
testigo, juez y dios.
10 Si no,
para qué todo.

Mirada hacia adentro

Descríbanos en sus propias palabras «El testigo». ¿Cómo lo interpreta Ud.? ...
¿Cree Ud. que trata de un amor físico por un hombre, o de un amor espiritual,
religioso? ¿Revela un carácter dependiente o independiente? ¿Por qué piensa Ud.
así? ... Según su manera de escribir, ¿cómo imagina Ud. el aspecto físico de Idea
Vilariño? ¿Se maquillaría mucho? *(Would she use a lot of makeup?)* ¿Se adornaría
con joyas? ¿Cómo se vestiría?

Ya no

IDEA VILARIÑO

Ya no será,
ya no,
no viviremos juntos,
no criaré a tu hijo,
5 no coseré tu ropa,
no te tendré de noche,
no te besaré al irme.

Nunca sabrás quién fui,
por qué me amaron otros.
10 No llegaré a saber por qué ni cómo,
nunca,
ni si era de verdad
lo que dijiste que era,
ni quién fuiste
15 ni qué fui para ti,
ni cómo hubiera sido
vivir juntos,
querernos,
esperarnos,
20 estar.

Ya no soy más que yo
para siempre, y tú ya
no serás para mí
más que tú. Ya no estás.
En un día futuro,
no sabré dónde vives,
con quién,
ni si te acuerdas.

No me abrazarás nunca
como esa noche,
nunca.
No volveré a tocarte.
No te veré morir.

Interpretación

¿Qué sentimiento expresa la poetisa en esta obra? ¿Qué habrá sucedido en su vida entre la composicin de «El testigo» y «Ya no»? ¿Qué implica la frase «Ya no soy más que yo para siempre»? ... ¿Cómo compararía Ud. la poesía de Idea Vilariño con la de Norah Lange?

ACERCA DE LA AUTORA

Idea Vilariño pertenece a la generación que comenzó a escribir después de la Segunda Guerra Mundial. Sus temas reflejan el dilema de la mujer intelectual que sufre las penas de la incomprensión y que utiliza la poesía como vía de escape. Lamentando la pérdida de la inocencia de la niñez, la poetisa se siente sola y desilusionada frente a lo pasajero de esta vida y sus placeres, incluso el amor.

Proyecciones

A. ¿Qué nos dice Ud.?

1. ¿Cuál de estos poemas le interesó más? ¿Le gustó por el sentimiento, por la idea que comunica, o simplemente por el arte poético?
2. En su opinión, ¿podrían ser escritos tanto por un hombre como por una mujer estos poemas? ¿Por qué piensa así? (Denos algunos ejemplos específicos.)

B. Adivine por el contexto

Basándose en expresiones que ya le sean familiares, descubra el sentido de las palabras indicadas.

1. Ya nadie *inmoviliza* las horas, que vuelan ahora hacia el *olvido.*
2. Sus palabras *incendiaron* los rincones de mi corazón.
3. Tu nombre *puebla* la mísera *inquietud* de mi soledad.
4. El beso de oro hizo *sangrar* mis dedos.

Díganos, ¿cuál fue la clave en cada caso?

C. Creación

1. ¿Tiene Ud. también alma de poeta? Pues tome los mismos temas que expresaron nuestras dos poetisas—la naturaleza, la nostalgia, el amor reciprocado, el amor frustrado—y desarrolle uno a su propia manera. Por ejemplo:

   «Una mañanita azul» ... «Una mañana de primavera (verano, otoño)» ... «Una tarde gris» ... «Tempestad» ... «El huracán» ...

   El poema no tiene que tener rima, pero sí debe consistir de un mínimo de cuatro a seis versos (o «líneas»). Trate de emplear por lo menos dos imágenes originales para comunicar su reacción personal ante el fenómeno.

2. En lugar de escribir un poema, ¿le gustaría hacer algunas comparaciones poéticas? Por ejemplo, algún símile: «Las notas caían en rápidas cascadas como una catarata de agua después de la lluvia.» O alguna metáfora que transforme una experiencia directamente en otra: «Sus lágrimas eran pétalos de una flor que se desgranaba.» Escoja tres cosas físicas o materiales, y tres fenómenos o sentimientos, y exprésalos con símiles o metáforas.

En conclusión

Habiendo estudiado estos segmentos sobre la mujer hispana, ¿qué semejanzas encuentra Ud. entre ella y la mujer norteamericana? ¿Halla Ud. más similitudes o más diferencias en su actitud ante la vida? ¿y en su actuación dentro de la sociedad? ... Volviendo a las obras específicas, ¿cuál cree Ud. capta mejor la esencia de la mujer? ¿Cómo compararía Ud. la tesis de Ricardo Garibay en «Una chica problema» con la de Idea Vilariño en su poema «Ya no»? ¿Caen las obras de Norah Lange y de Idea Vilariño dentro de la misma órbita emocional? ¿Por qué?

LECCIÓN 10

Danos nuestro pan...

AMBIENTE

Cuando el conquistador español **clavó** la cruz en territorio americano en nombre de Dios y del rey, le pareció necesario adoptar **medidas** que garantizaran el éxito económico de la **empresa** colonizadora. Se instituyó la «mita», un sistema de labor forzosa, aunque remunerada. Se instituyó también la «encomienda»—la entrega de inmensas extensiones de tierra a algunos de los descubridores, o simplemente a favoritos de la corte. Gracias a ambas, los europeos sometieron a los indios a un estado de semi-esclavitud, y se convirtieron en señores absolutos de vastos terrenos que serían heredados por sus descendientes.

plantó
métodos
iniciativa

Esa radical polarización de la riqueza continúa hasta el día de hoy. Por la mayor parte, los proyectos de reforma agraria y de una distribución más justa de las tierras **se han malogrado,** frente a la oposición de grupos gobernantes interesados solamente en su propio bienestar. Además, la falta de adelantos tecnológicos, que ha impedido el desarrollo industrial, ha **sumido** a muchos países de la América Latina en un estado de recesión o de inflación.

han fracasado

hundido

Después de la Segunda Guerra Mundial, los gobiernos latinoamericanos recurrieron al financiamiento externo para su expansión económica. Sin embargo, la mala administración de esos **préstamos** produjo, a lo largo del tiempo, un efecto contrario al esperado. En lugar de mejorar, la situación económica de esos países ha empeorado.

dinero prestado
    sobre intereses

La balanza de pagos (de importaciones y exportaciones) es actualmente desfavorable a la mayoría de los países latinoamericanos. Esto les ha dificultado no sólo la **amortización** de la deuda exterior—que alcanza casi trescientos mil millones de dólares americanos—sino también el pago de los intereses acumulados. **Por lo tanto,** muchos gobiernos han tenido que solicitar refinanciamientos entre las naciones del «primer mundo», y las consecuencias políticas que eso trae consigo representan otra amenaza grave. El vicioso círculo económico en el que Hispanoamérica se encuentra ahora es cada vez mayor.

reducción

Por eso

Mientras tanto, España también está enfrentando un agudo problema de desempleo y de inflación bajo un régimen democrático de ligeras tendencias socialistas. Su entrada reciente en la Comunidad Económica Europea puede aliviar algunas de sus dificultades. Pero las realidades son duras. Las necesidades son evidentes. Y la solución definitiva no se **vislumbra** en un futuro cercano.

anticipa todavía
inmediatamente

Los cuentos que le ofrecemos **a continuación** son dos aproximaciones al perenne problema humano de cómo ganarse el pan. El primero, «Régimen de libre empresa», satiriza amargamente la deshumanización de los empleados por las compañías grandes...Y el segundo, «El vaso de leche», se centra en un marinero, un joven honrado quien, impulsado por el hambre, acaba pidiendo un vaso de leche que no podrá pagar... La **plegaria** se oye dondequiera: «Danos nuestro pan...»

súplica ferviente

Los músicos, por Fernando Botero (México, 1979). Las figuras hinchadas de gordura y las caras desvestidas de expresión retratan sardónicamente la obsesión por el pan, ¿y nada más?... Díganos, ¿por qué son idénticas todas las caras? ¿Por qué tienen los niños caras de adultos? ¿Qué música cree Ud. que tocarán?

Comentarios

1. ¿En qué nombres se posesionó de América el conquistador español? ¿Qué sistemas se instituyeron para lograr el éxito económico de la colonización? (¿Qué era la «mita»? ¿y la «encomienda»?) ¿Ha habido algo parecido en la historia de nuestro país?

2. ¿Qué consecuencias han tenido para la Latinoamérica de hoy esos antiguos sistemas económicos? ¿Por qué no se ha podido realizar un plan significativo de reformas? ... En su opinión, ¿ha afectado el desarrollo económico de nuestro país también el perenne problema de la corrupción?

3. ¿Qué otro problema ha impedido el desarrollo económico de gran parte de Latinoamérica? . ¿A qué recurrieron muchos países latinoamericanos después de la Segunda Guerra Mundial? ¿En qué círculo vicioso se encuentran actualmente? ... ¿Qué dificultades económicas han surgido últimamente en España?

4. Dada la crisis económica en que se hallan ahora los países vecinos, ¿cree Ud. que los bancos norteamericanos que les han prestado dinero deben cancelar esas deudas? ¿o cancelar por lo menos los intereses acumulados? ... ¿Cree Ud. que los Estados Unidos debe admitir a más inmigrantes latinoamericanos para aliviar el desempleo que existe allí? ¿Por qué?

LECTURA 1

Preparativos

Pistas

1. Here are the four commonly used compound (or "perfect") tenses of the indicative. They will appear many times in the readings of this lesson.

■ Present perfect: present tense of **haber** + a past participle

he, has, ha, hemos, habéis, han... ido, sido
I have gone, been, . . .

■ Pluperfect: imperfect of **haber** + a past participle

había, habías, había, habíamos, habíais, habían... ido, sido
I had gone, been (previously)

■ Future perfect: future tense of **haber** + a past participle

habré, habrás, habrá, habremos, habréis, habrán... ido, sido
I will have gone, been, . . .; I probably have, must have gone, etc.

■ Conditional perfect: conditional of **haber** + a past participle

habría, habrías, habría, habríamos, habríais, habrían... ido, sido
I would have gone, been, . . .; I probably had gone, etc.

Of course, **haber** can stand by itself in several idiomatic expressions, especially the impersonal **Hay...** *(There is, There are . . .),* **Había...** *(There was, There were, There used to be, . . .),* **Hubo...** *(There was, There were, There took place, . . .),* etc.

2. The preposition **de** sometimes means *with:*

de un salto   *with a jump*
de todo corazón   *with all my heart*
la niña del vestido blanco   *the girl with the white dress*

Orientación

1. Así como en el cuento «Una chica problema» por el mismo autor, vamos a encontrar aquí una cantidad de frases incompletas, algunos localismos mexicanos, y otras expresiones populares. Recuerde, por ejemplo, que **este** (o **esté**) equivale a *er...* o *I mean . . .* en inglés. **Digo,...** también significa *I mean.* **¿Dígame?** significa «¿Me perdona Ud.? No le entendí». **Gustar de** es lo mismo que **disfrutar de** *(to enjoy).* Y un **cigarro** puede ser también un **cigarrillo**.

2. Una vez más, tenemos que acomodar el peso mexicano a las realidades actuales. El salario de 6000 pesos mensuales que se ofrece en este cuento no estaría mal hace quince o veinte años. Hoy, no serviría para nada... A propósito, la «semana inglesa» es de cinco días de trabajo, en lugar de cinco y medio, o seis.

Asociaciones

empresa *enterprise; firm, corporation;* **gerente** *manager;* **ramo** *"field;" occupa-tional area;* **el régimen** *system; regime;* **competencia** *competition:* «Sí, creo en un régimen de libre competencia, ¡con tal que no nos ganen nuestros competi-dores! —De acuerdo, señor gerente. Nuestra empresa tiene que mantener su primacía en el ramo.»

plaza, empleo, puesto *a job;* **aspirante** *applicant—***una solicitud** *application form;* **el expediente** *file, dossier;* **archivar** *to file away:* «¿Qué hacemos? Hay diez aspirantes y ya se llenó la plaza. —Pues, que llenen las solicitudes, y archi-varemos los expedientes. Todavía pueden tener un **porvenir** *(future)* sonriente con nosotros.»

sindicato, unión (de obreros o «trabajadores») *labor union—***huelga** *strike;* **sueldo, salario**—semanal, mensual, anual; **prestaciones** *benefits, "perks;"* una **gra-tificación** *bonus:* «El sindicato pide un aumento mensual de los sueldos, nume-rosas prestaciones y una gratificación anual. —Y si no, habrá una huelga. Ya lo sé.»

raya *stripe; slash;* **cuadro** *check (design):* ¿Qué prefiere el patrón que llevemos, el saco a cuadros o a rayas? —**¿Qué sé yo?** *(How should I know?)*

orilla, el borde *edge* (de una mesa o una silla, etc.); *shore—*del río, del mar: «Si te sientas en la orilla, ten cuidado de no caer. —No te preocupes.»

padecer (padezco) *to suffer* —de una enfermedad, **el sarampión** *measles,* etc.: ¡Pobre niño! El año pasado padeció de tonsilitis. Ahora, le ha dado *(he has got-ten)* sarampión. —¡Qué **lata** *(problem, "mess")!*

Díganos: ¿Cuáles de estas Asociaciones tienen que ver con buscar empleo? ¿Cuáles se relacionan con el manejo de un comercio o de una industria? ¿Cuáles se oirían en un sindicato de trabajadores? ... ¿Cuáles se refieren a la salud? ¿Qué asocia Ud. con «padecer»?

Ahora busque arriba lo opuesto de cada una de las expresiones siguientes: *el pa-sado; gozar; la empleada; el centro (de algo); ¡Qué bien!*

Regimen de libre empresa

RICARDO GARIBAY (México)

Se buscan

Jóvenes de 20 a 25 años
6.000 pesos mensuales mínimo
Estudios de secundaria ● Buena presentación
Afán de trabajar y progresar sin límites
Conocimientos o no de inglés
Coche no indispensable
Dispuestos a viajar por la República
3 años de experiencia en el ramo
Semana inglesa ● Prestaciones sociales
Porvenir sonriente

Como a la miel las moscas, a FINOMEX, S. A., los jóvenes acudieron. En el
Departamento de Personal se les tomaron sus **generales,** se les preguntó: ¿Por   datos personales
qué quiere usted entrar a trabajar a FINOMEX, S. A.? ¿Quién le habló de esta
compañía? ¿Religión? ¿Padres divorciados? ¿Por qué no, por qué sí? ¿Sus ideales
5 en la vida? ¿Qué haría si lo invitaran a robar un banco? ¿Ha padecido sarampión?
¿Ha estado preso alguna vez? ¿A qué casas de comercio debe y cuánto? ¿Qué
literatura gusta de leer? ¿Qué hace los domingos? ¿Prefiere usar sacos a cuadros
o a rayas? ¿Canta cuando **se rasura?** De las contestaciones, **presencias,** maneras   se afeita /
de decir «gracias» y facilidad de palabra, los sicólogos de FINOMEX, S. A.,   aspecto físico
10 escogieron a cuatro aspirantes. Los apartaron con misterio. Los encerraron. Les
dieron a llenar cuestionarios casi infinitos. Se los recogieron. Los mandaron a
esperar una semana.
　Al **cabo** de eso, el joven Ochoa recibió un telegrama: fin

ÚRGENOS. PRESÉNTESE GERENCIA FINOMEX, S.A. SU SOLICITUD PLAZA.

El gerente mismo recibió al **elegido**   aspirante escogido
15 GERENTE: Hemos leído con verdadero interés sus contestaciones a nuestro
　cuestionario, señor...
ASPIRANTE: Ochoa, para servir a usted, señor gerente.
GERENTE: Ochoa, sí, señor Ochoa. Cómo se me puede olvidar si prácticamente ya
　es usted **de casa.**   miembro de esta firma
20 El aspirante, sentado en la orilla del precioso sillón, sonríe inundado de esperanza.
De un salto está junto al gerente, encendiéndole el cigarro.

GERENTE: Gracias...Pues sí, señor Ochoa... Sin embargo, hay algunos puntos, no
　precisamente oscuros, pero que ... ¿cómo le diría? ... desde luego, nos parece
　usted una persona respetable.
25 ASPIRANTE: Muchísimas gracias, señor gerente...
GERENTE: ... pero, usted comprenderá, vamos a ser como de la misma familia...
ASPIRANTE: Estoy dispuesto a contestar lo que usted me pregunte.
GERENTE: Bueno, bueno, no es **para tanto,** no nos crea inquisidores a la antigua   tan gran cosa
　usanza, ni menos policías, señor Ochoa, ja, ja, ja.   manera
30 ASPIRANTE: Ja, ja, ja.
GERENTE: . . . hojeando el cuestionario **resuelto** por Ochoa: Mmmm, vamos a ver   completado
　... por ejemplo, no tiene que ver con sus respuestas, pero se me ocurre: ¿qué
　entiende usted por «revolución»?
ASPIRANTE: ¿Revolución? Este... Pues revolución es la transformación violenta...
35 GERENTE: ¿Transformación? ¿Violencia?
ASPIRANTE: Este...¿**cómo?**   ¿Qué ha dicho Ud.?
GERENTE: ¿Qué le parece a usted que haya que transformar? ¿Algo anda tan mal
　que merece la violencia? ¿Mmm?
ASPIRANTE: No, yo no me refiero ... pero usted me preguntó por ... más bien, yo
40 creo que revolución...
GERENTE: Si lo invitaran a participar en una revolución, señor Ochoa, ¿participaría
　usted?
ASPIRANTE: ¿**Dígame?** Pues... este... no sé, según contra quién, ¿no?   Perdone, pero, ¿qué dijo?
GERENTE: ¿Según? ¿Contra quién participaría usted?

45 ASPIRANTE: ¡No! ¡Contra nadie!
    GERENTE: Dígame, mi amigo, cómo prefiere usted decir, ¿salario o sueldo?

    El aspirante va a contestar, duda, ve al gerente, grita, «¡Sueldo!»

    El gerente hojea profundamente preocupado el cuestionario, y más que
    preocupado parece triste, amargo de pronto, como si hubiera encontrado a un
50 hijo, perdido **ha mucho, empantanado** en el vicio. Al fin, **tironea** de estas peligrosas   Hace mucho tiempo
    palabras: ¿Ha pertenecido a algún sindicato, señor Otálora?   / hundida / enuncia

    ASPIRANTE: Ochoa.
    GERENTE: ¿Ha pertenecido?
    ASPIRANTE: Sí, señor.
55 GERENTE: ¿Ha tomado parte en alguna huelga?
    ASPIRANTE: Sí, **digo,**... bueno,... es que...   quiero decir
    GERENTE: ¿Está usted de acuerdo con la libre competencia?
    ASPIRANTE: La libre competencia, yo creo que por lo que he estudiado este tópico...
    no sé si me equivoque...
60 GERENTE: ¿Por qué tomó parte en aquella huelga, señor Ponce?
    ASPIRANTE: Es que **reclamábamos** salarios, digo, sueldos, justos... **bueno,** no...   pedíamos /
    mejores..., es decir, que los patrones nos hicieran el favor de...   quiero decir
    GERENTE: Señor...¿cuál es su nombre? Sí, Ortega. Dígame, Ortega, hoy día se
    habla mucho de imperialismo, democracia, subdesarrollo, socialismo y todas
65 esas **tonterías,** guerras injustas, insurgencias, qué sé yo, ¿qué piensa...?   estupideces
    ASPIRANTE, sin poder contenerse: ¡El imperialismo es un sistema...!
    GERENTE: ¿Sí?
    ASPIRANTE: ...es un sis... tema...
    GERENTE: ¿Ha viajado acaso a los Estados Unidos?
70 ASPIRANTE: ¿A los...? No, con lo que gano, no...
    GERENTE: **¿A qué** querría usted ir a los Estados Unidos?   ¿Con qué
    ASPIRANTE: ¿Yo? Digo, este, no he pensado...   propósito...?

    Cuando el aspirante sale, el gerente llama a su secretaria y le entrega el
    expediente, **luego** de marcarlo con unas rayas rojas.   después
75 GERENTE: Archívese esto.
    SECRETARIA: ¿**Siempre** no, don Rodolfo? Qué lástima, **se veía** bien, y parece que lo   Todavía / parecía
    necesita.
    GERENTE: Muy inseguro, nada motivado, y sí **inficionado,** inficionado hasta la   infectado
    médula. Es la lata, **quien** más, quien menos, todos traen el virus.   huesos / unos
80 Verdaderamente en México ya no se puede trabajar. Repita usted el anuncio.
    Añádale «jugosa gratificación anual y amplias facilidades para **desenvolver** el   desarrollar
    carácter». Sí, mmm, deje ver. Vamos tratando de evitar que se nos **cuelen** estos   infiltren
    pulgones subversivos. Sí, añádale también: «inútil presentarse como aspirante   bichos (insectos)
    sin las **debidas** referencias de eficiencia y buena conducta en empresas   apropiadas
85 similares».

Proyecciones

A. ¿Qué nos dice?

1. ¿Puede Ud. describirnos en sus propias palabras la situación que se retrata
   aquí? ¿Qué oportunidad está ofreciendo Finomex, S.A.? ¿Quién es Ochoa?

¿Cómo lo imagina Ud.? ¿Cómo imagina a su familia? ... ¿Cómo será el gerente? ¿Qué preguntas le hace a Ochoa? ¿Cómo acaba la entrevista?

2. En su opinión, ¿es éste un retrato justo y exacto del sistema de empresa libre? ¿Le ha ocurrido a Ud. algo semejante en el mundo de los negocios? ¿Cree Ud. que las actitudes que describe Garibay existen en los Estados Unidos (o en el Canadá) también?

3. ¿Se siente Ud. más bien optimista o pesimista en cuanto al porvenir económico de nuestro país? ¿y de Latinoamérica? ¿Por qué? ... ¿Cómo se siente en cuanto a su propio porvenir económico?

B. Adivine por el contexto

Explique la idea de otra manera en español.

1. Buscamos un empleado *con afán de* trabajar y de progresar.
2. Debe ser una persona de buena *presentación,* para representar a esta firma ante nuestra clientela.
3. Si cumple con nuestros requisitos, le prometemos un porvenir *sonriente* en este ramo.
4. *Hojeaba* los documentos del expediente mientras entrevistaba al aspirante.
5. ¿A qué *casas de comercio* debe Ud. dinero, y cuánto?
6. Presente su solicitud en la *gerencia,* y le avisaremos así que podamos.
7. Los países *subdesarrollados* necesitan nuestra ayuda económica y educativa.

C. Creación

1. *(Dos personas.)* Desarrolle en forma dialogada una de las situaciones siguientes:
   a. Ochoa se entrevista con el gerente de otra firma. Habiendo perdido la plaza que solicitaba en Finomex, va a tratar esta vez de dar todas las respuestas «correctas», escondiendo sus verdaderos sentimientos. No le importa nada más que conseguir el puesto, y después...
   b. Ud. es gerente de una firma importante y está buscando jóvenes ejecutivos para adiestrar en ese ramo. Se presentan dos aspirantes—Ochoa, y otra persona (hombre o mujer). Ud. los entrevista, anotando bien sus respuestas, y después opta por uno de ellos. ¿En qué basará su decisión? ... Régimen de libre empresa.
2. Ud. busca empleados para su negocio de... Prepare un anuncio atractivo para la columna de «Colocaciones» de su periódico hispano favorito.

LECTURA 2

Preparativos

Pistas

1. In the following story you will find not only many of the normal uses of the compound tenses but also two special situations that deviate slightly from the norm.

■ Quite often, Spanish uses **hubiera** + a past participle (and occasionally, **hubiese...**) in place of the normal conditional perfect (**habría...**). For example:

Yo no lo **hubiera** hecho así. = Yo no lo **habría** hecho así.
(I wouldn't have done it that way.)

■ In literary style, the **-ra** form of the imperfect subjunctive can actually stand for the pluperfect indicative (*had gone*, etc.):

Ése era el hogar que **dejara**. = Ése era el hogar que **había dejado**.
(That was the home he had left.)

2. Here are a few more word clusters that will serve you well.

A base de las palabras que ya conoce, conteste las preguntas:

1. **estrecho** *narrow; tight:* «Sintió un nudo ardiente que *se estrechaba* en su garganta, y rompió a llorar.»... ¿Cómo describiría Ud. esa sensación? ¿La ha sentido. Ud. alguna vez?

2. **húmedo** *humid, wet:* «Tomó la galleta entre sus dedos y la *humedeció* en el café.» ... ¿Qué hizo antes de comerse la galleta?

3. **vergüenza** *shame:* «Estoy avergonzado de Uds. ¿Cómo pudieron avergonzarnos tanto? —Pero mamá, lo que nosotros hicimos no era tan vergonzoso.» ... ¿Qué habrán hecho esos jóvenes?

4. **mar** *sea:* «¡Qué horror! El segundo día del crucero tropezamos con una fuerte tempestad, y todos *nos mareamos*.» ... ¿Cómo se sintieron los pasajeros? ...Y si alguien sufre un «mareo» por haber aguantado hambre, ¿qué reacción física se le produjo? ¿Qué remedio le daría Ud.?

5. **mancha** *stain:* El envoltorio estaba *manchado* de grasa... ¿Qué cree Ud. que contenía el paquete?

6. **nudo** *knot:* «De repente *se le anudó* la voz y no pudo hablar.»... ¿Estaba tranquila o nerviosísima esa persona?

7. **mostrar** *to show:* «Entramos en el almacén. Los *mostradores* estaban llenos de mercancía, y nadie compraba.» ... Díganos: ¿Dónde se exhibía la mercanía? ¿Prosperaba el negocio?... «Entré en la lechería. Un viejo comía un sándwich en el *mostrador*...» ¿Estaba sentado a una mesa el cliente?

Orientación

1. Se dice que uno tiene que ser muy delgado para ser chileno. De otra manera, ¡se cae del mapa! ... Sin duda, Chile, donde ocurre el cuento siguiente, es todo un fenómeno geográfico. Su costa en el Pacífico se extiende unas 2.900 millas, y sin embargo, nunca alcanza más de 220 millas de ancho. Dada su colocación geográfica, es normal y natural que tenga una importante industria marítima. Pero curiosamente, esa industria fue desarrollada mayormente por los ingleses en sus comienzos. Los numerosos puertos de mar, entre ellos el centro comercial de Punta Arenas, son frecuentados ahora por barcos de todas partes del mundo, pero la influencia británica todavía se hace sentir.

2. A pesar de su industria marítima y de ciertos recursos minerales, Chile es por la mayor parte una nación pobre. Últimamente, ha padecido unos graves trastornos políticos, incluso la dictadura implacable del general Pinochet, y su economía ha declinado aun más. Aunque la obra que vamos a leer es anterior a los sucesos más recientes, «El vaso de leche» retrata la miseria y frustración de una nación que en sus comienzos estaba en la vanguardia de la cultura y de la democracia sudamericanas.

Asociaciones

marinero   *sailor;* el **vapor, barco**   *ship*—embarcarse, desembarcar; **olas** *waves;*
barandilla *railing;* **escala** *ladder, portable gangway:* «Marineros, sujeten *(fasten)* bien las escalas, y agárrense todos a las barandillas. Las olas están altísi-
mas. —Entonces, ¿por qué no esperamos un poco para **zarpar** *(set sail)?*»

el muelle *dock;* **cargar,** descargar *to load, unload*—**trigo** *(wheat),* petróleo, etc.;
el vagón *freight container:* «El muelle estaba atestado. Mientras los pasajeros se
embarcaban, los estibadores descargaban enormes vagones rebosantes de car-
gamento.»

oficio *a trade; job;* **jornada** *day's work;* **capataz** *foreman:* «¿Puedo hablar con el
capataz? Estoy desesperado por conseguir unas jornadas. —¿Tienes oficio? ...
Pues tal vez te consiga algo en las **calderas** *(boiler room).*»

tener ganas, darle a uno ganas (de) *to feel like (doing something);* **avergonzarse
(me avergüenzo)** *to be ashamed:* «Tenía ganas (Le daban ganas) de gritar:
—¿No ven que me muero de hambre? —Pero se avergonzaba de pedir comida,
y siguió su camino. —¿Sabe? Hay gente que no tiene ninguna vergüenza. Él tenía
demasiada.»

inclinarse *to bend down:* **apurar** (o **apresurar**) **el paso)** *to walk faster:* «Vio algo
en la acera. Se inclinó, lo recogió, y apuró el paso, mirando nerviosamente hacia
atrás. —¿Qué habría encontrado?»

sobrar *to be left over;* **sobras** *leftovers;* **bocado** *a bite, mouthful;* **sorbo** *a sip;*
trago *a swallow, swig:* «Quedaron unas sobras del almuerzo. ¿Las quieres?
—A la verdad, no tengo hambre. Con un bocado de carne, un trago de jugo y un
sorbito de vino, me bastará.»

Díganos: De todas las palabras arriba, cuáles se relacionan específicamente con
un barco? ¿con el trabajo? ¿y con el comercio marítimo?... ¿Cuáles tienen que ver
con comer o beber?

Ahora emplee las expresiones siguientes—¡desde luego, en su forma correcta!—
para expresar lo contrario.

---

enorgullecerse ... sobrar ... tener ganas de ... apurar el paso ... inclinarse

---

1. *Se levantó* para recogerlo. 2. *Se avergüenzan* de su conducta. 3. *No quiso* gritar.
4. Recomiendo que *andemos más despacio.* 5. ¿De modo que *faltó* mucha comida?

El vaso de leche

MANUEL ROJAS (Chile)
(Versión condensada)

   Afirmado en la barandilla de **estribor,** el marinero parecía esperar a alguien.   Apoyado / lado
Tenía en la mano izquierda un envoltorio de papel blanco, manchado de grasa en   derecho del barco
varias partes. Con la otra mano atendía la pipa.
   Entre unos vagones apareció un joven delgado. Se detuvo un instante, miró
5 hacia el mar y avanzó después, caminando por la orilla del muelle con las manos
en los bolsillos, distraído o pensando.

Cuando pasó frente al barco, el marinero le gritó en inglés:

—*I say; look here!*

El joven levantó la cabeza y, sin detenerse, contestó en el mismo idioma:

10   —*Hello! What?*

—*Are you hungry?*

Hubo un breve silencio, durante el cual el joven pareció **reflexionar,** y hasta dio   pensar
un paso más corto que los demás, como para detenerse; pero al fin dijo, mientras
dirigía al marinero una sonrisa triste:

15   —*No, I am not hungry. Thank you, sailor.*

—*Very well.*

El joven, avergonzado de que su aspecto despertara sentimientos de **caridad,**   compasión
pareció apresurar el paso, como temiendo arrepentirse de su negativa... Hacía
tres días justos que no comía, tres largos días. Y más por timidez que por orgullo,
20 se resistía a pararse delante de las escalas de los vapores a las horas de comida,
esperando de la generosidad de los marineros algún paquete que contuviera
restos de guisos y trozos de carne. No podía hacerlo, no podría hacerlo nunca. Y   sobras de platos
cuando, como en el caso reciente, alguno le ofrecía sus sobras, las rechazaba   cocidos
heroicamente, sintiendo que la negativa aumentaba su hambre.

25   Seis días hacía que vagaba por las callejuelas y muelles de aquel puerto. Lo
había dejado allí un vapor inglés procedente de Punta Arenas, puerto en donde
había desertado de un vapor en que servía como muchacho de capitán. Estuvo
un mes allí, y en el primer barco que pasó hacia el norte embarcóse ocultamente.

Lo descubrieron al día siguiente de zarpar y enviáronlo a trabajar en las
30 calderas. En el primer puerto grande que tocó el vapor, lo desembarcaron, y allí
quedó, como un **fardo** sin dirección ni destinatario, sin conocer a nadie, sin un   bulto, paquete
centavo en los bolsillos y sin saber trabajar oficio **alguno.**   ninguno

Mientras estuvo allí el vapor, pudo comer. Pero después... Anduvo y anduvo,
pero no encontró nada. En los pocos vapores donde se trabajaba, no le
35 *aceptaron. Por fin, llegó un barco que cargaba trigo, y lo emplearon. Al principio,*
trabajó bien, tratando de disimular su hambre. Pero después empezó a sentirse
fatigado y mareado. Terminada la jornada, preguntó si podían pagarle
inmediatamente, o por lo menos darle un pequeño adelanto. El capataz contestó
que la costumbre era pagar cuando se terminara de cargar el vapor, y que no
40 *adelantaban un centavo.*

Sintió de pronto como una **quemadura en las entrañas,** y se detuvo. Se fue   sensación de fuego
inclinando, inclinando, doblándose forzadamente como una barra de hierro, y   en el estómago
creyó que iba a caer. En ese instante, como si una ventana se hubiera abierto
ante él, vio su casa, el paisaje que se veía desde ella, el rostro de su madre y el
45 de sus hermanos. Todo lo que él quería y amaba apareció y desapareció ante sus
ojos cerrados por la fatiga... Una hora más y caería al suelo.

Apuró el paso, como huyendo de un nuevo mareo, y mientras marchaba resolvió
ir a comer a cualquier parte, sin pagar, dispuesto a que lo avergonzaran, a que le
pegaran, a que lo mandaran **preso,** a todo. Lo importante era comer, comer,   a la cárcel
50 comer. Cien veces repitió mentalmente esta palabra: comer, comer, comer, hasta
que el **vocablo** perdió su sentido, dejándole una impresión de vacío caliente en la   palabra
cabeza.

No pensaba huir. Le diría al dueño: «Señor, tenía hambre, hambre, hambre, y
no tengo con qué pagar ... Haga lo que quiera.»
55   Llegó hasta las primeras calles de la ciudad y en una de ellas encontró una
lechería. Era un negocito muy claro y limpio, lleno de mesitas cubiertas de

mármol. Detrás de un mostrador estaba de pie una señora rubia con un delantal blanquísimo...

piedra dura y hermosa

60 En la lechería no había sino un cliente. Era un **vejete** de anteojos, que con la nariz metida entre las hojas de un periódico, leyendo, permanecía inmóvil, como pegado a la silla. Sobre la mesita había un vaso de leche **a medio consumir.**

viejo

medio vacío

Esperó que se retirara, paseando por la acera, sintiendo que poco a poco se le encendía en el estómago la quemadura de antes, y esperó cinco, diez, hasta quince minutos. Se cansó y paróse a un lado de la puerta, desde donde lanzaba 65 al viejo unas miradas que parecían **pedradas.**

piedras que le tiraba

¡Qué diablos leería con tanta atención! Llegó a imaginarse que era un enemigo suyo, el cual, sabiendo sus intenciones, se hubiera propuesto **entorpecerlas.** ...

dificultarlas

Por fin, el cliente terminó su lectura, o por lo menos la interrumpió. Se bebió **de un sorbo** el resto de leche que contenía el vaso, se levantó **pausadamente,** pagó y 70 dirigióse a la puerta...

de un solo trago
lentamente

Esperó que se alejara y entró. Un momento estuvo parado a la entrada, indeciso, no sabiendo dónde sentarse. Por fin, eligió una mesa y dirigióse a ella; pero a mitad de camino se arrepintió, retrocedió y tropezó en una silla, instalándose después en un rincón.

75 Acudió la señora, pasó un **trapo** por la cubierta de la mesa y con voz suave, en la que se notaba **un dejo** de acento español, le preguntó:
—¿Qué **se va a servir?**
Sin mirarla, le contestó:
—Un vaso de leche.
80 —¿Grande?
—Sí, grande.
—¿Solo?
—¿Hay **bizcochos?**
—No. Hay vainillas.
85 —Bueno, vainillas...

tela para limpiar
un poco
¿ ... le apetece?

galletas

Volvió la señora y colocó ante él un gran vaso de leche y un platillo lleno de vainillas, dirigiéndose después a su puesto detrás del mostrador.

Su primer impulso fue el de beberse la leche de un trago y comerse después las vainillas, pero en seguida se arrepintió. Sentía que los ojos de la mujer lo 90 miraban con curiosidad. No se atrevía a mirarla.

Pausadamente tomó una vainilla, humedecióla en la leche y le dio un bocado. Bebió un sorbo de leche y sintió que la quemadura, ya encendida en su estómago, se apagaba y **deshacía.** Pero, en seguida, la realidad de su situación desesperada surgió ante él, y algo apretado y caliente subió desde su corazón 95 hasta la garganta. Se dio cuenta de que iba a sollozar, a sollozar a gritos, y aunque sabía que la señora lo estaba mirando, no pudo rechazar ni deshacer aquel nudo ardiente que **se estrechaba** más y más. Resistió, y mientras resistía comió apresuradamente, como asustado, temiendo que el llanto le impidiera comer. Cuando terminó con la leche y las vainillas, se le nublaron los ojos, y algo 100 **tibio** rodó por su nariz, cayendo dentro del vaso. Un terrible sollozo le sacudió hasta los zapatos.

se disolvía

le apretaba

calientito

Afirmó la cabeza en las manos y durante mucho rato lloró, lloró con pena, con rabia, con ganas de llorar, como si nunca hubiese llorado.

Puso

Inclinado estaba y llorando, cuando sintió que una mano le acariciaba la 105 cansada cabeza, y una voz de mujer, con un dulce acento español, le decía:
—Llore, hijo, llore...

Con la cabeza entre las manos

Cuando pasó el **acceso** de llanto, se limpió con su pañuelo los ojos y la cara, ya   ataque
tranquilo. Levantó la cabeza y miró a la señora, pero ésta ni le miraba ya. Miraba
hacia la calle, a un punto lejano, y su rostro estaba triste.

110   En la mesita, ante él, había un nuevo vaso lleno de leche y otro platillo **colmado**   llenísimo
de vainillas; comió lentamente, sin pensar en nada, como si nada le hubiera
pasado, como si estuviera en su casa y su madre fuera esa mujer que estaba
detrás del mostrador.

Cuando terminó, ya había oscurecido y el negocio se iluminaba con una
115 bombilla eléctrica. Estuvo un rato sentado, pensando en lo que le diría a la señora
al despedirse, sin ocurrírsele nada oportuno.

Al fin se levantó y dijo simplemente:

—Muchas gracias, señora; adiós...

—Adiós, hijo...—le contestó ella.

120   Salió. El viento que venía del mar refrescó su cara, caliente aún por el llanto.
Caminó un rato sin dirección, **tomando** después por una calle que bajaba hacia   yendo
los muelles. La noche era hermosísima y grandes estrellas aparecían en el cielo
de verano.

Pensó en la señora rubia que tan generosamente se había conducido e **hizo**
125 **propósitos** de pagarle y recompensarla de una manera digna cuando tuviera   tuvo intenciones
dinero. Pero estos pensamientos de gratitud **se desvanecían** junto con el ardor de   desaparecían
su rostro, hasta que no quedó ninguno, y el **hecho** reciente retrocedió y se perdió   incidente
en los **recodos** de su vida pasada.   rincones remotos

De pronto se sorprendió cantando algo en voz baja. Se irguió alegremente,
130 pisando con firmeza y decisión.

Llegó a la orilla del mar y anduvo de un lado para otro, elásticamente,
sintiéndose **rehacer,** como si sus fuerzas interiores, antes dispersas, se reunieran y   renovarse
amalgamaran sólidamente...

Miró el mar. Las luces del muelle y de los barcos se extendían por el agua en
135 un **reguero rojizo** y dorado. **Se tendió de espaldas,** mirando el cielo largo rato. No   línea de color rojo /
tenía ganas de pensar, ni de hablar. Se sentía vivir, nada más.   Se acostó en el
                                                                                                                                    suelo
Hasta que se quedó dormido con el rostro vuelto hacia el mar.

ACERCA DEL AUTOR

El chileno Manuel Rojas es uno de los principales novelistas sudamericanos del
siglo XX. Su obra, que abarca tanto las realidades brutales de su ambiente como el
mundo subjetivo del humorismo y de la poesía, refleja las múltiples dimensiones de
su propia experiencia como ferroviario, estibador, impresor, pintor, periodista, cuentista, ensayista, poeta, editor y director de la Biblioteca Nacional. Sus novelas más
conocidas incluyen *Hijo de ladrón* (1951)), *Punta de rieles* (1960) y *Sombras contra
el muro* (1964).

Proyecciones

A. ¿Qué nos dice?

1. ¿Quién es el protagonista de este cuento? ¿Qué puede contarnos acerca de
   él—su vida hasta ahora, su familia, etc.? ¿Cómo es que se encuentra de repente en un puerto extraño, sin dinero y sin oficio?
2. ¿Por qué no aceptó la comida que el marinero le ofrecía? ¿Cómo pensaba
   enderezar su situación sin acudir a la caridad de los demás? ¿Qué indica eso
   sobre su personalidad?

3. Al fin, ¿qué se vio obligado a hacer? ¿Adónde se dirigió? ... ¿Cómo explica Ud. la rabia que sintió hacia el viejo que estaba sentado al mostrador? ¿Por qué decidió pedir sólo leche en lugar de algo mejor?

4. ¿Cómo reaccionó el muchacho al sentir aliviada su hambre? ¿Qué hizo entonces la señora? ¿Por qué cree Ud. que le mostró tanta compasión? ... ¿Cree Ud. que el joven volverá algún día para agradecerle su bondad? ¿Por qué? ...

5. En su opinión, ¿es válido el retrato psicológico que Rojas nos hace del protagonista? ¿Y de la señora de la lechería? ¿Cuál diría Ud. que es su mayor acierto como autor—la descripción del ambiente, la narrativa o el análisis de los personajes? ¿Puede darnos algunos ejemplos?

B. Adivine por el contexto

Indique siempre qué palabra familiar le dio la clave.

1. Tenía en la mano *un envoltorio* de papel blanco, manchado de grasa.
2. La *quemadura* que sentía en el estómago *se enfrió,* y en su lugar sintió una *frescura* agradable.
3. Dio tres pasos hacia adelante, y arrepintiéndose de pronto, *retrocedió* hacia la puerta donde entró.
4. Pasó un trapo húmedo sobre *la cubierta* de la mesa, haciendo brillar el mármol blanco.
5. Sus pensamientos de gratitud se desvanecían junto con el *ardor* de su rostro.

C. Creación

¿Cómo desarrollaría Ud. los temas siguientes?

1. *(Dos personas.)* Ud. es la señora de la lechería. Ha visto entrar a ese pobre joven hambriento. En sus ojos nota una desesperación que ni con la comida se le puede quitar. Hay algo más que le está atormentando, algo que no le deja regresar al hogar que dejara. Ud. se acerca a él y le habla...

2. Ud. es el autor (la autora) de este cuento. Descríbanos un poco más a la señora de la lechería. ¿Qué edad tiene? ¿Cómo se verá? Háblenos de su familia: ¿Tendrá un hijo—o su marido—en alguna parte lejana? ¿Por qué dejó España para venir a Chile? ¿Qué será de ella? ¿Y del joven a quien ayudó?

En conclusión

¿De qué situaciones tratan los cuentos «Régimen de libre empresa» y «Y el vaso de leche»? En efecto, ¿presentan dos problemas distintos o dos manifestaciones del mismo problema? ¿Existen esos problemas aquí?... ¿Cuál de los autores adopta una actitud más optimista? ¿Qué diferencias observa Ud. en el estilo y estructura de las obras? ¿Qué conclusiones generales ha sacado Ud.?

LECCIÓN 11

Sangre entre hermanos

AMBIENTE

1910. El siglo XX estaba en su infancia. Y noventa años después de independizarse de España, México se encontró de pronto a las puertas de una guerra entre hermanos, una guerra que **sumiría** al país en la violencia durante toda   envolvería una década.

La Revolución mexicana comienza. Francisco Madero llega en 1910 a la capital... Mural en el Palacio de Chapultepec, México, D. F.

Encabezada por el rico **hacendado** Francisco Madero, la Revolución mexicana   *dueño de tierras*
tenía como objetivo principal el de deponer al presidente Porfirio Díaz, cuyo
régimen dictatorial había **fortalecido** a los grandes propietarios y al **clero** durante   *apoyado / iglesia*
treinta años. Y así se hizo. Pero la lucha no tardó en volverse compleja y
sangrienta. Madero fue asesinado, y de ahí se produjo una rápida sucesión de
presidencias y dictaduras, interrumpidas siempre por asesinatos y **sublevaciones.**   *revueltas*

En 1914, cuando el dictador Victoriano Huerta fue obligado a renunciar, la
Revolución parecía haber triunfado. Sólo faltaba establecer un gobierno que
impusiera las **ansiadas** reformas sociales y económicas. Pero, ¿cuál de los   *esperadas*
caudillos revolucionarios iba a ser el nuevo presidente de la República? ¿Emiliano   *jefes*
Zapata, **campeón** de la reforma agraria? ¿Pancho Villa, **guerrillero** audaz y   *líder / luchador*
ambicioso? ¿O Venustiano Carranza, jefe del Ejército Constitucionalista? Por fin,
Zapata cedió, Villa fue derrotado, y Carranza fue elegido presidente para el
período 1916–1920.

La Constitución de 1917, promulgada durante la presidencia de Carranza,
introdujo notables reformas en la vida económica y política, y **sancionó** el principio   *aprobó*
de la «no reelección». Pero las rivalidades entre los caudillos persistían. Carranza
fue asesinado en 1920, y habría que esperar hasta la década siguiente para
poder realizar los ideales de la Revolución en un ambiente de relativa paz.

Muy pronto, España iba a vivir una situación análoga.

Sol y sombra... El proverbial sol de España
se mancha con la sangre de hermanos...
La Guerra Civil, 1936.

1931. Habiendo perdido el apoyo popular, el rey Alfonso XIII suspendió sus derechos **reales** y abandonó el país. **Acto seguido,** se instauró la «Segunda República». El nuevo gobierno adoptó una constitución liberal e intentó llevar a cabo dos importantes innovaciones: la reforma religiosa y la reforma agraria. Pero grupos conservadores reaccionaron violentamente, y la creciente tensión entre la clase trabajadora y la clase privilegiada creó un estado de violencia e inseguridad que hizo imposible mantener el orden...

de monarca / inmediatamente

En julio de 1936, las fuerzas militares **al mando** del general Francisco Franco se levantaron en contra del gobierno constituido. El gobierno reaccionó improvisando unas «milicias» nacionales y armando al pueblo. Y lo que al principio pareció ser una simple sublevación militar se convirtió en una horrorosa guerra civil que duraría tres años. La lucha entre hermanos había comenzado. **Mas** la guerra cuyos orígenes habían sido esencialmente españoles, pronto adquirió un carácter internacional. Ambos bandos solicitaron ayuda extranjera—los insurgentes, a Hitler y Mussolini; los republicanos, a la Unión Soviética.

a las órdenes

Pero

Franco ganó, y el conflicto terminó en abril de 1939. Pero la nación quedaba dividida. La guerra había causado no sólo la ruina económica, sino el sacrificio de un millón de vidas, el exilio para más de un millón de vencidos, y una barrera de odios difícil de **superar.** El Generalísimo gobernaría durante los próximos treinta y seis años. España se tendría que regenerar.

eliminar

Desde mediados de este siglo, diversos países de Latinoamérica han sido sometidos a dictaduras de la derecha y de la izquierda. Trujillo en la República Dominicana; Perón en la Argentina; Batista, y después Fidel Castro en Cuba; Somoza, y después la revolución sandinista en Nicaragua; y otros, en Chile, en Guatemala, en el Perú, en Panamá, en el Paraguay, en... Las injusticias inherentes en esos sistemas han traído consecuencias violentas que todavía inquietan a muchos de los pueblos centro y sudamericanos. Mientras tanto, en otras partes de la América Latina, el empuje democrático se está consolidando. Y la joven democracia monárquica de España se está enfrentando a los problemas implícitos en cualquier reorganización de estado...

Éste es el fondo de las siguientes lecturas. El drama *Nosotros somos Dios* presenta el dilema moral de una familia que se encuentra dividida por la Revolución mexicana... Y el cuento «El tajo» condensa la guerra civil española en una sola tragedia humana...

Comentarios

1. ¿Puede Ud. contarnos en sus propias palabras la historia de la Revolución mexicana? (¿Cuándo ocurrió? ¿Quiénes fueron algunos de sus líderes? ¿Cómo acabó? ¿Qué reformas se iniciaron?) ¿En qué condiciones se encuentra México hoy día?

2. ¿Qué sabe Ud. acerca de la guerra civil española? ¿Ha habido algo parecido en la historia nuestra? ¿En qué condiciones se encuentra España hoy?

3. ¿Qué sabe Ud. de la situación actual en la América del Sur? ¿Y en la América Central? ¿Cree Ud. que es necesaria la intervención militar de los Estados Unidos? ¿y la intervención económica? ¿Por qué?

LECTURA 1

Preparativos

Pistas

1. This chapter's selections will show the many uses of the subjunctive, in all its tenses, simple and compound. So let's start by reviewing the two "perfect" tenses of the subjunctive, their forms and meaning.

■ The present perfect subjunctive: . . . *has gone, been,* etc.

haya, hayas, haya, hayamos, hayáis, hayan ido (sido, etc.)

The present perfect subjunctive replaces the present perfect or the future perfect indicative whenever the idea calls for subjunctive:

Ha ido. *(He has gone.)*   Es posible **que haya ido.**
Habrá sido él. *(It must have been he.)*   Temo **que haya sido él.**

■ The pluperfect subjunctive: . . . *had gone, been,* etc.

hubiera, hubieras, hubiera, hubiéramos, hubierais, hubieran ido (sido, etc.)

The pluperfect subjunctive replaces both the pluperfect and the conditional perfect when the idea calls for subjunctive:

Había ido. *(He had gone.)*   Era posible **que hubiera ido.**
Habría sido él. *(It probably had been he.)*   Temía **que hubiera sido él.**

2. Notice throughout the readings which tenses of the subjunctive are used to express the various time frames. Briefly, this is the way they work:

MAIN CLAUSE: INDICATIVE	SUBORDINATE CLAUSE: SUBJUNCTIVE
■ Present, future, or present perfect	Present (for what *is* or *will be*) Present perfect (for what *has been*) Imperfect (for what *was* or *would be*)
■ Past or conditional	Imperfect (for what *was* or *would be*) Pluperfect (for what *had been* or *would have been*)

Orientación

In actual conversation, people don't always talk in complete sentences. And since the following excerpt is part of a play, these conversational shortcuts will be very evident. Here are some, for example, that are used in phone calls:

—¿Bueno? (México), *or* Diga. (*For:* Dígame.)
—Con el Sr. Linas, por favor. (*For:* ¿Me puede comunicar con...?)
—¿De parte...? (*For:* ¿De parte de quién?) *or* ¿Le llama...? (*For:* ¿Quién le llama?)
—(De) la señora Castro...

So be ready to interpolate any missing parts!

Asociaciones

riesgo *risk* —arriesgar(se); **amparo** *help, protection*—**amparar:** «Hay que evitar el riesgo a toda costa. —Pierda cuidado. Dios le amparará, y volverá **sano y salvo** *(safe and sound).*»

consagrarse *to dedicate oneself*— a una causa, a Dios; **faltar a** *to be remiss, not to live up to:* «¡Qué gente! Dan la palabra, y no cumplen. Prometen, y faltan a sus obligaciones. —Es que jamás se han consagrado a nada.»

denunciar *to inform (on someone), to reveal (something); to accuse, denounce;* **traicionar** *to betray*—un traidor, hacer un acto de traición; **derrotar** *to defeat, overturn*— una **derrota:** «¿Quién denunció el plan? —Un traidor que quiso vengarse del general. Y por esa traición, el ejército fue derrotado. —¡Qué **desgracia** *(misfortune)!*»

suplicar, rogar (ruego) *to beg, pray;* «En nombre de todos los santos, te suplico que lo salves. —**Confía en** mí.» **confiar (confío)** *to trust*

Díganos: ¿Cuáles de estas Asociaciones tienen connotaciones positivas o agradables? ¿Cuáles las tienen tristes o desagradables? ... A propósito, ¿qué cosas se cuelgan en una pared?

Ahora, ¿cuántos sinónimos encuentra Ud. en el grupo 2 para cada una de las palabras siguientes?.

1. una derrota; amparo; un riesgo; desgraciado; faltar a; denunciar; consagrarse
2. acusar; un peligro; un fracaso; abrigo; ayuda; no cumplir; infeliz; protección; desafortunado; dedicarse; desatender; revelar; delatar; socorro

---

Nosotros somos Dios

WILBERTO CANTÓN (México)

Acto primero... México, la capital. Mayo de 1913, época de la Revolución mexicana. Don Justo Álvarez del Prado, la «mano derecha» del déspota Victoriano Huerta, trata de sofocar las sublevaciones del pueblo, perpetrando las mayores crueldades. Horrorizados ante esas atrocidades, Carlos, el hijo de don
5 *Justo, y Octavio, el novio de su hija Laura, se unen a las fuerzas revolucionarias de Venustiano Carranza. Un día, los dos jóvenes caen en manos de la policía y son llevados ante don Justo. Carlos **procura** razonar con su padre:* trata de

CARLOS: Papá,... encontré una familia mucho más grande: pobres hombres explotados que trabajan de sol a sol sobre una tierra que no es suya; obreros
10 que enriquecen a **quienes** los matan de hambre; estudiantes que pasan la noche **en vela** sobre los libros, y al llegar la mañana no tienen un pan que llevarse a la boca... Todo un mundo al que ahora pertenezco y del que no puedo separarme. aquellos que / sin cerrar los ojos
DON JUSTO: ¿Pero acaso eres tú el responsable de ese mundo?
CARLOS: Yo soy el responsable. Tú también lo eres. Todos somos responsables.
15 DON JUSTO: Yo sé que hay injusticias, que hay pobres y ricos, explotadores y **oprimidos.** víctimas de la explotación
CARLOS: Pero lo aceptas y no luchas para evitarlo.
DON JUSTO: El mundo siempre ha sido así, y así seguirá siendo. No soy yo quien puede remediar esos errores.
20 CARLOS: ¿Quién, entonces?

DON JUSTO: Dios, solamente Dios.

CARLOS: Para remediar los males de este mundo, nosotros somos Dios.

Carlos no logra convencer a su padre sobre la justicia de su causa. Pero don   permitir que maten
*Justo, incapaz de **dejar matar** a su propio hijo, les da a ambos jóvenes un*   pase militar
25 ***salvoconducto** para que puedan escapar.*

Acto segundo... Noviembre de 1914. Los carrancistas han triunfado, y don Justo
ha desaparecido. Octavio y Carlos ocupan puestos importantes ahora en el nuevo
gobierno. Octavio se ha casado con Laura, y la joven pareja está esperando la
llegada de su primer hijo. Una noche, don Justo reaparece en la casa familiar.
30 *Viene a pedirle a su **yerno** que le devuelva un favor—que le dé un salvoconducto*   esposo de su hija
para salir del país. Asombrado e indeciso, Octavio llama a Laura, a Carlos y a
doña Clara, la esposa de don Justo, para comunicarles su dilema.

LAURA: ¿De qué se trata?

CARLOS: ¿Es algo del gobierno, o... ?

35 OCTAVIO: No, algo nuestro; y muy grave.

CLARA: ¿Algo grave? Octavio, ¿se trata de... de mi esposo?

OCTAVIO: Sí,

CLARA: ¿Le pasa algo? ¿Algún accidente? *(Pausa.)* No... no está muerto, ¿verdad?

OCTAVIO: No, señora.

40 CLARA: *(Como si rezara.)* ¡Gracias!   (a Dios)

OCTAVIO: Está sano y salvo.

CARLOS: ¿Cómo lo sabes?

OCTAVIO: Estuve con él.

CLARA: ¿Ha sufrido mucho... todo ese tiempo?

45 OCTAVIO: Ha vivido en casa de varios antiguos amigos suyos.

CARLOS: Pero, ¿dónde está?

OCTAVIO: Su situación, sin embargo, es ya insostenible. No puede permanecer en
la ciudad de México; por eso **acudió** a mí.   vino

CARLOS: Claro; querrá ir a reunirse a la contrarrevolución de la que nos habló el
50   capitán Aguirre.

OCTAVIO: Sí desea marcharse **cuanto antes.**   lo más pronto
                                                                                                 posible
LAURA: ¿Y tú ...puedes ayudarlo?

OCTAVIO: Me pidió un salvoconducto.

CARLOS: ¿De veras? ¿Se atrevió?

55 OCTAVIO: Sí.

LAURA: ¿Y vas a dárselo?

CARLOS: En el supuesto caso de que accedieras, si el salvoconducto cayera en
manos del Ejército y se descubriera a quién ampara, sería el fin de tu carrera
política. Tal vez hasta de tu vida; podrían **fusilarte** como traidor.   ejecutarte

60 OCTAVIO: El riesgo que yo corra es lo de menos. Estaría dispuesto a **afrontarlo.**   aceptarlo
Pero, ¿debo darle el salvoconducto?

CLARA: ¡Sálvelo, Octavio! ¡Se lo agradeceremos todos!

LAURA: Sí; todos.

CARLOS: Yo no.

65 CLARA: ¿Cómo?   ¿Qué dijiste?

CARLOS: Digo que yo no le agradecería a Octavio darle ese salvoconducto a mi
padre. ¿Acaso has olvidado todo lo que hablamos con el capitán Aguirre, hace
unos minutos, en este mismo lugar?

OCTAVIO: No, no lo he olvidado.

70 CARLOS: ¿Entonces?

OCTAVIO: Le debo la vida.

CARLOS: Sí, le debes la vida; pero esa vida tú la consagraste a una causa: la
  Revolución. Por la Revolución la has arriesgado muchas veces en los campos de
  batalla. Ahora no puedes permitir que un **prejuicio** sentimental te haga   obsesión
75 traicionarte a ti mismo.

CLARA: Eres un juez implacable.

CARLOS: No; soy objetivo.

OCTAVIO: No puedo negar las culpas de don Justo; pero todo lo que hizo
  pertenece al pasado, y su muerte no va a remediarlo.

80 CARLOS: ¿Y en el futuro?

LAURA: ¿No podemos pensar que cambie?

CARLOS: *(A Octavio.)* ¿Puedes creerlo tú?

OCTAVIO: Quizás.

CARLOS: Si encabezara la contrarrevolución, esa vida que pretendes salvar,
85 ¿cuántas vidas costaría? Otra vez volveríamos a la guerra y a sembrar los
  campos de cadáveres. Y si por desgracia ellos llegaran a triunfar, ¿no serías tú
  el primer responsable de nuestra derrota? ¿No por ti volvería a México la
  dictadura, con su **caudal** de crímenes y sufrimiento? Es lamentable tener que   gran cantidad
  decirlo—y, sobre todo, que sea yo quien lo diga—, pero es necesario que **midas**   consideres
90 toda tu responsabilidad. Si salvas a mi padre, serás un traidor a la Revolución.

Pausa.

OCTAVIO: Carlos: tu padre está en esta casa.

*Resuelto a entregar a su padre a las autoridades, Carlos rechaza las súplicas de
  su madre y de su hermana. Pero Octavio se opone: «Si la Revolución requiere
  que los hijos vendan a sus propios padres, ¡no quiero ser revolucionario!... Esta
95 noche se quedará aquí. Mañana decidiremos qué hacer con él.»*

TELÓN *(fin del acto)*

Interludio

1. ¿Puede Ud. contarnos en sus propias palabras lo que ha ocurrido hasta ahora
   en el drama? (¿En qué época estamos? ¿Quiénes son las figuras principales?)
   ¿Quién es la figura dominante al principio? ¿Quiénes lo son ahora? ¿Qué dilema se les ha presentado?
2. En su opinión, ¿quién tiene razón, Carlos u Octavio? ¿Por qué? ... ¿Cómo
   piensa Ud. que la obra va a acabar?

*Aunque Octavio sabe que ese salvoconducto puede costarle la propia vida, se ve
obligado a dárselo a don Justo. Aun Carlos, recordando el amor que había
existido entre él y su padre en tiempos más felices, accede—con tal que don
Justo renuncie a pelear contra el nuevo régimen. Pero don Justo rechaza esa
100 condición.*

DON JUSTO: ¿Y traicionar a los que confían en mí, desertar, no sería también un
  acto indigno? Es ya muy tarde para cambiar mi vida.

CARLOS: ¿Qué es la vida, papá? ¿Para qué sirve? Mamá dice que todo lo hiciste
  por nosotros, que renegaste **de tu juventud** y te convertiste en asesino por Laura,   (de los ideales de tu
105 por mí, por nuestro hogar. Tal vez sea cierto; pero si ahora aceptas el   juventud)

salvoconducto que te está haciendo Octavio, vas a **perdernos** a nosotros   destrozarnos
también. Laura y su hijo quedarán sin amparo. Yo... yo, papá, aunque me
avergüenzo de ti, todavía te quiero... y creo que no podría, no podría... ¿Ves,
papá? Traicionaste los ideales de tu juventud; ahora vas a destrozar todo lo que
110 en tu existencia habías logrado construir. ¿Tan importante es lo que defiendes?
¿Y acaso **puede vivirse** así, a pesar de todo, sin esperanzas ya, sin afectos, sin   uno puede vivir
nada más que el egoísmo y el **vacío**? Papá, te lo suplico: déjame seguir   la nada
queriéndote; haz que **pueda** volver a respetarte. ¡No aceptes el salvoconducto!   (yo pueda)

DON JUSTO: **Los juegos están hechos.** Ve a llamar a tu madre y a tus hermanos.   La cosa ya está
                                                                                      resuelta.
115 CARLOS (desde la puerta): Adiós, papá. Me despido de mi padre. Lo miro por
última vez. Cuando vuelva a este cuarto, encontraré a un **extraño**.   alguien que no
                                                                                 conozco

(Al quedar solo, don Justo va a la mesita donde está el teléfono; saca papel y
lápiz de su bolsa y escribe algo. Después toma el teléfono.)

DON JUSTO: ¿Bueno? ¿Central? Con el **Cuartel General**, por favor... ¿Bueno? ¿El
120 Cuartel General? ¿Podría comunicarme con el capitán Aguirre? Muchas gracias...
¿Habla el capitán Aguirre? Sería inútil decirle mi nombre. Se trata de una
denuncia. El licenciado Justo Álvarez de Prado, enemigo del pueblo, estará   Comisaría de policía
dentro de diez minutos en la puerta de su antigua casa. Tengan cuidado con él.
Está armado.

125 (Cuelga, suspira, dobla el papel que escribió, mira el cuarto con tristeza. Entran
Clara, Laura y Carlos.)

CLARA: **¿Nos mandaste llamar?**   ¿Enviaste por
                                                                              nosotros?
DON JUSTO: Sí, para despedirme.
CLARA: **¿Siempre te vas?**   ¿Todavía insistes
                                                                              en...?
130 DON JUSTO: Sí, en seguida.
LAURA: ¿Te dio el salvoconducto?
DON JUSTO: Sí, ya lo tengo.
CLARA: ¿Cuándo volverás?
DON JUSTO: No sé, no sé; tal vez nunca.
135 LAURA: No digas eso.
DON JUSTO: Pero adondequiera que vaya, recuérdenlo siempre: estaré con
ustedes, pensando en ustedes. Clara, gracias por todo el cariño que me has
dado.
CLARA: ¿Gracias? Si soy yo quien debe agradecerte tantos años de felicidad.
140 DON JUSTO: Laura, tú fuiste lo mejor, lo más puro de mi vida.
LAURA: No hables así, papá. Parece que ... (Se interrumpe.)
DON JUSTO: Tú, no digas nada, Carlos. Cuando me haya ido, entregarás a Octavio
este papel. Es todo. (Se encamina a la puerta del vestíbulo. Se detiene.) No me
acompañen. Quiero llevarme esta última imagen de ustedes así, juntos, como los
145 he tenido siempre en mi corazón. Adiós. (Sale.)
CLARA: ¡Dios mío! ¿Será posible que no volvamos a verlo?
LAURA: No, mamá. Un día estaremos juntos otra vez, ya lo verás.

(Se oye afuera un disparo, y de inmediato, una **descarga cerrada**.)   muchos disparos
                                                                              simultáneos
CLARA: ¿Qué fue eso?
150 LAURA: (Negándose a creer lo que ocurre.) No puede ser.
OCTAVIO: ¿Oyeron?
LAURA: Sí.
OCTAVIO: ¿Don Justo?

LAURA: Acaba de salir.

155 OCTAVIO: ¿Qué dices? ¿Sin su salvoconducto?

LAURA: ¿No se lo diste?

OCTAVIO: Aquí está. *(Lo tiene en la mano.)* Venía a entregárselo.

*(Al oír este breve diálogo, Clara vuelve a dirigirse, **más presurosa**, hacia la puerta del vestíbulo, pero la detiene Carlos.)*   con más prisa

160 CARLOS: Fue él *(Todos quedan inmóviles.)* Lo mataron.

(Carlos se acerca lentamente a Octavio y le da la carta que don Justo le había confiado.)

CARLOS: Antes de salir, me dio esto para ti.

OCTAVIO: *(Toma la carta y lee.)* «Octavio: Por fin he sentido **latir** en mí al joven

165 patriota a quien usted supo resucitar. Muero para que su recuerdo viva en el   revivir
corazón de los **seres** que amo. Si me equivoco, Dios me perdone éste y todos   personas
los errores que he cometido. Usted y Laura van a tener un hijo; él conocerá el
país que ustedes sueñan o tendrá que volver a combatir por él. Permítanme
pensar que yo también muero para que este México nuevo, fuerte y libre, pueda

170 nacer».

*(Oyendo la lectura de esta carta, Clara se recupera poco a poco. Al final, toma la carta, la aprieta fuertemente contra su **seno**, y se encamina, lenta y solemne, hacia el vestíbulo...)*   pecho

TELÓN

ACERCA DEL AUTOR

Wilberto Cantón, nacido en 1925, pertenece a un grupo de dramaturgos mexicanos que se han consagrado a la formación de un teatro realista que «entre en diálogo con el público», presentándole temas sujetos a la polémica. *Nosotros somos Dios* no pretende exhumar perfectamente un hecho del pasado, sino que tomando pie en una situación real, procura despertar inquietudes actuales. En las palabras del mismo autor, es «un eco de los ideales y de las luchas del pueblo mexicano en busca de una existencia más libre, más justa y democrática». Cantón ha escrito más de doce obras de teatro y diversas colecciones de poesía.

Proyecciones

A. Díganos

Ya que hemos hablado de los comienzos de esta obra, vamos a tratar ahora del final. Por ejemplo:

1. ¿Por qué deseaba salir de México don Justo? ¿Qué decisión tomó Octavio con respecto al salvoconducto? En su opinión, ¿hacía bien o mal concediéndoselo? ¿Haría bien o mal don Justo aceptándolo?

2. ¿Cómo le convence su hijo Carlos a abandonar su plan? ¿Cómo decide don Justo compensar por los errores que cometió durante su vida? ¿Cómo termina la obra? ¿La habría terminado Ud. de la misma manera? ¿Por qué?

3. ¿Qué piensa Ud. de la delineación de caracteres en esta obra? ¿Quiénes son las figuras mejor desarrolladas? ¿Le parecen del todo creíbles? ¿Quiénes más, y quiénes menos?

4. ¿Qué piensa Ud. ahora de don Justo? Dadas las atrocidades que perpetró mientras ocupaba el poder, ¿cree Ud. que su «conversión» es sincera? ¿Le parece razonable que una persona pueda cometer actos de gran crueldad en su vida pública y que ame al mismo tiempo a sus familiares? Si Ud. fuera su esposa, o uno de sus hijos, ¿podría perdonarlo? ¿Podría seguir amándolo?

5. Carlos ha dicho que «Para remediar los males del mundo, nosotros somos Dios». ¿Está Ud. de acuerdo con esta filosofía?... En su opinión, ¿es Dios capaz de hacer mal o solamente de hacer bien? ¿Es Dios capaz de permitir el mal? ¿O representa la existencia del mal el triunfo de alguna otra fuerza? ¿De cuál?

B. Adivine por el contexto

Y díganos siempre con qué otra palabra se relaciona cada expresión nueva.

1. Los obreros *enriquecían* a aquellos que los mataban de hambre.
2. Su situación es ya *insostenible*. La policía le está buscando por todas partes.
3. El riesgo que yo corra es *lo de menos*. Hay otras cosas que *urgen* más.
4. Si don Justo *encabezara* la contrarrevolución, ¿cuántas vidas costaría?
5. Tú puedes *faltar a* tu deber. Yo voy a cumplir con el mío.
6. Aunque *me avergüenzo* de lo que has hecho, todavía te quiero.

C. Creación

1. *(Dos o tres personas.)* Imagínense que Uds. son los autores de esta obra. A ver si pueden darle otro final. Por ejemplo:
   a. Don Justo acepta el salvoconducto, y sale de México... ¿Se reúne con las fuerzas contrarrevolucionarias? ¿Vuelve al poder? ¿Qué les pasará a Octavio y a Carlos?
   b. Don Justo promete renunciar a pelear contra el nuevo régimen... ¿Será fiel a su palabra? ¿Vivirá feliz con su familia?
   c. Don Justo trata de escapar, pero es denunciado por uno de sus antiguos amigos...¿Lo ampara su familia? ¿Qué le pasará?
   d. (...)

   En cada caso, desarrollen una corta escena, o por lo menos, las últimas veinte líneas del drama. ¡A la escena!

2. ¿Le interesa la historia? Pues busque alguna información sobre una de las figuras importantes de la Revolución mexicana—Francisco Madero, Victoriano Huerta, Pancho Villa, Emiliano Zapata, Venustiano Carranza, Álvaro Obregón— y háganos un breve bosquejo biográfico... O si prefiere, compare a uno de esos personajes con alguna figura de la Guerra Civil norteamericana.

LECTURA 2

Preparativos

Pistas

1. Although the indefinite **alguno** normally means "some," and **ninguno** means "no, none," Spanish can turn **alguno** into a very strong negative by positioning it after the noun:

Sí, yo tenía alguna idea de lo que pasaba.
—Pues yo no tenía **idea alguna.** (No tenía ninguna idea.)

—Yes, I had some idea...
—Well, I had no idea at all.

2. ¡Alerta!... We have been asking you all along to look for cognates and near-cognates, and then to spot any extensions of them. But there are a few deceptive cognates that could easily lead you astray. What, then, is the solution? If the expected meaning does not quite make sense, simply, look again at the context and see what does.

Suppose two strangers suddenly discover they were born in the same town on the same day and one exclaims, *¡Qué casualidad!* Can that response have anything to do with a "casualty"? And if we talk about the tragic victim of an accident and say, *El desgraciado no tuvo tiempo siquiera para pedir ayuda,* was there any "disgrace" involved?

As you may have suspected, these words will appear in our next reading, and here are their meanings.

- **una casualidad**   *a coincidence* (NOT *a casualty*). A *casualty* is "un herido" or "una baja".
- **una desgracia**   *a misfortune, a tragedy* (NOT *a disgrace*). A *disgrace* is "una vergüenza, un escándalo, una humillación," etc.

Orientación

«El tajo.» Así se llama esta trágica historia de dos compatriotas hechos enemigos por la Guerra Civil española. Uno es miliciano—es decir, republicano. El otro es insurgente—«franquista». Uno muere. Y el otro vive... ¿vive?...con el recuerdo de la sangre que derramó. Pero, ¿qué significa el título? Según el diccionario, un «tajo» puede ser varias cosas. Puede ser un corte *(cut),* como de cuchillo o de espada; o el filo de un hacha *(ax);* o un pedazo de madera que se usa para picar *(chop)* la carne; o por extensión, el pedazo de madera que se emplea en las ejecuciones de los criminales. Puede ser también una tarea, o una obra, o un taller *(workshop),* y más...

Cuando termine de leer el cuento, piense Ud. en los varios significados de la palabra, y díganos: ¿Qué quiere decir en este contexto «El tajo»?

Asociaciones

campaña   *campaign*—la guerra, el frente; **puesto de mando**   *command post*—teniente, capitán, soldado, **recluta** *(recruit; draftee);* **el carnet**   *identification card;* **camastro**   *cot:* «Vuelto al puesto de mando, el teniente sacó de su bolsillo el carnet del recluta que acababa de matar. Se metió en su camastro y silenciosamente se puso a llorar.»

el fusil   *rifle*—disparar un tiro, **hacer una descarga** *(to fire a volley);* **una baja**   *casualty:* «El desgraciado fue muerto por una **bala perdida** *(stray bullet).* —¡Qué tragedia! Fue una baja del todo innecesaria.»

viña   *grapevine; vineyard;* **viñedo**   *vineyard*—recoger **uvas** *(grapes);* **racimo**   *a bunch;* **rabo**   *stem:* «¿Cuál prefieres, la uva blanca o la tinta? —Cualquiera. ¿Me das un racimo?»

cazar   *to hunt*—**conejos**   *rabbits* etc.; **dar con**   *to come across, run into:* «No te lo vas a creer. Ahí estábamos en el bosque cazando conejos, ¡y dimos con un león! —Pues claro que te creo. Pero, cuéntame, ¿qué te dijo el león?»

esforzarse (me esfuerzo)   *to make an effort;* **llevar a cabo**   *to achieve, bring about:* «Si se esfuerzan, lo llevarán a cabo. —Es decir, si sus esfuerzos van bien encaminados.»

Díganos: ¿Cuáles de las palabras arriba tienen que ver con armas de fuego? ¿y con el ejército? ¿Cuáles se refieren al cuerpo humano? ¿Cuáles se relacionan con un viñedo?

¿Qué es lo primero que se le ocurre cuando piensa en las cosas siguientes?: *un camastro; un carnet; un fusil; un recluta; un puesto de mando; las uvas; cazar.*

Finalmente, usando las Asociaciones arriba, ¿puede Ud. expresar de otra manera?:

1. *Tropecé* con Ernesto en la calle.
2. *Haremos el mayor esfuerzo* posible (...lo más posible) para *realizar* el proyecto.

El tajo

FRANCISCO AYALA (España)
(Selecciones)

El teniente Santolalla no podía olvidar lo que ocurrió ese **agobiante** mediodía de agosto de 1938, durante la guerra civil. En el frente de Aragón no pasaba nada. La guerra avanzaba por otras regiones y, aunque cada mañana se disparaban **unos cuantos** tiros, nada turbaba la soledad del campo. Por eso, los viñedos
5 cercanos eran tan **tentadores**...   *sofocante / algunos / atractivos*

Ese mediodía, el teniente Santolalla había bajado a la viña. Distraído, arrancaba aquí una uva, **más allá** otra, cuando de pronto vio alzarse un **bulto** ante sus ojos. Era un **miliciano.** El miliciano no lo veía. Santolalla sacó la pistola y disparó...   *por aquel lado / figura / republicano*
10 Vuelto al puesto de mando, Santolalla abrió la cartera que había sacado del bolsillo del miliciano. Allí estaba su carnet, con filiación completa y retrato. Era la cara de Anastasio López Rubielos, afiliado a la Unión General de Trabajadores, y nacido en Toledo el 23 de diciembre de 1919. **¡Vaya una casualidad!** El era también de Toledo. Había matado sin pensar a un **paisano suyo**—un muchacho   *¡Qué coincidencia! / hombre de su propia tierra*
15 de 18 años que también había venido a recoger uvas... Santolalla ya no podía pensar en otra cosa.

Había empezado a llover, a hacer frío, y aunque tuviera ganas, que no las tenía, ya no era posible salir del puesto de mando. Mientras los otros jugaban a las cartas, él se pasaba las horas **muertas** en su camastro y **barajaba,** a solas consigo   *desocupadas / revolvía en su mente*
20 mismo, el tema de aquella guerra interminable, sin otra variación, para él, que el **desdichado** episodio del miliciano muerto en la viña. «He matado—pensaba—a un   *trágico*
hombre, he hecho una baja al enemigo. Pero lo he matado, no combatiendo, sino como se mata a un conejo en el campo.»... Si el **infeliz** muchacho no había tenido   *pobre*
tiempo siquiera de echar mano al fusil, y le miraba, paralizado, sosteniendo
25 todavía entre los dedos el rabo del racimo de uvas que en seguida rodaría por tierra... No; en verdad no hubiera tenido necesidad alguna de matarlo: ¿no podía acaso haberle mandado levantar las manos y, así, traerlo hasta el puesto como prisionero? ¡Claro que sí! Eso es lo que hubiera debido hacer; no dejarlo allí **tendido**... ¿Por qué no lo hizo?   *caído en el suelo*
30 Su angustia no lo abandonaba. Pero, ¿qué podía hacer ahora? Tal vez si fuera a visitar a la familia de su víctima, si tratara de hacer algo por ellos...
La guerra llegó a su fin. De regreso ahora en Toledo, Santolalla decidió no posponer el acto de **misericordia** que se había comprometido con su conciencia.   *compasión*
Iría a verlos. Les ofrecería su ayuda.

35   Mas, antes de llevarlo a cabo, tuvo que proveer a su propia vida. Arregló lo de
la **cátedra** en el Instituto de Toledo, fue desmovilizado del ejército, y—a Dios   puesto de profesor
gracias—consiguieron verse al fin, reunidos **todos** de nuevo en la vieja casa.   (de la familia)
Tranquilo, pues, ya, en un curso de existencia normal, **trazó** ahora Pedro Santolalla   planeó
un programa muy completo para identificar y localizar a esa pobre gente. Mas no
40 fue **menester** tanto; a las primeras **diligencias** dio en seguida con el nombre de   necesario / esfuerzos
Anastasio López Rubielos.

      «*De hoy no pasa*», *se dijo aquella mañana luminosa. Y con las **señas** en mano,*   dirección de la casa
se dirigió a la casa de los familiares de su víctima. Era una casita muy pobre, de
un solo piso, cerca del río, bien abajo. Encontró abierta la puerta y entró. Un
45 *viejo estaba inmóvil en un sillón.*

      —Quisiera hablar con alguno de la familia—interrogó—: la familia de Anastasio
López Rubielos, ¿vive aquí?
      Se había **repuesto**; su voz sonaba ya firme.   calmado
      —Rubielos, sí; Rubielos—repetía el viejo.
50 Y él insistió en preguntarle:
      —Usted, por casualidad, ¿es de la familia?
      —Sí, sí, de la familia—asentía.
      Santolalla deseaba hablar, hubiera querido hablar con cualquiera menos con
este viejo.
55   —¿Su abuelo?—inquirió todavía.
      —Mi Anastasio—dijo entonces con rara seguridad el abuelo, —mi Anastasio ya
no vive aquí.
      —Pues yo vengo a traerles a ustedes noticias del pobre Anastasio—declaró
ahora, **pesadamente**, Santolalla.   tristemente
60   —Anastasio—repitió el abuelo con énfasis (y sus manos enormes se juntaron
sobre el bastón, sus ojos tomaron una **sequedad** eléctrica). —Anastasio ya no vive   brillo seco
aquí; no, señor. —Y agregó en voz más baja: —Nunca volvió.
      —Ni volverá—notificó Santolalla. Todo lo tenía pensado, todo preparado. Se
obligó a añadir: —Tuvo mala suerte Anastasio: murió en la guerra; lo mataron. Por
65 eso vengo yo a visitarles...
      —Sí, sí, murió—asentía el anciano; y la fuerte cabeza llena de **arrugas** se movía,   señales de vejez en
afirmativa, convencida; —murió, sí, el Anastasio. Y yo, aquí, tan fuerte, con mis   la piel
años: yo no me muero.

      En ese preciso instante **irrumpió** en la saleta, desde el fondo, una mujer   entró bruscamente
70 corpulenta, morena, vestida de negro; se acercó y, dirigiéndose a Santolalla:
      —¿De qué se trata? ¡Buenos días!—preguntó.

      Santolalla le explicó en seguida, como mejor pudo, que durante la guerra había
conocido a López Rubielos, que habían sido compañeros en el frente de Aragón;
que allí habían pasado toda la campaña: un lugar, a decir verdad, bastante
75 tranquilo; y que, sin embargo, el pobre chico había tenido la mala **pata** de que   suerte
una bala perdida, quién sabe cómo...

      —Y a usted, ¿no le ha pasado nada?—le preguntó la mujer con cierta **aspereza**,   tono cortante
mirándolo de arriba abajo.
      —¿A mí? A mí, por suerte, nada. ¡Ni un rasguño, en toda la campaña!
80   —**Digo**, después—aclaró, lenta, la mujerona.   Quiero decir
      Santolalla se ruborizó; respondió, apresurado: —Tampoco después... Tuve
suerte ¿sabe? Sí, he tenido bastante suerte.

—Amigos habrá tenido—reflexionó ella, consultando la apariencia de Santolalla, su traje, sus manos.

85 Él le entregó el carnet que tenía en una de ellas, preguntándole:

—¿Era hijo suyo?

La mujer ahora se puso a mirar el retrato muy despacio; lo estaba mirando y no decía nada.

Pero al cabo de un rato se lo devolvió, y fue a traerle una silla; **entre tanto,**   mientras eso pasaba

90 Santolalla y el viejo se observaban en silencio. Volvió ella, y mientras colocaba la silla en frente, reflexionó con voz **apagada:**   callada

—¡Una bala perdida! ¡Una bala perdida! Ésa no es una muerte mala. No, no es mala. Ya hubieran querido morir así su padre y su otro hermano: con el fusil empuñado, luchando. No es ésa mala muerte, no. ¿Acaso no hubiera sido peor

95 para él que lo torturasen, que lo hubiesen matado como a un conejo? ¿No hubiera   colgarlo (en alguna prisión, torturándolo) sido peor el fusilamiento, la **horca?** ... Si aún temía yo que no hubiese muerto y todavía me lo tuvieran...

—Bueno—comenzó penosamente. —Bueno, voy a rogarles que me consideren como un compañero... como el amigo de Anastasio... Quiero decir—**apuntó** él—   indicó

100 que para mí sería una satisfacción muy grande poderles ayudar en algo.

Se quedó rígido, esperando una respuesta; pero la respuesta no venía, **Dijérase**   Se diría que no lo habían entendido. Tras la penosa pausa, preguntó, directa ya y embarazadamente, con una desdichada sonrisa:

—¿Qué es lo que más necesitan? Díganme: ¿en qué puedo ayudarles?

105 —Nada necesitamos, señor. Se agradece.

Sobre Santolalla estas palabras cayeron como una lluvia de tristeza; se sintió perdido, **desahuciado.** Después de oírlas, ya no deseaba más que irse de allí; y ni   incapacitado siquiera por irse tenía prisa. Despacio, giró la vista por la pequeña sala, casi **desmantelada,** llena tan sólo del viejo que, desde su sillón, le contemplaba ahora   sin muebles

110 con indiferencia, y de la mujerona que lo encaraba de frente, en pie ante él, cruzados los brazos; y, **alargándole** a ésta el carnet **sindical** de su hijo: ofreciéndole / de la Unión de Obreros

—Guárdelo—le ofreció; —es usted quien tiene derecho a guardarlo.

Pero ella no tendió la mano; seguía con los brazos cruzados... Se había cerrado su **semblante; le relampaguearon** los ojos y hasta pareció tener que dominarse   cara / se llenaron de fuego

115 mucho para, con serenidad y algún tono de ironía, responderle: —¿Y qué quiere usted que haga yo con eso? ¿Que lo guarde? ¿Para qué, señor? ¡Tener escondido en casa un carnet socialista, verdad? ¡No! ¡Muchas gracias!

Santolalla enrojeció hasta las orejas. Ya no había más que hablar. Se metió el carnet en el bolsillo, **musitó** un «¡Buenos días!» y salió andando calle abajo.   murmuró

ACERCA DEL AUTOR

Francisco Ayala, novelista, cuentista, sociólogo, ensayista, crítico literario y profesor universitario, es uno de los escritores españoles más distinguidos del siglo XX. Nacido en 1906, emigró a América durante la Guerra Civil, pasando los años de su destierro en los Estados Unidos y en Puerto Rico, donde fundó la prestigiosa revista literaria, *La Torre*. Sus novelas, que incluyen la conocidísima *Muerte de perro* (1959), adoptan una posición profunda, valiente, y a veces sardónica, frente a la realidad. Ayala reside ahora en España, donde ha sido elegido a la Real Academia Española de la Lengua.

Proyecciones

A. ¿Qué dice Ud.?

1. ¿Conoce Ud. a alguien que haya luchado en una guerra? (¿Quién es? ¿En qué guerra luchó? ¿Le contó alguna vez algo extraño que le sucedió?)

2. ¿Cuándo ocurrió el incidente que nos narra Ayala? ¿Adónde había bajado un día el teniente Santolalla? ¿A quién encontró allí? Descríbanos lo que pasó... ¿Cómo explica Ud. la actuación de Santolalla en aquel momento? ¿Qué habría hecho Ud.?

3. ¿Quién era el miliciano muerto? ¿Qué descubrió Santolalla al encontrar su carnet? ¿Qué sentimiento le fue obsesionando después? ¿Qué resolvió hacer cuando terminase la guerra?

4. ¿Qué hizo Santolalla al regresar a Toledo? ¿A quién encontró primero cuando llegó a la casa de Anastasio López Rubielos? ¿Quién apareció después? ¿Puede Ud. contarnos en sus propias palabras la conversación que sucedió entre ellos?

5. ¿Cómo le explicó Santolalla a la madre de Anastasio la muerte de su hijo? En su opinión, ¿por qué no quiso ella aceptar el carnet que Santolalla le ofrecía? ¿Por qué no quiso aceptar su ayuda?

6. ¿Cómo piensa Ud. que Santolalla pasó el resto de su vida? ... Y finalmente, ¿cómo interpreta Ud. ahora el título «El tajo»? ¿Qué mensaje comunica la obra?

B. Adivine por el contexto

> regresó a la vida civil...   estorbaba...   echaban fuego...   completamente ileso...   en la mano...   ejecutado...   Infinitas veces...   revolviendo

Utilizando la lista arriba, exprese de otra manera las frases siguientes, y después conteste:

1. Nada *turbaba* la soledad de ese lugar remoto, ni voces humanas ni gritos de animales... *¿Era un ambiente urbano o natural?*

2. Lo miró con rabia, y sus ojos *relampaguearon,* despidiendo llamas de odio... *¿Demostraba impaciencia, resignación, enojo o serenidad?*

3. Cuando terminó la guerra, Santolalla fue *desmovilizado* del ejército ... *¿Siguió Santolalla en el servicio militar?*

4. No me pasó nada en el accidente. Escapé sin *un rasguño* siquiera. —¡Dios mío! Y los otros quedaron tan mal heridos... *¿Qué golpe de suerte tuvo ese individuo?*

5. *Por enésima vez* trató de explicarse lo que pasó, y no pudo. Día y noche lo siguió *barajando* en su mente... *¿Se le olvidó en seguida aquel incidente?*

6. Era mejor morir así, con el fusil *empuñado,* luchando. Hubiera sido terrible si lo hubieran *fusilado o ahorcado... Según esta persona, ¿cuál habría sido la peor muerte?*

C. Creación

1. *(Dos personas.)* Imaginen Uds. que en lugar de matar a Anastasio, Santolalla lo llevó prisionero al puesto de mando. ¿Pueden Uds. «reproducir» la primera conversación entre ellos? ... ¿Qué habría sucedido después? ¿Se habrían hecho amigos? ¿Habría tratado Anastasio de escapar? ¿o de matar a Santolalla? ¿Qué habría ocurrido al terminar la guerra?

2. *(Dos personas.)* Imagínense que la madre de Anastasio hubiera aceptado las ofertas de Santolalla. Dramaticen Uds. su propia versión de aquella primera visita... ¿Qué relación se habría formado después entre ellos?

3. Si Ud. prefiere hacer algo por su propia cuenta, busque información sobre la Guerra Civil española, y háganos un breve informe, o tal vez, un «reportaje» periodístico sobre algún episodio.

En conclusión

En este capítulo, hemos visto dos aspectos de la violencia interna que ha sacudido al mundo hispánico, que ha sacudido en efecto a toda la humanidad desde sus principios. ¿Cuál de estos episodios le recuerda más algún aspecto de nuestra propia historia? ¿o algún aspecto de nuestra realidad actual? ... En su opinión, ¿cuál de las obras tiene más impacto emocional? ¿Por qué?

LECCIÓN 12

La presencia extranjera

AMBIENTE

«¿Tantos millones de hombres hablaremos inglés?» ... Inquietud de un poeta. Voz de alarma para toda una cultura. Escritas a principios de este siglo por Rubén Darío, el gran poeta nicaragüense, las palabras citadas **resumen** con elocuencia el temor que **perdura** hasta el día de hoy en el mundo de habla española.

   expresan
   persiste
   sospecha

Pero ese temor, ese **recelo,** esa alarma, esconden sentimientos opuestos y contradictorios. Si por un lado, a la América Latina le irrita que los Estados Unidos se haya apropiado de un nombre, el de «América», que le pertenece a todo el continente, por el otro, no puede dejar de admirarlo. Si por un lado, la América Latina rechaza la fuerza inhumana y la técnica norteamericanas, por el otro adopta e imita sus innovaciones. Si protesta contra su «materialismo», contra su «imperialismo político y económico»—«Yanqui go home»—al mismo tiempo sueña con los lujos que ve **desplegados** en las películas de Hollywood, y con las oportunidades que brindan los «estéits».

   tendidos a la vista
   (Estados Unidos)

Rechazo y aceptación. Desconfianza, **celos,** y admiración. Actitudes complejas, sentimientos antagónicos.

   envidia

Sintiéndose invadido por una cultura que a veces hasta le ofende, el latinoamericano sin embargo **acoge** abiertamente algunos de sus aspectos. **A horcajadas** entre dos mundos, admite la presencia de ambos. Junto al «pato» argentino, el fútbol inglés. Junto al jai-alai español, el béisbol norteamericano. Junto al tango argentino, al merengue dominicano y los ritmos afro-cubanos, el «rock» y el «jazz». Junto a las **chalinas** y ponchos sudamericanos, el «blue jeans» importado—y para la gente «**bien**», las últimas modas francesas e italianas. Junto a sus «**nacimientos**», las tarjetas de Navidad.

   adopta
   Balanceándose /
    juego tradicional
    del gaucho
   chal estrecho
   adinerada
   escenas de la
    Natividad

Hasta los tradicionales hábitos de trabajo, hasta hace poco inviolables, están siendo lentamente suplantados por otros. A las largas siestas del mediodía, una nueva ética de trabajo. Al «mañana» español, la eficiencia sajona. Los ejemplos abundan. Las fronteras se borran.

En España la presencia extranjera toma una forma más bien europea. Aunque el español comparte la programación norteamericana de cine y televisión, no se siente tan **abrumado** por el «yanqui». Se resiente de las bases militares estadounidenses, pero goza del contacto personal con el «americano», come su comida rápida a la hora del almuerzo (por lo menos, en las grandes ciudades), y **se ufana** de llegar a tiempo a sus citas, «hora americana». Su cocina todavía es española, con algún influjo francés e italiano, y su inglés, cuando lo habla, tiene un acento británico...

   subyugado

   está orgulloso

El escritor contemporáneo de habla española, sobre todo el latinoamericano, no ha olvidado la inquietud de Darío. Así, en *El socio,* un novelista chileno nos cuenta la historia de un hombre que al inventar un socio imaginario de nacionalidad inglesa, logra el éxito que antes se le había negado. Después, en «Y la nieve, ¿dónde está?», un autor dominicano presenta la tragedia de un joven ingenuo que viene a los Estados Unidos con la esperanza de prosperar ... y lo único que encuentra es «la nieve».

Ernest Hemingway, por Miguel Covarrubias (México)... La figura hercúlea y complaciente del novelista norteamericano—una presencia física más bien que espiritual—representa los Estados Unidos, admirado y odiado, respetado, temido, e imitado.

Clark Gable y el Duque de Windsor. Los gringos toman distintas formas...

Comentarios

1. ¿Cuál ha sido el temor primordial del latinoamericano con respecto a los Estados Unidos? ¿En qué palabras lo resumió Rubén Darío? ¿Qué ambivalencia ha demostrado el «latino» a través de los años? (¿Puede Ud. darnos algunos ejemplos específicos?)
2. ¿Cómo se compara—o se contrasta—la actitud española en cuanto a la presencia extranjera?
3. ¿Ha tenido Ud. contacto personal con gente hispana, latinoamericana o española? (Descríbanos la relación, las circunstancias, etc.) ¿Ha observado algunos de los fenómenos y actitudes que se comentan arriba? ¿Hasta qué punto cree Ud. que nuestra sociedad «anglosajona» ha cambiado también?

_____ **LECTURA 1** _____

Preparativos

Pistas

Here is a quick review of **para** and **por**. Most of these uses will appear in the readings of this lesson.

1. para *for* (an objective, goal, destination)

in order to: Para salir de una situación difícil, inventó una mentira.
intended or *headed for:* Es para mi socio... Salió ayer para Santiago.
to be used for: Compró unas copas para vino.
by or *for a certain date* or *time:* Lo acabaremos para el lunes.
considering: Para una persona tan mayor, el riesgo es muy grande.

2. por *by, for*

■ *by* (someone or something), *by means of:* La carta fue firmada por Davis... Háblele por teléfono...
along, through, around: Caminaba por las calles... Pasen por aquí.
during (a period of time): Nos veremos mañana por la mañana.
in exchange for, instead of: ¿Cuánto pagó por la propiedad? ... Me vendieron nilón por seda, y no me di cuenta siquiera.
per, by the...: El 90 por ciento trabaja por horas, no por días...

■ motive, impulse of an action:

out of, because of: Lo hizo por miedo.
for the sake of, on behalf of: ¡Por Dios! Hazlo por tu hijo.
in the hopes of: Se esforzó en vano por convencerla.
in search of (in order to bring back): ¡Vayan por agua!
pending, yet to be: El asunto está por resolverse todavía.

Asociaciones

socio *partner;* **corredor** *broker*—de propiedades, etc.; **costear** *to pay for, underwrite:* «¿Por qué costearon Uds. el proyecto? —Porque nuestro socio ya se había comprometido con el corredor. No pudimos menos de apoyarlo.»; **no poder menos de** *to have to, be obliged to*

la Bolsa *Stock Market;* comprar **acciones** *(stocks);* hacer una **inversión** *(investment)*—**invertir (invierto)** capital, una herencia, etc.: «¡Vamos a hacer un negocio! Ud. invierte el dinero. Yo saco las ganancias. —¿Así funciona la Bolsa?»

un poder *power of attorney, authorization;* **la letra** *handwriting:* «Para vender las acciones, tendrán que traer un poder firmado por el dueño. —Pero, ¿quién conoce su letra?»

postigo *shutter;* **el cajón** *drawer:* «El postigo roto daba golpes contra la ventana. ¿Qué era ese **bulto** *(figure)* que veía en la oscuridad? Abrió el cajón de su escritorio y sacó su pistola.»

portarse *to behave*—bien, mal; **desafiar (desafío)** *to defy, challenge*—un **desafío:** «Se ha portado muy mal conmigo. Le desafiaré públicamente. —¡Qué va! Nadie hace desafíos hoy día.»

arrebatar *to grab, make off with;* **apoderarse de** *to take possession of;* **derrumbar** *to overthrow; collapse:* «¿Qué pasó? —Los rebeldes han derrumbado al gobierno. Se apoderaron del Capitolio y le arrebataron el poder al presidente.»

Díganos: ¿cuáles de estas Asociaciones se refieren a los negocios? ¿Cuántas aluden específicamente a la Bolsa?

Ahora, busque en el grupo 2 a lo menos un sinónimo para cada una de las expresiones del grupo 1.

1. apoderarse, costear, no poder menos de, arrebatar, derrumbar, portarse, desafiar

2. financiar, derribar, conducirse, posesionarse, quitar a la fuerza, confrontar, subvencionar, derrocar, sentirse obligado a

Finalmente, relacione el grupo 3 con sus equivalentes en el grupo 4.

3. una inversión, un poder, la letra, acciones, un bulto, un cajón

4. una figura, una consignación de fondos, una autorización, valores, una gaveta, la mano (de escribir).

El socio

JENARO PRIETO (Chile)
(Versión condensada)

Para salir de una situación difícil, Julián Pardo, un mediocre corredor de propiedades, inventa un socio ficticio de nacionalidad inglesa, a quien llama Walter Davis. ¡Cuántas veces ha oído decir a otros: »Lo tendré que consultar con mi socio...» «Mi socio me aconseja que no lo haga...» «Mi socio dice...»! Ahora, él
5 *podrá alegar lo mismo, y siendo inglés el tipo ése, ¡mejor! Poco después, Julián hereda una pequeña suma de dinero y decide invertirla en la Bolsa bajo el nombre de su socio, para que Leonor, su esposa, no se entere de cómo ha desaparecido el dinero. **Da la casualidad de** que las acciones aumentan de valor,* — Por suerte
y por primera vez, Julián comienza a prosperar y a soñar. Pero su esposa lo
10 *vuelve a la realidad.*

—El niño sigue cada día peor; no come, duerme mal, tose de noche... Es
preciso llevarlo a alguna parte. — necesario
—**En cuanto** haya dinero disponible... — Tan pronto como
—¿Y los quince mil pesos de don Fabio?

15 Julián no se atrevía a confesarle a su mujer que estaba especulando. Le pediría
unos tres mil pesos **a cuenta** al corredor. ¿Tres mil? Era ridículo que Davis — como anticipo
necesitara tres mil pesos. Le pediría treinta mil. El resto de la ganancia lo dejaría
en la oficina para seguir operando, hasta hacerse millonario.

—Hoy mismo tienes el dinero—dijo...

20 Impresionado con el recuerdo del pequeño, Julián fue a hablar con el corredor:
Davis quería que, a cuenta de las **utilidades,** le entregara unos treinta mil pesos. — ganancias
Gutiérrez no vaciló.

—¡Con mucho gusto! ¡Basta que lo desee el señor Davis! ¿Para cuándo
necesita ese dinero?
25 —Para hoy, para mañana, cuanto más pronto mejor—dijo Julián.
El corredor sacó el reloj.

—Son más de las cuatro. Hoy ya está cerrado el Banco. Usted tiene **poder** del señor Davis. ¿No? No importa. Una carta, cuatro líneas..., por la **fórmula,** nada más que por la fórmula, para dar a la operación un aspecto comercial.

30   —Es que Davis está ausente...

—¡Bah! Entonces la misma carta en que le da la orden.

—No me ha escrito..., me ha hablado por teléfono...—dijo Julián acorralado.

—No se preocupe. ¿Dónde está ahora el señor Davis? ¿En Valparaíso?

—En Valparaíso...—repitió Julián con voz opaca.

35   —Muy bien; que le extienda un poder, y **basta y sobra.** Háblele esta tarde misma por teléfono.

Julián salió indignado. ¡No faltaba más! Él había arriesgado su dinero; él había ganado **en buena lid** esos ochenta o cien mil pesos que Gutiérrez tenía en su oficina, y ahora resultaba que ese dinero era de Davis, que para entregárselo

40 necesitaba una autorización de Davis...

La plata era suya, suya, y él no consentiría en ese **despojo...** No **retrocedería** ni ante el crimen, si era preciso asesinar a Davis...

No pudo menos de reírse.

—¡Qué ridiculez! ¿Matar a Davis?

45 ¿Estaba loco? Davis **al fin y al cabo** no era nada... ¿Le pedían un poder? Perfectamente: era lo mismo que si le pidieran una autorización de Julián Pardo para que cobrara un dinero que le pertenecía. ¿A quién dañaba con ello? A nadie, absolutamente a nadie...

Al día siguiente, Julián se va a Valparaíso donde establece ante un notario la

50 *«presencia» de Davis y hace que éste le* **conceda** *un poder. Vuelto a Santiago, Julián sigue especulando—cada vez con más éxito—pero todo su triunfo es atribuido al gringo «tan brillante como excéntrico» que se ha asociado con él.*

La vida de Julián va cambiando. Mientras su familia ocupa una casa hermosa, y él mismo tiene amoríos con la esposa de un conocido suyo, Davis va **cobrando**

55 *una identidad más definida. La oficina se llena de gente que quiere proponerle negocios a Davis, o pedirle favores. Una francesa le exige dinero a Julián, alegando que Davis la ha dejado embarazada. Julián mismo, para evitar explicaciones sobre sus ausencias nocturnas, hace que «Davis» le mande regalos costosos a Leonor, su esposa, con notas que dicen: «Discúlpeme,*

60 *señora, por haber* **retrasado** *a su marido.» Por último, cuando Leonor cambia por un anillo de esmeraldas las perlas que su suegra le había dado, se fortifica con la excusa de que Davis se lo ha regalado.*

Los éxitos en la Bolsa continúan. Julián es millonario ahora, pero para el mundo de los negocios, él no existe. Sólo existe Davis; todo es el **gringo** *Davis...*

65 *Julián decide matarlo. Pero, ¿cómo? Inicia una* **polémica** *con él a través de los periódicos. Luego se ausenta por unos días, y al volver,* **hace saber** *que lo desafió a un duelo, y que Davis ha desaparecido.*

El mundo recibe la noticia con asombro. Seguramente el culpable es Julián, todos piensan. Pero lo curioso es que Julián ha comenzado a creerlo también. Su

70 *creación se ha* **apoderado** *de él. Se imagina que ha herido de verdad a Davis. Y cuando la gente le* **rehuye** *y su fortuna se disipa, cuando pierde su hermosa casa y su hijo se vuelve a enfermar y muere, Julián le echa la culpa de todo a Davis. Hasta comienza a poner en duda la fidelidad de su esposa. Una tarde, cuando descubre entre sus papeles el recibo del anillo que Leonor había comprado,*

75 *pagándolo con las perlas, le pregunta angustiado:*

Side glosses: autorización / requisito formal · será más que suficiente · ¡Eso era demasiado! · por sus propios esfuerzos · robo / vacilaría · en realidad · dé · adquiriendo · ocupado el tiempo · extranjero · disputa / avisa a todos · hecho dueño / evita

—¿Qué significa este anillo de esmeraldas? Yo no te lo he dado.

—Me lo dio Davis... —murmuró Leonor con voz algo ingenua.

—¿Qué dices?

—Sí; Davis... Davis..., el día de mi santo.

80   Ése fue el golpe **de gracia**. Su mundo se había derrumbado. —¡Basta! —logró   *mortal*
decir por fin. —¡Todo ha concluido!

Fue como una **pesadilla** que sigue y se prolonga y se va haciendo por   *sueño terrible*
momentos más horrible.

¡Ah!, si a lo menos hubiera podido separar los ojos de ese pedazo de papel...

85 «Un anillo de esmeraldas... $2.000».

Leonor iba bajando la escalera. Bajaba muy lentamente. Los peldaños crujían
uno tras otro: cric... crac... croc...

Bastaba gritar: «Leonor. ¡Perdóname; yo no creo que me **engañes!**» y los pasos   *Sólo tenía que /*
se detendrían.   *seas infiel*

90   Pero Julián no podía gritar. Mudo, con los ojos fijos, continuaba leyendo y
releyendo el pedazo de papel: «Un anillo de esmeraldas... $2.000».

Julián quería llorar, pero sus ojos permanecían secos y **atónitos**.   *asombrados*

—¡Leonor! ¡Vuelve! ¡Perdóname!—gritó de pronto con una voz estrangulada que
él mismo no se conocía, y corrió hacia la ventana. La calle estaba sola. Llovía.

95 Frente a la puerta había un bulto negro.

Pardo bajó precipitadamente la escalera, y penetró **a tientas** en el **escritorio**. No   *cautelosamente /*
era una alucinación: el bulto negro continuaba allí frente a la ventana.   *despacho*

Julián se llevó las manos a los ojos con un gesto de desesperación y de
impotencia. Fue sólo un instante; después **se irguió** con energía, **afianzó** la   *se levantó /*
100 cerradura del postigo y abrió uno de los cajones de la mesa.   *aseguró*

Sintió que un odio ciego le invadía; después una sensación de laxitud, casi de
alivio... ¿Qué importaba? Sacó el revolver y lo colocó sobre la mesa.

De pronto escuchó un golpe en la ventana. Julián permaneció inmóvil en su
silla. Los golpes se repitieron en la puerta. Entonces se levantó muy lentamente y
105 abrió. Era Davis. Venía **arrebujado** en una larga **capa de agua**.   *envuelto /*
    impermeable

—Buenas noches, míster Pardo.

Julián no le contestó; mas él pareció no **advertirlo**.   *notarlo*

Con absoluta indiferencia sacó un pañuelo a cuadros y comenzó a **sacudir** uno   *limpiar*
de los viejos sillones. En seguida se sentó. Parecía haber elegido **de propósito** el   *deliberadamente*
110 rincón más obscuro de la sala.

—Llueve bastante—dijo—y espero que usted no tendrá la idea de salir a la calle
como su señora... ¿Quiere usted que conversemos?

—Sí—exclamó Julián con voz ronca—. ¡Hablemos...! Es necesario que
hablemos... ¿Qué **pretende**? ¿Por qué viene a mi casa? ¿Con qué derecho se   *quiere*
115 mezcla en mis asuntos?

—¡Oh! ¡Usted está un poco nervioso, míster Pardo!

—¿Nervioso? No. ¡Nada me importa! Estoy dispuesto a todo... ¡Usted se ha
portado **como un miserable**!   *muy mal*

Con una calma irritante, Davis se sacó las **gafas** y comenzó a limpiarlas   *anteojos*
120 **minuciosamente** con el extremo del pañuelo.   *cuidadosamente*

—¿Conoce usted estos anteojos, míster Pardo? Son los mismos que me **quebró**   *rompió*
en Valparaíso, cuando usted tomó mi nombre para hacer esa **escritura**.   *documento*

—¡Basta!—gritó Julián fuera de sí. —¡Tomar su nombre! **¡Infame!** ¿Cuándo has   *¡Canalla!*
tenido tú algún nombre?

125 —No me trate usted de «tú».

—¿También exiges cortesías? Has **muerto** a mi hijo, me has quitado a mi mujer,   *matado*
me has engañado, y, ¿quién eres? Un **engendro** de mi imaginación, ¡una mentira!   *producto*
Tú no existías antes..., yo te he creado... Te inventé un nombre, te presté mi
herencia, te hice ganar dinero a manos llenas... Tú pretendiste **arrebatármelo.** Me   *robármelo*
130 defendí... Para librarme de tus robos, tuve que hacer una escritura falsa. ¡No lo
niego! Y tú seguías **persiguiéndome,** atribuyéndote la gloria de todos mis   *atormentándome*
esfuerzos, **postergándome,** haciéndome pasar por tu subordinado... Hasta tus   *humillándome*
vicios te los he costeado. ¿Recuerdas a madame Duprés? Un día vino a decirme
que la habías dejado con un hijo... Yo pagué por ti. Entonces sedujiste a **Anita...** y   *(la amante de Julián)*
135 luego a mi mujer..., y me arruinaste..., y una noche, una noche como ésta, subiste
como un ladrón hasta la pieza en que dormía el niño y...
        —¡Oh! Y usted quiso matarme a mí también..., ¿recuerda el duelo?
        —Sí; quise matarte, y ¡lo deseo todavía!
        Julián había tomado el revólver, y, de pie junto a la mesa, lo miraba **trémulo de ira.**   *temblando de furia*
140 Davis se sonrió.
        ¡Es inútil que dispare, míster Pardo!... ¡Usted mismo acaba de decir que me ha
inventado, que soy un producto de su imaginación, «una creación del arte»! ¡Y las
creaciones del arte no mueren!
        Julián no pudo **dominarse** y disparó. Apuntó al pecho de Davis y la bala debió   *controlarse*
145 haberle **atravesado;** pero él continuó **impertérrito** su frase: *penetrado el cuerpo
                                                                                            / tranquilamente*
        —¡Somos inmortales! Consulte su biblioteca.
        Julián permaneció un momento **inerme,** atónito. Por su cerebro desfilaban en   *indefenso*
loca confusión **Edipo, Aquiles, Dido, Hamlet, Don Quijote...,** seres fantásticos,   *(personajes de
                                                                                               ficción) / habla*
irreales y que, no obstante, se agitan, hablan, y conmueven con sus **acentos** a los
150 vivos... Y, ¿qué **fue de** sus autores? ...¿No se pone en duda ya, **hasta** que   *se hizo de / siquiera*
Shakespeare escribiera? Y Homero, ¿quién se atreve a asegurar que el viejo
Homero haya existido?
        —Sí, míster Pardo, soy una mentira..., una mentira que ha crecido y tomado
cuerpo y se ha vuelto en contra **suya,** como todas las mentiras, pero existo... ¡Oh!   *de Ud. mismo*
155 ¡No hay nada más difícil de matar que una mentira!
        Julián se oprimió la cabeza con ambas manos y, encarándose con Davis,
exclamó:
        —¡Me vengaré! ¡Quedarás ante todos como un asesino!
        —¡Oh! ¡Puede usted hacer lo que quiera, míster Pardo! Estoy libre de esas
160 miserias **terrenales...**   *de la vida en esta
                                        tierra*
        Julián no respondió. Tomó la pluma entre los dedos temblorosos, y con una letra
extraña, la misma echada hacia atrás con que firmaba Walter Davis, escribió:
        «Señor Pardo:
        Usted me ha herido, pero yo sabré buscar la ocasión oportuna... y estoy seguro
165 que le **pesará...** Yo no perdono.»   *costará caro*
        Fechó la carta el 25 de marzo—cuatro días después del desafío—guardó el
papel en un cajón y miró por última vez a Davis.
        Seguía **arrellanado** en el sillón y cargaba su pipa...   *sentado cómodamente*
        Entonces Julián tomó el revólver y lo apoyó sobre su **sien** derecha...   *(parte de la cabeza)*
170 El examen médico legal **puso de manifiesto** que, tomando en cuenta la forma y   *demostró*
dirección de la herida, era menos probable que se tratara de un suicidio que de
un asesinato. El **hallazgo** de otra bala en la pared vino a confirmar la hipótesis. El   *descubrimiento*
descubrimiento de un **anónimo** amenazador la hizo indiscutible. Los **peritos**   *carta anónima / ex-*
grafólogos declararon que la letra de ese anónimo correspondía a la de Davis. Se   *pertos en escritura*
175 sabía, pues, el nombre del culpable; faltaba sólo **dar con él.**   *encontrarlo*
        Desde entonces la policía busca a Davis...

ACERCA DEL AUTOR

Sin duda alguna, Jenaro Prieto fue el mejor cronista de la vida política chilena entre 1915 y 1945. Un periodista renombrado, publicó cientos de artículos que le granjearon una reputación tanto internacional como nacional. Su novela *El socio* ha sido vertida en diversas lenguas extranjeras. Además, ha formado la base de una obra de teatro española y de una película mexicana. Prieto murió en 1946 a los cincuenta y seis años de edad.

Proyecciones

A. ¿Qué dice Ud.?

1. ¿Puede Ud. contarnos esta historia en sus propias palabras? Por ejemplo: ¿Quién era Julián Pardo? ¿y Walter Davis? ¿Con qué dinero hizo Julián un golpe en la Bolsa? Poco después, ¿para qué necesitaba treinta mil pesos? ¿Qué tuvo que hacer para cobrar sus propias ganancias?

2. ¿Cómo cambió la vida de Julián después de hacerse rico? ¿Por qué empezó a odiar a Walter? En su opinión, ¿por qué tenía la gente más confianza en Davis que en Julián Pardo? ...Por fin, ¿qué decidió hacer Julián para recuperar su propia identidad?

3. ¿Cómo resultaron las cosas para Julián después de la desaparición de Davis? ¿Qué otra tragedia le sucedió? ¿A quién le echó la culpa de todos sus infortunios? ¿Por qué comenzó a dudar hasta de su esposa? (Explíquenos el incidente del anillo de esmeraldas.)

4. Hallándose solo y abandonado, ¿qué le pasa por fin a Julián? ¿Quién se le presenta en la sala de su casa? ¿De qué hablan? ... ¿Por qué no puede matar Julián a Davis? ¿Cómo acaba finalmente la novela?

5. Según Walter Davis, los seres ficticios sobreviven a los vivos. ¿Está Ud. de acuerdo con esa idea? ¿Por qué? ... A propósito, ¿sabe Ud. quién era Edipo? ¿Aquiles? ¿Dido? ¿Hamlet? ¿don Quijote?

6. ¿Qué piensa Ud. del retrato psicológico que Jenaro Prieto nos ha dado de Julián Pardo? ¿Cree Ud. que su suicidio fue causado por la locura o por una legítima desesperación? ... Si Ud. fuera el autor (la autora), ¿qué final le habría dado a la obra?

B. Adivine por el contexto

E indique en cada caso cuál fue la clave.

1. Los peldaños de la escalera *crujían* uno tras otro: cric... crac... croc...
2. Quiso llorar, pero sus ojos permanecían *secos*. Sacó sus anteojos y comenzó a limpiarlos con el *extremo* de un pañuelo. Y *de pronto,* gritó.
3. *Apuntó* el revólver al pecho de Davis y la bala debía haberle *atravesado*.
4. Me vengaré de él, se lo prometo. *Le pesará* el engaño que me hizo.
5. *Fechó* la carta el 25 de marzo, y empezó a escribir.
6. Era la misma letra extraña, la misma *echada hacia atrás* con que firmaba Davis.

C. Creación

1. *(Dos personas.)* Imagínese que Ud. tiene la oportunidad de hablar con algún personaje histórico o ficticio. ¿Con quién hablará? ¿Qué preguntas le hará? ... Prepare diez preguntas sobre diversos aspectos de su vida personal y pública. Por ejemplo: ¿Quiénes fueron sus mejores amigos? ¿Cuáles fueron sus

momentos «cumbres»? ¿Cómo ha pasado los años después de terminar su vida en esta tierra (o su actuación en aquella novela)? ¿Ha vivido «feliz para siempre, amén» *(happily ever after)*?... Ahora, su compañero hará el papel del entrevistado. ¿Cómo serán sus contestaciones?

2. Ud. es un(a) psiquiatra que se ha interesado en el caso de Julián Pardo. A base de todo lo que sabe de él, haga un análisis de su personalidad.

_____ LECTURA 2 _____

Preparativos

Pistas

You will find as you read along that **uno** has more than one meaning. In fact, here are two that are coming right up:

1. Uno (una) often stands for *One . . .* , in general, but it can also have a personal implication—*you, I, we, . . .*

—¿Qué dices? ¿Te casas?
—Una no puede decidirse tan aprisa. *(A girl can't... I can't decide so fast.)*
—Comprendo. A veces uno no sabé qué decir. *(At times one, you, we don't know...)*

2. Uno can also mean *somebody* (**alguien**):

—Oye, ¿qué sucede?
—Le pegaron un tiro a uno. *(They shot somebody.)*

Orientación

1. El cuento que vamos a leer ahora emplea varias técnicas modernas—entre ellas las escenas retrospectivas *(flashbacks),* y la encadenación de ideas *(stream of consciousness)*—que exigen la colaboración del lector. Primero, observe que la acción se mueve constantemente en diferentes lugares y tiempos. Por ejemplo:

a. *Presente:* La historia comienza en Miami, en el momento actual. Se oyen disparos. Alguien ha sido herido. Llega la ambulancia, la policía mete en ella a la víctima, y se dirigen hacia el hospital.
b. *Pasado lejano:* Quico, la víctima, en un estado semi-consciente, empieza a pensar en su niñez. Recuerda cuando sus padres lo llevaron a la Feria y él se subió a todos los aparatos mecánicos. ¡Cómo le gustaba montarse en el avioncito!
c. *Pasado inmediato:* Quico acaba de llegar a Miami en el avión, procedente de la República Dominicana.
d. *Pasado lejano:* Otra vez, Quico vuelve a su niñez, recordando ahora cómo jugaba al escondite *(hide and seek)* y a policías y bandidos *(cops and robbers)* con su amigo Néstor.
e. *Pasado inmediato:* en el «boarding» *(house)* en Miami, y así adelante, hasta lo que sucede en el momento actual.

2. Observe también cómo seguimos los pensamientos del protagonista, que pasan en rápida sucesión de una cosa a otra; **vejiga** *(balloon)*—verde, amarillo, rojo, sangre, etc.

Asociaciones

pegar un tiro, disparar, tirar   *to shoot;* **un balazo**   *a bullet shot* or *wound;* **ametralladora**   *machine gun;* **tumbar a tiros**   *to shoot down* (un avión, etc.) «Me encanta
montarme en los avioncitos... Mira, aquí está la ametralladora. Lo voy a tumbar a
Pedrito a tiros... Pedrito, te di un balazo. Tú estás muerto. —No, tú. Yo te pegué
el tiro primero.»

pretender   *to try, want,* etc.; **registrar**   *to search;* **un disparate, una tontada**   *a stupidity, piece of nonsense:* «¡Caramba! Alguien se llevó mi crucigrama *(crossword
puzzle).* —Pues, ¿qué pretendes? ¿Qué registremos a toda la gente por una tontada?»

derretirse   *to melt*—fuego, calor; **hirviendo**   *boiling;* **congelar**   *to freeze:* —¡Qué
frío!; **botar**   *to throw out:* «No sé qué pasó. Primero lo metí en agua hirviendo, y
se derritió. Después lo metí en el congelador, ¡y desapareció!—**A lo mejor**
(maybe) alguien lo botó.»

lío   *mess; jam;* **fila**   *row, "line":* «Estuve tres horas en la fila, esperando mi turno.
Y cuando llegué a la ventanilla, ¡se cerró!—¡Qué lío!»

quedar conforme   *to accept, go along with;* **quedar de** (o **en**)   *to agree to (do
something):* «¿Quedaron conformes con su plan? —Quedaron de (en) pensarlo
un poco más. Pero no importa. Si ellos no quieren, lo haré **por mi (propia) cuenta**
(on my own).»

sudar   *to perspire;* **pegajoso**   *sticky:* «¡Ay, qué calor! Estoy del todo sudado, y
tengo las manos pegajosas. —Con una ducha fría te sentirás mejor.»

Díganos: ¿Cuáles de las palabras arriba se relacionan con armas de fuego? ...
¿Cuáles se refieren de alguna manera al frío o al calor?

Ahora busque en el grupo 2 expresiones que signifiquen lo contrario de las del
grupo 1.

1: quedar en, a lo mejor, una tontada, quedar conforme, botar, congelar, pretender, sudar, registrar, un disparate, un lío, pegajoso, por su cuenta, en fila,
hirviendo
2: rechazar, negarse a, un golpe de genio, seguramente, en colaboración con
otros, guardar, derretir, desordenadamente, sentir frío, desinteresarse (por), no
examinar, suave, helado, disputar, perfecto orden, liso

Y la nieve, ¿dónde está?

ARMANDO ALMÁNZAR (República Dominicana)
(Versión abreviada)

	—Oye, **viejo,** ¿qué sucede?	hombre
	—¡Llamen una ambulancia!	
	—Alguien disparó en aquella casa.	
	—Parece que le pegaron un tiro a uno.	
5	—¿Qué es lo que pasa?	
	—¡Ahí viene la **bofia!**	ambulancia
	—¡Mataron a uno!	
	—Sólo está herido, no inventen.	
	—¿Con un balazo en el pecho?	
10	—Me dijo la señora que vive **al lado** que...	en la casa vecina
	—¿Quién era?	

• • •

—«Siempre quise venir a la Feria[1] para subirme en los aparatos, ver los juegos,
las luces y todas esas cosas tan bonitas que me decían los muchachos, pero
mamá decía que no tenía dinero, ahora papá **se sacó una quiniela** y nos dio para   ganó algo en una
15 que viniéramos; me gustó mucho montarme en los caballitos pero en los aviones   carrera de
es muchísimo mejor, se va más alto, se sube y se baja más rápido y cuando subo   caballos
veo a mamá allá gritándome no sé qué cosa...

Me gustaría pasarme el día montado en este avión, parece **de verdad,** sube y   verdadero
baja a toda velocidad como los de verdad en las películas; aquí tiene la
20 ametralladora, **ese de alante** lo tumbó a tiros, **tratratratratra...**   el chico adelante /
    (ratatattat)

• • •

Bajas del avión[2] con pose de conquistador de continentes. Al fin **te saliste con la**   hiciste lo que
tuya, estás en Miami, vas a trabajar duro aquí, o en Nueva York, o donde sea,   querías
pero el caso es que vas a conseguir mucho dinero, dinero para vivir en una buena
casa casado con una de esas rubias de película. ¿Por qué no? Dicen que a ellas
25 les gustan los tipos tropicales, **quemados por el sol,** porque son calientes y no se   morenos
pasan el tiempo hablando **disparates** como los yankis. Vas a ser rico, como don   estupideces
Arsenio que posee nada menos que una fábrica en Nueva Jersey; volverás a tu
país con un tremendo Chevrolet convertible y echarás lujos ante tus antiguos
amigos que de seguro andarán todavía **afanando** en sus empleítos del gobierno.   trabajando mucho

30 Claro, no obtendrás todas esas cosas en un mes o en un año, tendrás que
fajarte, pero, al menos aquí no te botarán del empleo porque no eres del partido   aplicarte mucho
en el poder; esto es una democracia de verdad, no una **vagabundería** como en tu   sistema corrupto
país, aquí hay facilidades y oportunidades para todos, nadie te va a **importunar**   fastidiar, molestar
porque seas de tal o cual partido, o porque aún no tengas mucho dinero... pero,
35 deja ya de estar mirándolo todo como un **zoquete** y sigue en la fila; tienes que   tonto
pasar por Migración para que te registren las maletas y chequeen tu pasaporte.
¡Ah! Ahora ves las maletas y recuerdas... **¡a buena hora!** El maletín, el maletín que   tan tarde
hiciste el favor de traerle al señor Iturralde. Él te dijo que se lo entregaras al señor
Infante, quien iría por él a tu cuarto en el «boarding», y que entonces el señor
40 Infante te ayudaría a conseguir un buen empleo muy pronto, casi de inmediato, ya
que él está muy bien **relacionado.** Y ahora... ¿qué diablos vas a hacer?   conectado

—Perdone, señor, se me quedó un maletín en el avión. ¿Cómo puedo
conseguirlo?
—¿Y ahora se da cuenta? ¡Mira que hay gente **bruta** en el mundo, chico!   estúpida
45 —Bueno, es que lo puse **arriba** y se me olvidó. ¿No puedo irlo a buscar?   (en el comparti-
—¿Irlo a buscar? Oye eso, Manolo: «Quiere ir a buscar su maletín al avión.»   miento)
Chico, ¿tú crees que ésta es la parada de **guaguas** en tu pueblo?   autobuses
—Pero, y entonces... ¿qué hago?
—Pues nada, chico, ahora no se puede hacer nada. Deja tu nombre y tu
50 dirección y, cuando lo encuentren al limpiar el avión, te lo mandan.
—Pero... pero es que... lo necesito hoy mismo... van a ir a buscarlo y... y yo...
—Ya no puede salir de aquí. El avión está en el hangar, y el hangar está como
a tres kilómetros. A lo mejor pretendes que vaya yo a buscártelo... chico, ¡fíjate   fantástica idea
qué nice!   (sarcástico)

---

[1]Retrospectiva—pasado lejano: El niño Quico va un día a la Feria con su madre ...
[2]Retrospectiva—pasado inmediato: Quico llega a Miami en el avión.

55   ¿No te están saliendo bien las cosas para empezar? Vaya, no te preocupes, una complicación la tiene cualquiera, hasta Rockefeller. Vete ahora al «boarding» ese y, cuando aparezca el **tal** Infante pues, le explicas lo que sucedió y ya. De todos modos, es un favor el que estás haciendo, y tan urgente no debe necesitar el maldito maletín. ¡Anda, vete y espérale!

                                    ● ● ●

> **tal** *que se llama*

60   —«Nestico no me va a poder encontrar[3], me busqué un sitio fenomenal para esconderme, no van a pensar nunca que estoy entre los sacos de carbón y voy a ganar el juego...

    —Sal ya, Quico, ganaste; aquí están los otros ya...

    —«Quiere que salga para encontrarme; se cree que soy **pendejo**; aunque
65 parece que es verdad, los otros están ahí todos...» ¡**Ejem**! Aquí estoy, gané otra vez, no pudiste encontrarme.

    —Vamos a jugar a otra cosa, ¿quieren?

    —¿A qué cosa, Calín?

    —¡Pues... a policías y bandidos!

> **pendejo** *tonto*
> **Ejem** *(ruido para denotar su presencia)*

                                      ● ● ●

70 Comiste hasta **hartarte**,[4] dormiste la siesta como un **pachá**, y aún no sientes el menor deseo de **incorporarte** de la cama. La ducha tiene agua caliente y fría; te hiciste un tremendo lío manipulando las llaves, **por poco te sancochas** con esa agua casi hirviendo; ya te acostumbrarás, es cuestión de tiempo. Tu habitación no tiene aire acondicionado. Te habían dicho que aquí lo había hasta en los closets,
75 mas ahora estás sudando, con la camiseta pegada al cuerpo y te sientes pegajoso e incómodo. ¿Qué vas a hacer con ese tremendo abrigo que compraste? Le **soltaste** 15 pesos al individuo aquél, te dejaste **enredar**, que hacia un frío terrible, que la nieve se te metía por el cuello de la camisa, que te ibas a congelar: 15 pesos. Y ahora, ¿dónde está la nieve? Si te pones ese abrigo
80 segurito que te derrites. ¿Quién iba a pensarlo? Tanto calor en los Estados Unidos, en los **esteits**, como decía el individuo. No importa. Deja que empieces a trabajar y a ganar plata **a montones**: sesenta a la semana para empezar, y en dólares, en dólares, no en pesos, casi lo que recibías allá por un mes de trabajo. Y luego, a estudiar de noche, electrónica, refrigeración, cualquier cosa de ésas que dejan
85 mucho dinero. Entonces, ¡ah! entonces ya verán quién eres tú, ya verán los que decían que volverías muerto de frío y con los **fondillos rotos**. Para esos días ya habrás dejado esta **porquería** de «boarding» y tendrás un apartamento para ti solo, con aire acondicionado, y un automóvil último modelo, y le enviarás un chequecito a la... ¡caramba! **Tocan** a la puerta... esta vez tendrás que abandonar
90 la cama aunque no quieras.

> **hartarte** *no poder más* / **pachá** *sultán*
> **incorporarte** *levantarte*
> **por poco te sancochas** *casi te quemaste*
> **soltaste** *entregaste* / **enredar** *engañar*
> **esteits** *(States)*
> **a montones** *en grandes cantidades*
> **fondillos rotos** *calzones gastados*
> **porquería** *miserable*
> **Tocan** *Llaman*

    ¿No comprendes lo que sucede? ¿Qué les sucede a estos hombres contigo? ¿Te habrán confundido con otro? No parece, puesto que conocen a Iturralde y saben lo del maletín. Ya no se puede ni hacer un favor: **que hables**, que sueltes la lengua, que si los de Migración, que dizque una nieve... ¡pero si nunca has visto
95 nieve en tu vida! Trata de empezar otra vez, despacio, para que te comprendan; tarde o temprano tendrán que creerte, después de todo, es la verdad. ¿Además, quién se están creyendo éstos que eres? ¿Una **porquería**, un **mojón** cualquiera?

> **que hables** *¡Habla!*
> **mojón** *«don nadie»*

---

[3]Retrospectiva—pasado lejano: El niño Quico está jugando al escondite con sus amigos.
[4]Retrospectiva: pasado inmediato, en el «boarding» en Miami.

Repíteles todo, háblales del señor Iturralde, diles que es muy buen amigo tuyo,
que te tiene confianza, que de no ser así no te hubiera confiado el **dichoso**   maldito
100   maletín. ¡Vamos, habla, no te quedes mirándoles como un imbécil!

    —Escuchen, nadie abrió el maletín, ni yo mismo; no le he dicho a nadie
nombres ni nada en Migración o en ninguna otra parte. ¿Para qué los iba a decir
si ni siquiera me preguntaron? El señor Iturralde es muy amigo mío y él me...

    —Vaya, chico, **conque** no quieres soltar la lengua, ¿eh?   de modo que
105   —**Se está haciendo el pendejo.** Quieres hacerte rico de un solo golpe, ¿verdad,   Quiere aparentar que
bueycito?   no sabe nada.

    —Les digo que...

    —**¡Ya está bueno de pendejadas!** ¡Habla de una vez, maricón! Vamos a ver, si   ¡Basta de tontadas!
no lo **cachearon** en Migración... ¿dónde metiste la nieve?   confiscaron

• • •

110   Tengo que moverme sin hacer ruido, si no, me sorprenden.

    —¡Manos arriba y no te muevas!

    —¡Ban ban ban! ¡Muerto, yo tiré primero, Quico, estás muerto, muerto, muerto...!

ACERCA DEL AUTOR

Armando Almánzar Rodríguez nació en Santo Domingo, capital de la República
Dominicana, el 22 de mayo de 1935. Comenzó su carrera de escritor en 1963 como
crítico cinematográfico del importánte rotativo capitalino *Listín Diario*. En 1965 dio a
conocer sus primeros cuentos, ganando por uno de ellos un codiciado premio
literario. Sus obras subsecuentes incluyen la premiada colección de cuentos, *Límite*. En la actualidad, Almánzar escribe sobre cine para *El Nacional* y la revista
Ahora, y tiene un programa diario de radio.

Proyecciones

A. ¿Qué nos dice Ud.?

1. ¿Dónde ocurre la acción de este cuento? ¿Qué acaba de suceder? ¿Cómo se
   imagina Ud. a Quico? (Descríbanoslo, con todos los detalles de su vida, su
   clase económico–social, su nivel de educación, etc.)...¿Qué escenas recuerda
   Quico de su niñez?
2. ¿Qué ideas ha tenido Quico siempre sobre la vida en los Estados Unidos?
   ¿Cree Ud. que son exactas esas ideas? (¿En qué aspectos?)
3. ¿Por qué ha venido Quico ahora a Miami? ¿Qué problema se le presenta al
   bajar del avión?... ¿Cómo pasa las primeras horas en la casa de huéspedes
   (el «boarding»)? ¿Quiénes vienen a verlo?
4. ¿Con qué asocia Quico la palabra «nieve»? ¿Con qué la asocian Infante e
   Iturralde? ¿Qué ocurre cuando Quico no les entrega el maletín? Desde el punto
   de vista psicológico, ¿cómo se relaciona esta situación con los juegos que
   Quico recuerda de su niñez?
5. ¿Qué piensa Ud. que va a pasar ahora? ¿Morirá o vivirá Quico? ¿Prenderán a
   los «asesinos»? ¿Qué sucederá cuando encuentren el maletín en la Aduana?
   ¿Se escapará Iturralde? ...Explíquenos su propio final.

B. Adivine por el contexto

Aquí tiene Ud. una serie de «americanismos» populares. ¿Cómo los relacionaría Ud. con las expresiones siguientes en español?

> *You stuffed yourself . . . you made some mess . . . you'll show off . . . still knocking themselves out . . . really hustle . . . Do they think I'm a fool? . . . you nearly got boiled alive . . . You plunked out . . . flat broke . . . Some people are so dumb . . . the sucker is wising up . . . I'll hightail it out of here . . . go out on his own . . . You got your way . . . He's just acting dumb . . . come clean, you blankety-blank*

1. Volverás con un tremendo Chevrolet y *echarás lujos* ante tus antiguos amigos.
2. Tú serás rico ya, mientras ellos andarán *afanando todavía* en sus empleítos del gobierno.
3. *Comiste hasta hartarte,* y ahora te ha dado una fuerte indigestión.
4. Ellos pensaban que volverías muerto de frío y *con los fondillos rotos,* pero eras más listo que todos. *Te saliste con la tuya,* y te resultó divinamente.
5. ¡Tonto! *Soltaste* cien dólares por un abrigo de invierno, cuando aquí sólo hace calor. Ahora tendrás que *fajarte* para reunir otra vez esa cantidad.
6. Tal vez *se nos está avivando el bueycito,* y querrá *instalarse por su propia cuenta.*
7. Así que me den el maletín, *salgo volando* y se lo llevo a su casa. —¡Mientes. Ahora *suelta la lengua, hijo de la gran...!*
8. *¿Quién se creen éstos que soy*— una *porquería,* un cualquiera?
9. *¡Mira que hay gente bruta en este mundo!* —No es tan bruto. *Se está haciendo el pendejo,* pero él sabe de lo que se trata.
10. *Te hiciste un tremendo lío* manipulando las llaves de la ducha. *Por poco te sancochas* con esa agua hirviendo.

C. Creación

1. *(Dos o tres personas.)* Episodio: Desarrollen Uds. en forma dialogada una de estas escenas:
   a. Estamos en la Aduana de Miami donde acaban de descubrir el maletín que Quico dejó en el avión. Lo llevan al inspector de Aduana, y...
   b. Los dos hombres que se presentaron en el «boarding» para reclamar el maletín han vuelto a casa del señor Iturralde para contarle lo sucedido...

2. Piense Ud. en algún incidente de su propia vida, y cuéntenoslo empleando la técnica de encadenación de ideas. Es decir, la narración no tiene que proseguir cronológicamente, sino de acuerdo con sus memorias. Tampoco tiene que ser un episodio completo, sino una impresión momentánea, con las asociaciones que evoque. ¿Cómo le resultará el experimento?

En conclusión

Según las obras que acabamos de leer, ¿le parece positivo o negativo el concepto que tienen del extranjero los hispanos? ¿En qué sentidos exageran nuestras virtudes? ¿y nuestros defectos? Mirando ahora desde otra perspectiva, ¿qué impresiones de la vida hispánica ha formulado Ud. a base de estas obras?

LECCIÓN 13

En la tierra prometida

«Que hay otra voz que quiere hablar...»
T. Villanueva

Otra voz. Otra cultura. Otra inquietud vital. Y esa voz «habla» español. Esa cultura «habla» español. Esa inquietud «habla» español.

Si las palabras de Tino Villanueva, el poeta chicano, comunican su propia preocupación, ellas también resumen la de veinte millones de almas. Almas que desean ser oídas; almas que buscan incorporarse a un sueño que les es negado en sus propios países. Ese sueño, esa tierra prometida—los Estados Unidos, el gran **crisol** del norte.

De hecho, esa voz no es nueva. Se oyó entre las pisadas de los exploradores españoles que fundaron las primeras ciudades en el hemisferio Norte. Se oyó en los nombres que se dieron a las regiones recién descubiertas—Arizona, Colorado, Montana (Montaña), Nuevo México, California, Texas (Tejas)—y a las poblaciones que crecieron alrededor de las misiones—Santa Bárbara, San Antonio, San José, San Francisco, San Diego, San Pedro, Santa Fe...

Resonó en nuestras guerras de la independencia, y en las minas del lejano Oeste; en la construcción de nuestros ferrocarriles y en la producción de lana y cueros y metales; en la cría de animales que proveen a nuestras necesidades—la vaca, el caballo, la oveja, la gallina; en el cultivo de nuestros comestibles—el tomate, el maíz, el cacao, el trigo, el arroz, el azúcar, la aceituna, el espárrago, la banana, la sandía, el melón, las nueces, la naranja, el limón, la uva, la cebolla, la vainilla... La lista es infinita. Resuena en nuestras industrias y profesiones y oficios. Y hasta en la poesía que **realza** la Estatua de la Libertad: «Denme sus masas pobres y cansadas...», palabras de una hispana sefardita.

Ésas—y más—han sido las aportaciones hispánicas a nuestra historia. Ésas han sido su voz, y estas tierras han sido su sueño. La voz y el sueño siguen **vigentes.** Pero hoy día sus tonos se sienten a menudo más apagados.

Impulsadas por la ilusión del **ansiado** bienestar, olas de inmigrantes de habla española han llegado últimamente a las orillas del «**coloso** del Norte». Pero enfrentadas en su mayoría con un idioma extraño cuyos misterios hay que descifrar, y con sólo la posibilidad de empleos que **a duras penas** les permite sobrevivir, la derrota y la humillación han coloreado la otra cara de su sueño.

Junto con ese fracaso surge un conflicto inesperado. ¿Cómo conciliar el sueño de la asimilación con el **imperativo** de sus raíces? ¿Cómo ser ellos mismos, y al mismo tiempo, ser parte de la nueva cultura? ¿Cómo fundirse en la patria adoptiva sin perder la identidad? ¿Cómo lograr la aceptación incondicional? ¿Cómo luchar contra el rechazo? ¿Cómo ser uno y dos a la vez? ¿Cómo...?

La lucha no se ha perdido porque el triunfo está allí, al alcance de la mano. Sí. «Hay otra voz que quiere hablar...» Y esa voz se ha hecho oír. Voces de escritores. Angustiadas unas. Batalladoras otras. La del cubano/americano José

vaso para fundir substancias / En realidad

embellece

existiendo

*deseado
gigante*

difícilmente

demandas

Sánchez Boudy. La del puertorriqueño Pedro Juan Soto. La de la chicana Rosaura Sánchez. Las de muchos más.

   Éstas son las obras que vamos a conocer ahora. «El silencio»—Un cubano llega a los Estados Unidos antes de las **oleadas** de exiliados. ¿Cómo romper la barrera?...... Y «Se arremangó las mangas»—Un profesor chicano enfrenta una crisis de identidad, y se pregunta: «¿Es tarde para aprender a luchar?» ¿Es tarde...?

emigraciones
masivas

El hispano en la tierra prometida... Mural callejero en el barrio puertorriqueño de Nueva York.

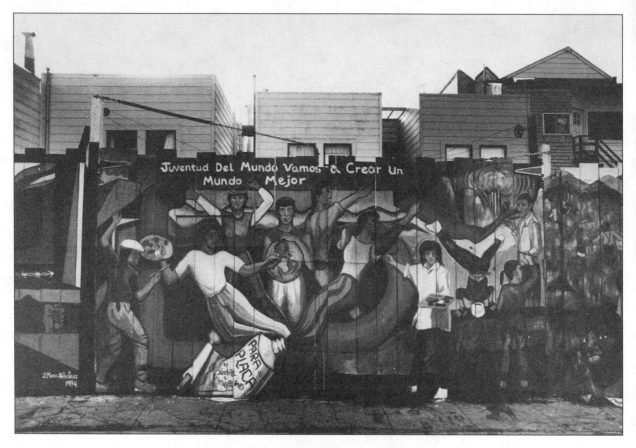

Arte hispánico en San Francisco, California... ¿Qué sentimientos se revelan en estas obras ingenuas? ¿Dan una impresión de pesimismo o de optimismo?

Comentarios

1. ¿En qué nombres se refleja todavía la presencia histórica de la hispanidad en nuestro país? ¿Cuáles han sido sus mayores aportaciones? ¿Puede Ud. mencionar otras?
2. ¿Qué problemas materiales se le presentan hoy día al nuevo inmigrante? ¿Qué conflictos emocionales se le presentan? ¿Cómo explicaría Ud. su frustración? ¿La ha sentido Ud. personalmente alguna vez? ¿La ha sentido algún amigo o familiar?
3. Dado el gran número de hispanohablantes en los Estados Unidos, ¿cree Ud. que la lengua española se debe declarar nuestro «segundo idioma nacional»? ¿Por qué?... ¿Cree Ud. que la educación bilingüe bicultural debe continuar a lo largo de todo el proceso educativo, o que el niño debe incorporarse cuanto antes al mundo del inglés? Otra vez, denos sus razones.

Lectura 1

Preparativos

Pistas

1. The readings of this chapter are replete with adjectives, adverbs, indefinites and negatives, comparisons and superlatives. So, in brief, be sure to notice:

■ Distinguishing adjectives normally go *before* the noun. When they are moved out of their normal position, they lose their distinguishing impact and become more characterizing, even more dramatic.

■ After an unequal comparison (**más, menos,...**), Spanish translates *than* by **que, de** (before a number), or **de lo que** (**del que,** etc.) *(than what, than the one that),* . . . After a superlative, **de** stands for the English "in."

■ When some other negative word precedes the verb, there's no need for **no:**

No lo sabe **nadie.** → **Nadie** lo sabe.

2. In colloquial usage, the singular **tanto, tanta** often replaces the plural **tantos, tantas** when the connotation is more collective than singularized. For example:

Había tanta palma, tanta mata de coco.	*There were so many palm trees, so many coconut palms.*

(Not "so many different kinds," but "a large group.")

Asociaciones

letrado, abogado *lawyer;* **orador** *speaker;* **título** *certification;* **el bufete** *law office:* «Tenía título de letrado, pero no siendo buen orador, no adelantó en su carrera. Por fin cerró el bufete y... —¿Qué? —¡Se hizo millonario en otro campo!»

simpatía *niceness, charm* (not *sympathy!*); **sonriente** *smiling*—afable, cariñoso; **rozarse** *to socialize:* «Aunque les demostraba la mayor simpatía, aunque los recibía siempre sonrientes, era evidente que no quería rozarse con exiliados. —No hay que **confundir** *(confuse)* simpatía con sinceridad.»

miseria *poverty; miserliness* (not *misery!*); **despedir (despido)** *to fire (from a job);* «Desde que quedó despedido, vivió en la miseria, hambriento, avergonzado. —¡Pobre! Ya había perdido toda esperanza.»

las afueras *outskirts;* **polvoriento** *dusty:* «Nos llevaron por una carretera polvorienta hasta las afueras de la ciudad. Las tierras se veían abandonadas. De vez en cuando se erguía alguna **mata** *(bush)* amarillenta. Y entre la hierba crecían **hongos** *(mushrooms)* silvestres.»

Díganos: ¿Cuáles de estas Asociaciones tienen que ver con la abogacía? ¿Cuáles se refieren a cualidades humanas?

Ahora, empleando expresiones de la lista arriba, ¿cómo terminaría Ud. las frases siguientes?

1. Vivían en las _____ de la ciudad, junto a un camino muy transitado y _____. 2. La tierra daba poco de sí, alguna que otra _____ patética de hojas amarillentas, y a veces un campo de _____ silvestres. 3. Siempre nos mostraba una cara _____, pero detrás de esa _____ superficial, había una frialdad que se podía palpar con la mano. 4. El pobre fue _____ de su puesto, y su familia quedó en la _____. —¡Qué tragedia!

El silencio

JOSÉ SÁNCHEZ BOUDY (Cuba/Estados Unidos)
(Abreviado)

La miseria lo había sacado de su patria. La miseria y la esperanza. Le habían
dicho que en Estados Unidos podía revalidar su carrera de abogado; que le sería
fácil porque él tenía una gran habilidad para lenguas. Y que como no había
muchos cubanos en la tierra del Tío Sam sería recibido con los brazos abiertos.
5 Un colombiano que conoció cuando trataba, infructuosamente, de ganarse la vida
en su tierra, le había dicho: «Con el inglés que tú sabes, en Estados Unidos no
tienes problemas. Te haces abogado de una corporación. Y ya. Tu problema es
que no sabes hablar, y en nuestros países el que no es orador está perdido. Pero
allá, con los millones que hay, las oportunidades para los letrados son gigantes.
10 Márchate con tu mujer. Además, no hay cubanos por allá. Lo malo es cuando
tienes la piel **prietecita** como yo, o ya hay una colonia de tus compatriotas.   más bien morena
Entonces **te cogen miedo.** Pero si no, te dan todo tipo de facilidades.»   comienzan a temerte
   Como las cosas por su patria no andaban bien políticamente, se decidió a
emigrar. Un día vendió sus muebles y demás **andariveles,** en la casa de empeño   pertenencias
15 de la esquina de su casa, y con la mujer se marchó al extranjero; con la mujer y el
hijo de siete meses que ella llevaba en las entrañas.
   Cuando pisó el aeropuerto pequeño de Miami vio los cielos abiertos. Ahora sí
que iba a tener una gran oportunidad. «Ahora, mi mujer, vamos a ganar todos los
billetes que queramos, y nuestro hijo nacerá aquí; será americano.»
20 Pasó fácilmente por Emigración porque llevaba visa de turista. La de residente
era muy difícil de conseguir. La embajada apenas la otorgaba; ni a los abogados,
porque podían ser carga pública...

   El Hotel al que llegó en la playa no era de lo mejor. De cuando en cuando una
cucaracha se paseaba **campante** por el medio de la sala, virando la cabeza, y él   tranquilamente
25 tenía que **hacerla estallar.** Pero no era falta de higiene: «es que Miami viejo es un   aplastarla
cucarachero. Tanta mata de coco, tanta palma y tanta arena. Además, estos
hoteles viejos.»
   Pero a él aquello no le importaba. La esperanza nunca lo abandonaba; la
esperanza la llevaba **clavada** en el pecho como un hongo a la tierra. «Mira, vamos   metida
30 a descansar dos o tres días y después visito los bufetes de abogado y me ofrezco
como consultor latinoamericano. ¿Cómo no se me ocurrió eso en Cuba? No hay
que ser orador sino saber de papeles. Así que todo está resuelto. Vamos a
bañarnos en la playa, que aquí todo está tan bueno que ni frío hay.»

· · ·

El abogado americano lo miraba sonriente. —Cómo no le vamos a dar trabajo,
35 hombre. Si necesitamos un especialista latinoamericano. Ganará diez mil pesos.
   Se quedó boquiabierto. —Diez mil pesos, ¿dice usted diez mil pesos?
   —¿Le parece poco? Si usted puede producir más...
   —¿Producir más?
   —Claro, usted tiene que traer al bufete casos, y de las ganancias el bufete le
40 pagará su salario. Así es como se trabaja aquí.
   —Pero para eso **trabajo para mí.**   puedo instalarme por
   —Pero es que su título... Además, no se olvide que éste es el bufete Smith,   mi cuenta
Smith, Farley and Francovichky . Oiga como suena: Smith, Smith, Farley and
Francovichky.

45   El abogado americano lo miraba sonriente. Le sonrió con cariño.
     —Figúrese la situación. Usted no ha metido nada este mes en el bufete. Resulta
que es usted el que le debe dinero al bufete. No leyó usted el contrato.
     —¿Leer el contrato...?
     —No lo leyó. **Pueso queda** despedido. Smith, Smith, Farley and Francovichky no   Por eso está Ud.
50 puede tener un abogado que no ha leído un contrato. Sí, le debe usted mil pesos
al bufete. Queda despedido.

     —¿Así que tiene un hijo recién nacido?
     —Sí, y por eso necesitamos la casa.
     La dueña del apartamento lo miraba de arriba abajo.
55   —Pero usted no habla inglés.
     —Claro que lo hablo. ¿No me oye?
     —No lee inglés.
     —Pues claro que lo leo.
     —¿No ve lo que ahí dice? (Miró al letrero: NO CHILDREN. NO PETS.) Además,
60 mi amigo: no nos gustan los extranjeros.
     —Pero usted es extranjera. Su acento...
     —Yo soy norteamericana. NO CHILDREN. NO PETS.

No children no pets. No children no pets. No children no pets.
No children no pets. No children no pets.

65   Lo volvió a llenar la esperanza. En el bolsillo le quedaban unos pocos centavos,
lo suficiente para coger **la guagua.**   el autobus
     —Es verdad que no nos hemos rozado con esos exiliados para que no nos
confundan con ellos, Beatriz. Pero les están dando mucho. Voy a ir al Cuban
Refugee Center a hacerme pasar por uno de ellos. Les diré que soy abogado.
70 Seguro me consiguen trabajo fuera de aquí donde hay negocios con América
Latina. Ya tú verás. O de **otra cosa.**   algún otro oficio
     La señora del Refugio lo miraba detenidamente. ¿Así que usted quiere un sitio
muy tranquilo, lo más tranquilo del mundo?
     —Bueno, lo más tranquilo. Donde todo sea paz y tranquilidad. Estoy cansado.
75 La americana lo miró sonriendo. Lo miró con sonrisa paternal en los ojos.
     —Lo tenemos. **Formidable.** Será para usted lo más tranquilo del mundo. Mire,   ¡Fantástico!
aquí tiene el pasaje para mañana. Va para Atlanta, Georgia. Allí lo recoge Mr.
Dorth, el pastor, y lo lleva al pueblo donde va a trabajar. Él le dará el trabajo.
     —¿En Atlanta?
80   —En un sitio tranquilo. Aquí lo tiene todo. Todo.
     —Pero...
     —¿Acepta o no acepta?
     —Bueno.
     Recogió el sobre **cerrado** con los pasajes y la carta para el pastor.   sellado

85   El pastor le sonreía, como la mujer, paternalista. Con una gran simpatía.
     —¿Qué le parece la casa? Todo dado por la iglesia. Los muebles un poco
viejos pero pintados por voluntarios, como la casa.
     —¿Y el trabajo?
     —Como usted lo quiere: tranquilidad absoluta. Buenísimo. Trabajará poco.
90 Venga, que lo llevo.

     El auto iba por la carretera polvorienta de las afueras del pueblo. Él no había
tenido más remedio que irse de Miami. Obedeció al miedo. Por eso no se atrevía

a hacer preguntas. Ni se atrevió. Aunque no fuera de abogado, siendo un buen
trabajo... El problema era vivir, y la angustia de los meses pasados...
95   —El sitio más tranquilo del mundo, mi amigo.
      Habían parado frente al cementerio. El pastor le sonreía paternalmente.
      —Oiga...
      —Muy poco trabajo. Es usted el sepulturero. Aquí se muere poca gente. Un
      trabajo muy **codiciado**. Good Luck, Good Luck, GOOD LUCK MY FRIEND. YOU   envidiable
100 ARE REALLY A LUCKY MAN.

ACERCA DEL AUTOR

José Sánchez Boudy nació y realizó sus estudios universitarios en La Habana,
Cuba. En la actualidad es profesor de español en la Universidad de North Carolina.
Sus numerosas publicaciones incluyen *Cuentos grises* (1966), *Poemas de otoño e
invierno* (1967), *Ritmo de Solá* (1967), *Soledad de la playa larga* (1975) y *Tiempo
congelado* (1979).

Proyecciones

A. ¿Qué nos dice?

1. ¿De dónde venía el protagonista de esta historia? ¿Por qué decidió emigrar a
   los Estados Unidos? ¿Qué ilusiones tenía antes de llegar?
2. ¿Cómo fue recibido en su nuevo país? ¿Por qué fue despedido del bufete de
   Smith, Smith, etc.? ¿Cree Ud. que tenían el derecho de despedirlo? ¿Tenían
   razón al despedirlo? ¿Por qué?
3. ¿Qué otro problema se les presentó a él y su familia? ¿Cómo explica Ud. la
   actitud de la dueña de la casa?... Finalmente, ¿dónde acabó pidiendo ayuda?
   ¿Qué tipo de empleo le ofrecieron? ¿Cree Ud. que lo aceptó?
4. Ahora, díganos: ¿Por qué cree Ud. que el protagonista no tiene nombre? Si
   Ud. fuera el autor, ¿se lo habría dado?... ¿Por qué se emplean tanto las palabras «simpatía, sonreír, sonriente, paternal» para describir a los americanos?
   ¿Puede haber alguna implicación irónica?... Y una cosa más: Además del
   silencio del cementerio, ¿es posible que el título del cuento tenga otro sentido
   simbólico? ¿Cómo lo interpreta Ud.?

B. Adivine por el contexto

Conteste después las preguntas.

1. Por años procuró *infructuosamente revalidar* su carrera, hasta que decidió
   comenzar de nuevo en otro país... ¿Había tenido mucho éxito ese señor?
2. Con tantos millones de personas, las oportunidades allá son *gigantes*... ¿Serán
   amplias o escasas las posibilidades de avanzar?
3. Llegó con su esposa, y con el hijo de siete meses que ella llevaba en sus
   entrañas. «¿Ya ves? Nuestro hijo será americano.»... ¿Había nacido ya el
   nene?
4. «Ganaremos todos los *billetes* que queramos. Seremos ricos.»... ¿A qué clase
   de billetes se refiere?
5. Quedó *boquiabierto*. ¿Era posible que le ofrecieran un salario tan alto?... ¿Esperaba recibir tal oferta o quedó asombrado?

6. Pararon delante del cementerio. «¿Quiere trabajar en un lugar muy tranquilo? Pues aquí lo tiene. Es Ud. el *sepulturero.*»... ¿Qué clase de trabajo se le ofrecía?

C. Creación

1. *(Grupos de dos personas, o individualmente.)* Ud. está manejando un día por las afueras de Atlanta. Es una tarde calurosa. El camino está polvoriento y Ud. tiene sed. ¡Qué cansado ha sido el viaje! De pronto ve un pequeño bar a la derecha. «Coca-Cola. HELADOS.» Ud. entra y pide algo frío. Hay una sola mesa en un rincón oscuro del lugar. Allí está sentado un hombre que responde a su saludo con un dejo de acento cubano... Díganos quién es. (No tiene forzosamente que ser nuestro «letrado».) ¿Cómo será la conversación que surgirá entre Uds.?

2. Imagínese que ha encontrado el diario personal de ¿... ? (el protagonista de *El silencio*)—un diario en el que relata brevemente lo que le sucedió durante aquellos primeros meses en los Estados Unidos. ¿Cómo se siente ahora? ¿Sueña todavía con un porvenir sonriente?

LECTURA 2

Preparativos

Pistas

1. We have seen how the ending **-azo, -aza,** when added to an adjective or a noun can "enlarge" its implication: una **manaza** *(a great big hand).* But **-azo,** when added to a noun, can also mean "a stroke of, a blow with." For example:

un **cepillo**	*a brush*	un **cepillazo**	*a brush stroke*
un **hacha**	*an ax*	un **hachazo**	*a blow with an ax*

2. The expression **ser de** + an infinitive gives that infinitive a passive meaning: *to be (hoped, feared, etc.).*

Un temperamento tan radical es de temer, no de admirar. *(. . . is to be feared, not to be admired.)*
Era de esperarse... *It was to be expected.*

Orientación

¿Qué es un «chicano»? Según algunos, es cualquier norteamericano de procedencia mexicana, cualquier «México-americano» «mexicano-americano», o como guste de llamarse. Según otros, es más. Es algo que añade al mero hecho del nacimiento una conciencia étnica y política que se opone al predominante ambiente «anglosajón». O si no se opone, por lo menos, que se alza orgullosamente para defender su «mexicanidad», tanto indígena como hispana. La palabra «chicano» se popularizó mucho durante la época de las luchas por los derechos civiles. Al mismo tiempo, había personas que la rechazaban, no deseando identificarse con un movimiento militante.

Hoy en día, los estudios chicanos han aumentado notablemente. Se han instituido excelentes programas universitarios, se han fundado numerosos periódicos y revistas, y ha surgido toda una literatura que se ufana de llevar tal nombre. Lo chicano sigue adelante.

Asociaciones

arremangarse *to roll up one's sleeve*—la manga; **almidonar** *to starch*—el cuello, la camisa; **nudo** *knot*—la corbata; **trajear** *to "dress up," wear a suit*—el traje; **solapa** *lapel*—el saco: «Se necesitaba labor manual. Y ahí estaba él, trajeado con saco largo de solapa ancha, y camisa blanca almidonada. Se quitó el saco, aflojó el nudo de la corbata, y se arremangó las mangas. ¡A trabajar!»

lucir (luzco) *to look, give an appearance; to "sport," show off;* **estirar** *to pull on, straighten out;* **el bigote** *mustache:* «Quería lucir bien aquella noche. Todo dependía de ello. Se estiró un poco el saco, y se cepilló una vez más el bigote. ¡Ya!»

permanencia *tenure;* **sobresaliente** *outstanding;* **aportar** *to contribute:* «Suárez merecía la permanencia. Y su aportación a la ciencia era sobresaliente. —De acuerdo. Pero para quedar bien con el decano, no votaron por él.» **quedar bien** (con alguien) *to please, "make points" with, . . .*

reclutar *to recruit;* **compromiso** *commitment;* **el nivel** *level:* «Vamos a reclutar a estudiantes sobresalientes en todos los campos, en todos los niveles. Éste es el compromiso que hemos hecho con esta comunidad. —¡Olé!»

trecho *distance;* **tomar rumbo** *to take a route:* «Se hacía tarde y todavía le faltaba un buen trecho para llegar a la salida de la autopista. Decidió tomar otro rumbo, a ver si evitaba los líos de tráfico. —A esas horas del día, no hay manera.»

Díganos: ¿Qué palabras encuentra Ud. aquí que se refieran a prendas de vestir? ¿Cuáles se relacionan con una facultad universitaria?...

¿Qué es lo primero que se le ocurre al pensar en las cosas siguientes?: una camisa almidonada ... un bigote grueso ... un estudiante sobresaliente ... una gran aportación al mundo ... un compromiso moral

Finalmente, ¿puede Ud. encontrar los equivalentes entre los grupos 1 y 2?

1. un trecho, un rumbo, quedar bien con alguien, reclutar, estirar, una aportación, destacado, un nivel
2. enrolar, una ruta, extender, complacerle a uno, una distancia, una contribución, un rango, sobresaliente

---

Se arremangó las mangas

ROSAURA SÁNCHEZ (Estados Unidos / México-americana)
(Versión condensada)

    Se ajustó la corbata. El nudo se veía derecho. La camisa almidonada le lucía bien. Julio Jarrín se acomodó la solapa, se estiró un poco el saco y se dio el último cepillazo del bigote. Salió en seguida. Era temprano. La reunión empezaba a las 4:00 pero con el tráfico máximo **tendría para rato.**

    se demoraría en el camino

5   Subió al auto y en tres minutos ya tomaba la rampa de la autopista hacia el norte. Era tanto el tráfico que tuvo que disminuir la velocidad a 40 m.p.h. Sería un caso difícil y la votación tal vez fuera totalmente negativa, pero había otra posibilidad. Si no aprobaban **lo de** la permanencia—y seguro que no lo aprobarían—pues podrían ofrecerle un puesto de instrucción en el departamento.

    la cuestión de

10 De repente el tráfico se paró por completo. Aprovechó para **sacarse** el saco.

    quitarse

Ahora siempre andaba de traje y corbata. Sin el uniforme **de rigor** podrían haberlo tomado por **indocumentado**. Así se decía cada mañana al mirarse al espejo. Alto, prieto y bigotudo pero trajeado para que nadie lo confundiera. Recordaba que cuando recién había llegado a Los Ángeles a trabajar en la

15 universidad lo habían invitado a una recepción en casa de un colega donde daban la bienvenida a los profesores nuevos. Ese día había ido a la reunión en camisa sport de manga corta, como los otros colegas.

Le habían presentado a varios profesores y después de un rato de charla se había dirigido a la mesa de refrescos para prepararse de nuevo un wine cooler. Al

20 retirarse de la mesa oyó la voz de una señora mayor, esposa de uno de los profesores, que lo llamaba: «Hey, boy», le había dicho, «you can bring me another margarita».

Disimulando, **haciéndose el que** no había oído, se había ido a refugiar a la cocina donde conversaba la mujer latina de un profesor anglo-sajón. Le dirigió

25 unas palabras en español pero ella le contestó en inglés. Cuando quedaron solos por un momento, trató de dirigir la conversación hacia los problemas de los grupos minoritarios en el ambiente académico, pero no logró interesarla.

«Oh no, there's no discrimination in California. I've never experienced any discrimination whatsoever in the 15 years that we've lived here.»

30 No había vuelto a mencionar la situación a nadie. Su ambición profesional lo llevó a distanciarse de todo lo que pudiera asociarlo a esas minorías de clase obrera. Lo primero fue cambiar su apariencia. Nunca más volvió a salir fuera de su casa sin traje y corbata, ni aun cuando se había tenido que **arrancar** al hospital el día que se cortó la mano al trabajar en el jardín de su casa. Primero se había

35 bañado, cambiado de ropa y ya de traje había salido al cuarto de emergencia del hospital...

Era la época de las protestas estudiantiles, del culturalismo nacional, pero él estaba muy por encima de todo eso. Cuando los estudiantes chicanos de su universidad habían acudido a él para pedirle apoyo para establecer un programa

40 de Estudios Chicanos, les había dicho que haría lo que pudiera desde su capacidad oficial, como profesor, pero que no esperaran que los apoyara en manifestaciones ni en protestas. Había otras maneras de lograr cambios. El talento y el esfuerzo individual, eso era lo que valía. Pero desde esos tiempos habían pasado tantas cosas, tantas cosas que prefería olvidar.

45 No le alegraba para nada la reunión departamental que le esperaba. Sería un caso difícil. Se trataba de un profesor negro, el profesor Jones, buen profesor, con pocas publicaciones. Un caso típico. Claro que tenía el apoyo de los estudiantes minoritarios, pero eso poco contaba en estos tiempos. Ni los profesores minoritarios del departamento lo apoyarían. Nadie quería **arriesgar el pellejo.**

50 Algunos no lo apoyarían porque querían quedar bien con la administración o con el jefe del departamento. Tampoco él podría apoyarlo. Lo había conversado con su mujer esa mañana.

—Ese profesor negro **aún** puede colocarse en otra universidad sin mucha dificultad. Su trabajo no es sobresaliente, ni mucho menos, y me temo que le den

55 el hachazo hoy mismo.

—Pero, ¿no dices que tiene un libro publicado?

—Sí, así es, pero nada de calidad.

—Pero, ¿no le dieron el tenure al profesor Smith por poca cosa?

—Mira, bien sabe que para los que tienen **palanca,** no hay estorbos,...

60 —Y, ¿qué de la protesta de ayer? Salió en todos los periódicos que los

Margin glosses: vestido con / indispensable; inmigrante ilegal; aparentando que; llevar; exponerse a crítica; todavía; influencia, conexiones

estudiantes armaron una manifestación muy grande pidiendo la permanencia para
el profesor negro.

—Creen que todavía estamos en los 60. Si esa época ya pasó. Ya viste lo que
hizo el Presidente. Se mandó llamar a la policía y los arrestaron a todos **parejos.**   igualmente
65   —Y por eso mismo, ¿no crees que habría que apoyar al joven negro? Bien
sabes cuánto ha costado traer a los pocos profesores minoritarios que hay.

—Sí, a los tres que hubo en mi departamento, los traje yo, pero sin protestas ni
manifestaciones, usando mi propia palanca.

—Sí, sí, Julio, pero ¿cuántos de esos quedan aún? A todos los han **botado** y   echado, quitado
70 éste es el último, el último de los profesores minoritarios que tú ayudaste a traer.
Ninguno ha sobrevivido. Ninguno.

Era tan difícil sobrevivir, pero allí estaba él. ¿Acaso no había sobrevivido? Hasta
había alcanzado el nivel más alto de profesor en su departamento. Y eso porque
había sabido trabajar duro y **abrirse camino,** no como profesor minoritario sino   adelantar
75 como profesor capacitado, excelente en su campo, con una lista de publicaciones
en su expediente.

Llegó a la salida de la autopista, tomó rumbo hacia la universidad y subió un
corto trecho más hasta el edificio de ciencias sociales. Bajó, se volvió a poner el
saco, entró al edificio y se dirigió a su oficina. Allí sobre la mesa estaban los
80 últimos exámenes de sus alumnos. Al lado de las pruebas estaba el periódico
universitario, con fotos de la manifestación estudiantil... Se puso a mirar por la
ventana. El campo universitario se veía verde, con sus árboles y sus aceras muy
bien cuidadas. Un verdadero country club. Y él era miembro de este club
campestre, miembro **vitalicio.**   para toda la vida
85 Llegó al salón después de unos minutos para la reunión departamental. El
comité de profesores presentó la evaluación, y siguió la discusión sin que nadie
aportara nada a favor del profesor Jones.

Fue entonces que Julio abrió la boca. Les **recordó** que él había traído al   hizo recordar
profesor negro. Les recordó que antes no se habían dado clases de historia
90 minoritaria en ese departamento. Les recordó que la universidad tenía una
obligación, un compromiso con las comunidades minoritarias que aumentaban
cada año y que algún día serían la población mayoritaria del estado. Les recordó
que tenían un record atroz en cuanto al reclutamiento de estudiantes minoritarios.
Les recordó que no había ni un solo estudiante graduado negro en el
95 departamento... Calló un segundo y dijo:

«Creo que el Profesor Jones merece el tenure porque su trabajo promete
mucho, porque es un pionero en un campo poco explorado que ha **suscitado** poca   producido
investigación. Es un buen profesor, un miembro productivo de este departamento,
interesado en períodos y contextos históricos totalmente ignorados por este
100 departamento que prefiere tener quince profesores de historia europea. Repito, el
Profesor Jones merece recibir el tenure.»

Hubo un largo silencio. Se llamó a la votación y brevemente se anunció el
resultado: 20 en contra del profesor Jones y uno a favor.

Se levantaron sus colegas y salieron rápido del salón. Era **de esperarse,** le dijo   lo que sabíamos que
105 el jefe del departamento.   iba a pasar

Sintió de repente su alienación. No era una sensación nueva. Lo nuevo era
reconocerlo. Se había refugiado en la apariencia de ser parte del grupo
académico mayoritario. Y ahora el profesor Julio Jarrín ni formaba parte del círculo
académico departamental ni formaba parte de la comunidad minoritaria. Su
110 alienación era completa.

Salió al sol, al pasto verde. Ninguno había sobrevivido. El salvavidas lo había arrojado demasiado tarde para salvar al profesor Jones. Pero no era tarde para volver a empezar, no era tarde para aprender a luchar. Se quitó el saco y se aflojó el nudo de la corbata. Poco después se arremangó las mangas.

ACERCA DE LA AUTORA

Rosaura Sánchez es profesora asociada de literatura y de sociolingüística en la Universidad de California en San Diego. Aunque es conocida mayormente por sus artículos eruditos sobre teoría y criítica literaria, esta talentosa escritora ha publicado diversos cuentos en revistas chicanas y últimamente en una colección titulada *Requisa treinta y dos.*

Proyecciones

A. ¿Qué dice Ud.?

1. ¿Quién es el Dr. Julio Jarrín? ¿Cómo ha podido adelantar en su profesión? ¿Cómo explica Ud. su fetiche de salir siempre trajeado, aun para ir al hospital?
2. ¿Qué actitud ha demostrado Jarrín siempre en cuanto a las manifestaciones estudiantiles? ¿Por qué no quiso apoyar las protestas violentas? En su opinión, ¿tenía razón?
3. ¿Qué situación problemática se le ha presentado hoy? ¿Qué razones ofrece Jarrín para apoyar la permanencia del profesor Jones? ¿Qué razones ofrecen sus colegas—para negársela?
4. ¿Qué decide hacer Jarrín cuando la votación resulta en contra suya? En su opinión, ¿cómo cambiará su vida, ahora que se ha «arremangado las mangas»? ¿Cree Ud. que tendrá suficiente fuerza de voluntad para sacrificar su carrera, si resulta necesario? ¿La tendría Ud.?
5. ¿Qué opina Ud. sobre el activismo estudiantil? Por ejemplo, ¿cree Ud. que los estudiantes tienen el derecho de ocupar la oficina del presidente para anotar más su protesta? ¿Cree que tienen el derecho de hacer una huelga? ¿o de impedir que otros estudiantes asistan a clases?
6. ¿Cree Ud. que cuestiones de religión o de raza deben intervenir en el reclutamiento de estudiantes universitarios? ¿y de profesores? ¿Cree Ud. que se debe favorecer la admisión de miembros de grupos minoritarios? ¿Por qué?

B. Adivine por el contexto

Señale siempre la palabra clave.

1. Era prieto, *bigotudo* y *barbudo.* Sus ojos desaparecían detrás de los lentes gruesos, y sus orejas se escondían dentro de una *cabezota peluda.*
2. Se dedica más a la *enseñanza* que a la investigación, y por eso es tan apreciada por el *estudiantado.* —Con razón.
3. Era miembro *vitalicio* de un club *campestre,* emblema de su éxito. ¿Qué más le podría importar?
4. Se miró en el espejo. El nudo de su corbata no se veía *derecho.* Lo tendría que *enderezar.*
5. Según los *manifestantes,* la universidad había fallado en el *reclutamiento* de estudiantes *minoritarios.*

Ahora díganos: ¿con qué expresiones populares norteamericanas se asocian las siguientes en español?

1. Temo que *le den el hachazo* hoy.
2. Nadie quería *arriesgar el pellejo* para apoyarlo.
3. Tal vez Rosario te pueda ayudar. Ella tiene mucha *palanca* con la administración.

C. Creación

Hemos dicho que el profesor Jarrín se ha arremangado las mangas y que se ha resuelto a luchar. Ahora bien, ¿cómo se imagina Ud. las situaciones siguientes?

1. *(Dos personas.)* Jarrín va a ver al presidente de la universidad para pedirle que anule la decisión de su departamento en cuanto a la permanencia del profesor Jones. Le explica sus razones, y el presidente le responde... ¿Pueden Uds. «reproducir» esta conversación?
2. Julio Jarrín ha decidido dedicarse a la política. Si lo eligieran al Congreso, tal vez podría llevar a cabo su programa. Pero primero, tiene que conquistarse al público... ¿Qué temas debe subrayar *(emphasize)*? ¿Puede Ud. ayudarle a redactar su primer discurso?

En conclusión

Habiendo leído dos casos referentes al hispano recién llegado a este país, ¿puede Ud. formular sus propias opiniones sobre las cuestiones siguientes? Tal vez le gustaría organizar un debate sobre una de ellas.

1. La educación bilingüe bicultural: ¿es un derecho de todo niño cuyo primer idioma no sea el inglés? ¿Deben tener algún límite fijo esos programas?
2. El porvenir del hispano en los Estados Unidos: ¿depende de su habilidad de asimilarse a la mayoría de la población, o de mantener viva su herencia cultural?
3. Las oportunidades universitarias y profesionales: ¿debe darse alguna preferencia a los grupos minoritarios o se deben tener en cuenta exclusivamente las calificaciones objetivas de cada candidato?

LECCIÓN 14

Visión futurista

AMBIENTE

El futuro. ¿Siglos venideros que llevarán nuestro sello? ¿O es que las huellas de hoy se desvanecerán?... Los artistas que acabamos de estudiar **vislumbran** un ser humano rehecho, revisado. Los escritores que leeremos ahora nos proyectan íntegros hacia adelante, pero las circunstancias habrán cambiado. He aquí las obras:

El frigorífico, un drama moderno, relata la historia de un magnate de nuestro tiempo que se ha hecho congelar para volver a despertar en el futuro. Llega el momento de su reencarnación, y... Al final, *Vigésimoquinsecular* nos lleva al siglo XXV. El obrero 3V-166 sale de su laboratorio subterráneo sólo para encontrar que... ¿Es posible que...? ¡No puede ser!... Vamos a comenzar.

ven en adelante

Joan Miró, *Pintura* (1936). En este cuadro surrealista, el pintor catalán crea un campo magnético dominado por la faz sonriente de la luna. La línea divisoria entre la tierra y el cielo, entre la realidad y el sueño, parece borrarse, conquistando el espacio. Así lo conquistará el hombre. Y el universo todo será uno.

Mariposas nocturnas y velas, por Wilfredo Lam (1946)... ¿Por qué se acercan las mariposas, hipnotizadas, a la luz que las destruirá? ¿Pronostican la inevitable destrucción del ser humano, que jamás aprenderá a evitar el peligro? ¿O serán una advertencia para la humanidad, heredera de los siglos?... Visión futurista de un artista cubano. ¿Cuál es la visión nuestra?

Comentarios

1. ¿Cuál de las obras de arte que presentamos aquí representa mejor para Ud. la vida en el futuro? ¿De qué colores se las imagina Ud.? ¿Le parece que son un reflejo específico del mundo hispánico o una expresión universal?

2. Si Ud. fuera artista, ¿qué medio emplearía para simbolizar el porvenir—la pintura, la escultura, la tapicería *(tapestry),* un dibujo *(sketch)* en blanco y negro, un grabado *(etching)?...* Si se expresara por medio de la pintura, ¿sería una obra abstracta u objetiva? ¿Qué colores predominarían? ... Y si fuera una escultura, ¿qué emplearía—madera, plástico, cristal, porcelana, oro, plata, bronce, o algún otro metal? ¿Comunicaría un sentimiento de optimismo o de desengaño? ¿Por qué?

LECTURA 1

Preparativos

Pistas

The readings of this lesson will give you ample opportunity to review the passive voice. Here, then, is its concept and its general use:

In the passive voice, the subject does not perform, but *receives* the action. In other words, something *is done* to the subject, generally *by someone* or *something.*

1. When we tell *by what* or *whom,* Spanish uses the true passive:

(Subject) + **ser** + a past participle + **por** (or, occasionally, **de**)

| El cuento | **será** | publicado→ | **por** Losada. |
| La víctima | **fue** | resucitada→ | **por** los médicos. |

2. When we do not mention *by what* or *whom,* Spanish has three options:

■ True passive: **Será publicado** en Chile.
　　　　　　Fue resucitada en seguida.

■ Reflexive: **Se publicará** en Chile.
　　　　　Se la resucitó en seguida.

■ 3rd person plural: **Lo publicarán** en Chile.
　　　　　　　　La resucitaron en seguida.

3. If there is no action—just a state of affairs, or the outcome of an action—there is no passive voice. Spanish then uses **estar** + a past participle:

El cuento ya **está publicado** *(already published).*
Ya **estaba resucitada** cuando la ambulancia llegó.

Asociaciones

frigorífico *refrigerator; freezing chamber*—enfriar (enfrío); **congelar, helar (hielo)** *to freeze:* «Por favor, mete los helados en el frigorífico antes de que se descongelen. —No hay lugar. El frigo está reventando de comida.»; **reventar (reviento) de** *to burst, be bursting with*

naviero *shipbuilder;* **amo** *master, ruler;* **destacarse** *stand out;* **fallecer (fallezco)** *to die*—**yacer (yazco)** *to lie (at rest):* «¿Has oído? El naviero Zeuxis, uno de los amos del mundo, ha fallecido. —Un hombre tan destacado. Y pronto yacerá en el olvido.»

la prensa *the press;* **ciudadano** *city dweller; citizen;* **oleada** *a wave, an outburst:* «La prensa grita las noticias: CIUDADANOS DE SAN LOPE ASALTAN CAPITOLIO. OLEADAS DE HUMANIDAD BLOQUEAN CALZADAS»; **calzada** *roadway*

recurrir a *to resort to, turn to;* **desdeñar** *to disdain;* **ignorar** *to be unaware of* (NOT *to ignore!*): «¿A quién iban a recurrir? Los amos los desdeñaban. Y las autoridades ignoraban su existencia. —¡Inaudito! *Incredible! Unheard of!*

ensueño *daydream, fantasy;* **intuir (intuyo)** *to sense; to imagine:* «Parece vivir en un mundo de ensueño. —Al contrario. Es una persona que intuye el futuro, pero que siente profundamente la actualidad.»

agujero *hole:* «Toma esta aguja *(needle)* y haz un pequeño agujero.»

silbar *to whistle:* «Silbaba una cancioncilla alegre.»

Díganos: ¿cuáles de las palabras arriba reflejan actitudes o sentimientos humanos?

Ahora, usando como base estas Asociaciones, ¿sabe Ud. qué son estas cosas?

una *nave* espacial; una actitud *desdeñosa* (o *de desdén*); el último *recurso;* una *heladera* de diez pies cúbicos; un *congelador* nuevo; un *fallecimiento* prematuro; un *yacimiento* de oro; un *soñador* idealista; un escritor *destacado;* el derecho de *ciudadanía;* una *audiencia* judicial; un silbido penetrante

Finalmente, ¿cómo relacionaría Ud. las palabras de los grupos 1 y 2?

1. un frigorífico; la prensa; un ensueño; una intuición; una calzada; reventar
2. periodismo; una fantasía; un presentimiento; pavimento; helado; explotar

El frigorífico

EDUARDO QUILES (España)
(Selecciones de un drama)

*Zeuxis, un multimillonario que falleció hace varios siglos, se despierta de repente
al oír una voz...*

VENDEDOR DE PERIÓDICOS: *¡Últimas noticias! Uno de los amos del mundo deja el
mundo. Lean la prensa. Ha fallecido el naviero Zeuxis. Últimas noticias. Uno de*
5 *los amos del mundo...*

OTRA VOZ: *Ja, ja, ja. ¡Zeuxis, no **te hagas el remolón!** Escapa de ese agujero
helado. No tengas miedo. Sal y **echa un vistazo** a tu alrededor. Quizá te fascine
integrarte a una época sólo intuida por cabezas futuristas...*

seas perezoso
mira

Zeuxis retrocede, observa, y se palpa el cuerpo. Poco antes de morir, había
10 *dispuesto que fuera congelado para ser resucitado en un futuro mejor. Y todo ha
resultado de acuerdo con su plan. Bien le ha servido su frigorífico, ese hogar sin
alfombras, ni lámparas, ni muebles de estilo. Pero Zeuxis se siente desesperado
ya por huir de ese frío lugar donde «no se puede intercambiar una idea; tampoco
hay un libro para leer, ni una mujer para hacer el amor, ni una simple silla para*
15 *sentarse... de allí donde no hay nada, ¡nada!»*

*Sí, el momento de despertarlo se está acercando. Zeuxis va a integrarse de
nuevo en una sociedad, aunque sea una sociedad y tiempo y cultura que
desconoce. Y volverá a vivir. ¡Vivir! ... De repente unas máscaras, las voces de su
pasado— su viuda, su psicoanalista, sus amigos, su confesor— reaparecen para*
20 *atormentarle, recordándole los errores de su vida pasada. Zeuxis los escucha,
inundándose de memorias. Pero es tiempo ya de mirar hacia adelante. Una nueva
vida le espera, una nueva vida que... ¿qué ... ?*

ZEUXIS: ¿Por qué me habrán despertado en un siglo sordo, que me observa con
frialdad, que me desdeña e ignora? ¿Por qué?... ¿Y dónde está esa otra época
25 que con sólo oír mi nombre me adulaba? ¿Dónde fue a parar?... ¿También
yacerá ese siglo bajo una tumba glacial?... Debo despertarlo... ¡Vamos, tiempo
mío! Sal de tu ensueño, de tu inercia, es el adinerado Zeuxis quien te invoca.
¿No oíste mi nombre?

(Penumbra. Brota el ritmo de cabaré. Un foco advierte a la Máscara VI, que da
30 unos pasos de **claqué...**

Semi-oscuridad /
Una luz ilumina
baile a lo Fred
  Astaire

MÁSCARA VI: ¡Eh, Zeuxis! Qué época... Ni Julio Verne la hubiera intuido... ¡Es una
fantasía urbana! Los ciudadanos vuelan bajo las nubes en dirección a sus
trabajos... ¡Qué maravilla!... Y no se ven semáforos, ni policías, ni ruidos, ni
gases... ¡Hum! ¡Qué delicia de atmósfera! Cómo se respira... ¿Sabes? Los
35 automóviles circulan con energía solar... ¡Caramba! Las aceras están cubiertas
de **césped** y se ven oleadas de nudistas por las calzadas... ¡Ah, **pillines! Se lo
pasarán pipa...** ¡Zeuxis! Esa gente parece instalada en *Las mil y una noches* de
la tecnología... **¡Córcholis!** Parece que ya no es necesario crear la infelicidad
ajena para conquistar la realización personal... ¡Inaudito! Van por la vida
40 silbando, se besan, intercambian flores... ¿Les gustará el *music hall*? Llamaré su
atención...

hierba / chicos
¡Cómo disfrutarán!
¡Caramba!

ZEUXIS: Recurrí a la hibernación... (Observa al público.) ¿Y qué? Era mi única vía
de escape... la ciencia evoluciona y... (Pensativo. Para sí.) Por lo visto abrí los

ojos en el momento que... ¡Yuuupi!... Y el hombre se convierte en Dios...
45 Resucita a los muertos, cura a los **desahuciados,** pone vida en donde sólo había   moribundos
carne congelada... Zeuxis, sal del frigorífico, la Ciencia te lo manda. ¡Sal! Eres
libre. (Ríe convulsivo.) Ja, ja, ja. Estoy vivo. Más vivo y **coleando** que un pez en   moviéndome
el océano.

Zeuxis quiere saber más acerca del mundo en el que ha renacido. Ve un montón
50 *de periódicos y trata de leerlos. Pero están escritos en una lengua que él*
*desconoce. «¡Dios!», grita con ira y frustración. De repente, oye un **runrún** de*   ruido bajo
voces extrañas.

ZEUXIS: ¿Qué es eso? ¿Qué dicen? ¿Por qué me **avasallan** con idiomas que   someten a su
desconozco? Yo sólo busco el diálogo... Me da **congoja** pertenecer a una   voluntad / pena
55 civilización que desconozco.

Entre esas voces se destaca la de su confesor quien, oculto tras una máscara, lo
*acusa de haber querido **burlar** los designios divinos.*   triunfar sobre

MÁSCARA IX: Zeuxis... como todo mortal, tienes garantizada la resurrección de tu
carne... Sólo hay que esperar al fin de los siglos... Sí, hermano, lo dijo el Apóstol:
60 resucitarán tanto los justos como los **impíos**... Pero tú no podías esperar ese día   pecadores
de gloria programado por el Todopoderoso... Lleno de **soberbia,** organizaste un   arrogancia
«show» para resucitar antes de tiempo... Una resurrección elitista, diría yo... Los
muertos deben estar quietos en sus tumbas hasta el fin del mundo. Pero ¡Zeuxis,
no! Y pagaste con un **fajo** de billetes una resurrección ideada por el hombre...   rollo
65 Como si volver a la vida fuera una cuestión de tarjeta de crédito... Dime: ¿te
hicieron descuento por pagar al contado? Me tienes muy disgustado, Zeuxis.
Montaste una farsa de funeral con diáconos, subdiáconos, sacristanes, cámaras
de televisión y una marcha fúnebre incluida. Y mientras preparábamos tu alma
para que fuera bien recibida en las esferas celestiales, tú **escurrías el bulto** y te   te escapabas
70 encerrabas en una cámara frigorífica...

Pero Zeuxis no le presta atención. Acaba de descubrir unas sombras.

ZEUXIS: ¿Quién anda ahí? ¿Eh?... Huele a gases, a alcohol y a anestésicos... Oigo
ruidos en la sala de al lado... Hacen preparativos... ¿Para la operación? Quizá
despierte antes de lo sospechado... Viviré. ¡Oh, sí! Respiraré hasta reventar de
75 muerte natural... Soy un privilegiado... ¿Por qué me miran así? Dentro de unos
momentos... (**Estalla** un ritmo **trepidante,** que espanta a Zeuxis.) ¡Eh!... ¡Qué   se oye / feroz
música! ¿Es el baile de la época? Pues vean, vean cómo me **acoplo.** (Danza de   adapto
manera grotesca.) Es facilísimo... como un rock and roll... ¡Quién me lo iba a
decir!... Pero no cojo el ritmo... (Suena una brutal **carcajada.**) No se rían... Lo   risa ruidosa
80 intentaré de nuevo... ¡Ua! ¡Ua! (Carcajadas **hirientes.**) Silencio. ¡Silencio!... No es   sardónicas
fácil... Aunque puedo aprender... (Otro idioma ininteligible **aúlla** por el altavoz.)   suena grotesca-
¿Qué dicen? ¡No entiendo nada!... ¿Hablan de mí? ¿Anuncian que el naviero   mente
Zeuxis resucitó? ¡Hablen! ¡Hablen! (Otros sonidos lingüísticos.) No entiendo esa
lengua. (Tembloroso.) ¿Entenderán la mía?

85 *Zeuxis, confuso y temeroso de que en ésta, su segunda vida, no se le*
reconozca el poder y la fama que tuvo en la anterior, y de que los médicos sólo lo
*usen de **conejilla de Indias,** toma una decisión:*   animal de laboratorio

ZEUXIS: Ya vienen por mí... Les daré una sorpresa... Dudo que tipos como yo
pudieran adaptarse al momento histórico de ustedes... (Pausa.) No, no quiero

90   riesgos... Uds. lo entienden, ¿verdad?... Señoras, caballeros... sean de **la época**   cualquier época
     que fueren... ha sido un placer.

     (Ya en penumbra, Zeuxis se dirige hacia el frigorífico, mientras se oye **canturrear**   cantar en voz baja
     al vendedor de periódicos.)

     VENDEDOR: Últimas noticias. Uno de los amos del mundo deja el mundo. Lean la
95   prensa. Ha fallecido el naviero Zeuxis. Últimas noticias. Uno de los amos del
     mundo...

ACERCA DEL AUTOR

Eduardo Quiles, escritor de cine y de teatro, actor, director y poeta, es una de las figuras más destacadas de la vanguardia contemporánea española. Sus obras han sido traducidas a otros idiomas, y han rebasado las fronteras de la patria, siendo presentadas en México, en los Estados Unidos y en diversos países europeos. Quiles reside en Valencia, donde fundó y edita la revista *Art Teatral*.

Proyecciones

A. ¿Qué nos dice?

1. ¿Quién es Zeuxis? ¿Qué hizo antes de morir? ¿Qué le pasa ahora? ¿Quiénes llegan a hablar con él—mejor dicho, dentro de él?
2. Según la Máscara VI, ¿cómo ha mejorado la vida en este nuevo mundo que encuentran? ¿Cuáles de estos cambios le gustaría a Ud. ver en el porvenir? ¿Cuáles se podrían realizar durante nuestra vida?
3. ¿Quién es la Máscara IX? ¿Por qué piensa que Zeuxis ha hecho mal? ¿Cree Ud. también que el hombre no debe alterar los «designios divinos»?
4. ¿Qué ruidos y olores siente Zeuxis ahora? ¿Qué están preparándose para hacer los cirujanos? ¿Qué decide Zeuxis hacer? ¿Cree Ud. que su decisión es definitiva, o que querrá experimentar una vez más la vida?
5. En su opinión, ¿qué idea nos quiere comunicar Quiles a través de esta pieza? ¿Está Ud. de acuerdo con él?... Finalmente: Si Ud. pudiera hacerse congelar para volver a vivir en el futuro, ¿lo haría? ¿Por qué? ... ¿Cómo imagina Ud. el mundo que encontraría?

B. Adivine por el contexto

Empleando asociaciones lingüísticas, o simplemente, un poco de lógica, descubra el significado específico de las expresiones señaladas, y después conteste.

1. Me observaban con *frialdad,* como un espécimen raro de siglos pasados... *¿Se me acercaron con indiferencia o con empatía?*
2. ¿Qué es eso? ¿Guerra? ¿Peleas en la calle? *Por lo visto,* he llegado en mal momento... *Aparentemente, ¿qué ha pasado?*
3. Zeuxis retrocede y *se palpa* el cuerpo. ¡Qué frío está! Casi no siente el toque de su propia mano... *¿Cómo reacciona al tocarse el cuerpo?*
4. ¿Muerto? ¡Qué va! ¿No me ven aquí, vivo y *coleando* como un pez en el agua? ... *¿Se siente incapacitado o activo todavía?*
5. ¡Qué suerte tienen! Salud, comodidad, y tiempo para gozarlas. *¡Se lo pasarán pipa!*... *¿Estarán disfrutando o padeciendo?*

6. Hombre, ¿dónde estuviste? Te estábamos esperando en el desfile, y tú *te escurriste el bulto... ¿Se quedó donde debía estar este individuo?*

7. Sal, y *echa un vistazo* a tu alrededor. ¿No reconoces este mundo? Pues claro, ¡estamos en el siglo XXX!... *¿Qué quieren que vea esta persona?*

A propósito, ¿cuáles de esas expresiones equivalen a los americanismos: *"having a ball," "take a gander," "sneaked off" y "alive and kicking"?*

C. Creación

1. *(Grupos de dos a cuatro personas.)* Imagínese que Ud. se ha hecho congelar para volver a vivir en el siglo XXX. Llega el momento de despertar y Ud. encuentra a su alrededor a varias personas que no conoce. (Por suerte, todos hablan español.) ¿Cómo será esa primera conversación entre Uds.?

2. *(Dos personas.)* Uds. están contemplando la posibilidad de hacerse congelar para volver a vivir en algún siglo del futuro. (¿Cuál? Uds. lo decidirán.) Pero parece que sólo uno de Uds. está a favor. El otro (La otra) está en contra. ¿Cuáles serán sus razones?

———————————— LECTURA 2 ————————————

Preparativos

Pistas

1. **Algo** can have more than one meaning. Of course, its basic idea is *something:*

Tengo **algo** que decirte.   *I have something to tell you.*

But, especially when it goes before an adjective or an adverb, it can also mean *somewhat, rather, slightly, sort of...,* much like **más bien** or **un poco:**

Es **algo difícil** de entender.   *It's somewhat (sort of) hard to understand.*

2. Words that end in **-iento** are usually adjectives that correspond to English adjectives ending in *-y:* **sangriento, hambriento, polvoriento** *(dusty).*

This can apply as well to adjectives that end in **-cido: enmohecido** *(mouldy).* But for the most part, the **-cido** group is more like the English *-ed:* **oscurecido** *(darkened).*

3. Just as word endings can signal the meaning, so can word beginnings, better known as "prefixes." Here are a few from our next reading:

sobre-	*sur-, super-:*	**sobrenatural, sobrevivir, sobrepasar**
sub-	*sub-, under-:*	**subsuelo, subterráneo**
re-	*re- (again)* or *very:*	**reluciente** *(very) shiny*

4. As always, look for a familiar word within any seemingly new word, and you probably won't need a dictionary. *Por ejemplo:*

vacío   *empty; emptiness:* En un segundo, **vaciaron** todos los cajones... ¿Dejaron algo adentro?

atestado   *crowded:* La calle **se atestó** de policías y manifestantes, todos gritando, todos peleando... ¿Qué pasaría allí?

bulto   *sack, bulk:* **Se le abultaban** los bolsillos, de tan llenos que estaban... ¿Qué llevaría en ellos?

algodón   *cotton:* El cielo estaba adornado con nubes *algodonosas*... ¿Qué tiempo haría aquel día?

Asociaciones

tablero   *instrument panel*—conmutadores, luces; **guiñar**   *to blink;* **astral, sideral, espacial**   *referring to the stars or to outer space;* **ronda**   *(a) round; rounds:* «La cosmonave hacía su ronda sideral, mientras un cerebro automático atendía los guiños amarillos y rojos del tablero.»

vidriera, el escaparate *shop window;* **vitrina**   *showcase;* **el anaquel,** estante *shelf;* **alhaja,** joya *jewel*—**un brillante,** diamante   *diamond:* «Rompió la vidriera de la joyería, abrió las vitrinas y vació los anaqueles, embutiendo todas las alhajas en sus bolsillos. —¿Todo esto es mío?—se preguntó. Y se pellizcó para ver si soñaba.»

globo, vejiga *balloon;* **caramelos**   *candies;* **conservas**   *preserves;* **harto**   *sated, stuffed, sick and tired* (de algo): «Era un paraíso infantil. Globos de todos los colores, caramelos y conservas de todos los sabores, pero no había nadie para compartirlos con él. Comió hasta que quedó harto. Y cuando se hartó de comer, lloró a más no poder.»

Díganos: ¿Cuál es la primera cosa que se le ocurre al oír las siguientes? un globo... una vitrina... un tablero... caramelos... un anaquel (o un estante)... un brillante...

¿En qué lugares solemos encontrar muchos anaqueles? ¿En qué lugares o vehículos encontramos tableros? ¿Con qué profesión u ocupación se relaciona el hacer rondas?

Vigésimoquin-secular

VIVIAN MAY BROWN (Argentina)
(Versión abreviada)

El ruido metálico y **acompasado** de los gigantescos sincrotones se alternaba con los guiños amarillos y azules del tablero de un cerebro mecánico. Hacía dos semanas que 3V-166 trabajaba en el segundo subsuelo del enorme rascacielos donde tenía su **sede** el laboratorio de Física Atómica más importante del planeta, 5 sin salir a la luz, durmiendo sólo seis horas, y alimentándose con cápsulas vitamínicas.

    3V-166 era un obrero eficiente. De intelecto mediocre y de una **discreción** sin límites, había sido elegido por el gobierno para llevar a cabo un **ciclópeo** proyecto de defensa interplanetaria. Recluido en el antiséptico **recinto** cubierto de acrílico 10 reluciente, recibiendo instrucciones de un cerebro mecánico, 3V-166 había ido colocando las delicadísimas piezas de un **engendro sideral,** con infinitas precauciones, con precisión astral.

    Hacía dos semanas... dos semanas aproximadamente, que no veía el cielo azul, que no conversaba sino consigo mismo en medio de su **aislamiento.** Extrañaba las 15 caras de sus amigos, las comidas buenas y sencillas servidas sobre manteles blancos de terylene—las pocas diversiones que le permitían su **constreñido** sueldo y las **recaudaciones** fiscales...

marginal glosses:
a intervalos regulares

base central

tacto y dedicación
gigantesco
cubículo

monstruosidad
espacial

soledad absoluta

limitado
impuestos

El trabajo estaba casi terminado. Un día, (o una noche, porque en ese momento no lo sabía), el cerebro mecánico dio por terminadas las instrucciones, y la señal,
20 tan **ansiada** de salida. 3V-166 guardó algunos implementos que había traído consigo y salió, cerrando las dos puertas herméticas. Un ascensor lo llevó a la planta baja. Y salió a la calle...

deseada

3V-166 se extrañó de no ver a nadie. Seguramente era domingo por la mañana. Era la hora en que los restaurantes y cines comenzarían a atestarse de gente... y
25 los vendedores de globos y caramelos ya deberían estar haciendo su ronda por los parques.

A medida que recorría la ciudad, caminando cada vez más rápido, mirando los automóviles **quietos** y los helicópteros posados sobre las terrazas como gigantescas **libélulas** dormidas, fue arribando a la noción de que estaba solo en
30 una de las ciudades más grandes de la Tierra.

Mientras andaba por que no se movían (tipo de mosca grande)

Como toda mente simple, no se preguntó por qué, pero aceptó el hecho como incuestionable. No sabía si tenía temor... Una profunda sensación de sorpresa fue lo más que registró subconscientemente. Entró en una cabina telefónica e hizo varias llamadas que **zumbaron** incontestadas. ¡Qué **insólito**! 3V-166 quedó un
35 momento sin saber qué hacer.

sonaron / raro

Tuvo consciencia de un apetito que se iba acrecentando. Pasó por «MAGALI», el del toldo a rayas rojas y blancas y portero de rígido uniforme, **apostado** junto a las vidrieras llenas de **lechón** y de pavo y de conservas... Se detuvo un segundo, rió en voz alta, y sin pensarlo más, entró. No había nadie para servirlo, pero, **¿qué**
40 **más daba?** Se preparó una mesa y almorzó **pantagruélicamente,** sirviéndose de las cámaras frigoríficas, del horno, de las vidrieras. Bebió tres clases de vino que eran más viejos que él, y **remató** fumando unos cigarros holandeses que eligió de una vitrina en el bar.

(emporio de comida elegante) / parado
cerdo tiernísimo

¿qué le importaba? / glotonamente
finalizó

Salió satisfecho, sintiéndose todopoderoso casi. En una esquina vio la placa de
45 metal de «DORÉ». Entró y eligió un par de **atuendos** completos, **demorándose con gozo** en los detalles. ...En una joyería, vació los anaqueles de alhajas, y se cubrió ridículamente con ellas. ¡Era más rico que el legendario Midas! Si quería dinero, no tenía más que acercarse a un banco y servirse de él. Fue nuevamente a «MAGALI» a cenar, y se instaló con sus nuevas posesiones en la suite
50 presidencial del Hotel «NEPTUNO», donde durmió en una cama de tamaño **inverosímil,** en una habitación que olía levemente a rosas.

(tienda de ropa fina) / trajes
examinando feliz-mente

enorme

Y cada día era un **calco** del anterior... Comenzaron a molestarle la **tierra** que se iba acumulando en todas partes, el detestable olor corrupto de las flores secas que venía de las casas, el silencio ininterrumpido de las calles largas. No podía
55 entretenerse con la radio, ni la televisión, ni el cine, porque no había quien trasmitiera nada, pero comenzó a escuchar discos, y en poco tiempo se convirtió en un erudito apasionado... Si pudiera verlo 6X-417 o 2Y-005, ... pero no estaban ahí, así que, **¿a qué** afligirse?

copia / polvo

¿para qué...?

Intentó veces interminables ponerse en contacto por radio con otras ciudades
60 importantes, pero le resultó inútil. Evidentemente era el único sobreviviente de su raza —el nuevo Adán solitario.

Y se vio **sobrellevando** largos años, opresivos con el vacío de otras voces, y supo que no tendría coraje. Lloró de rabia y desesperación sobre sus billetes de banco, enmohecidos por la inutilidad, sobre su montón de oro, oscurecido por el
65 polvo cada vez más espeso; sobre sus brillantes, que no le ofrecían más que su compañía helada y muda... Y se decidió.

sufriendo

Al mediodía subió al edificio más alto de la ciudad y salió a la terraza. Sintió tristeza por el cielo azul y las nubes algodonosas que ya no tenían sentido.

Saltó... Estaba casi en paz. Nunca había tomado demasiado en serio la religión,
70 pero pensó que tal vez en la muerte volvería a encontrar la compañía de los
suyos, de su **especie**. Era consoladora, sí... la religión, con su reunión última y   raza humana
total... definitiva.

Sólo faltaban diez pisos ... ocho ... seis ... En el tercero sintió un **vuelco**   golpe
enfermante dentro del corazón... Había comenzado a sonar **amistosamente** un   cordialmente
75 teléfono.

ACERCA DE LA AUTORA

Graduada en la Universidad Nacional de Buenos Aires y madre de dos hijos
jóvenes, Vivian May Brown ha ejercido durante un tiempo la profesión de maestra
de inglés. Habiendo viajado extensamente tanto por el interior de su país como por
el exterior, domina varias lenguas extranjeras. Ahora, consciente siempre de la función estética y moral de la literatura, se ha dedicado notablemente a la doble carrera de prosista y poetisa.

Proyecciones

A. ¿Qué dice Ud.?

1. ¿Quién es el protagonista de este cuento? ¿Por qué tiene un número en lugar
   de un nombre? ¿Qué tipo de hombre es? ¿Qué edad tendrá?
2. ¿Cómo ha pasado las últimas dos semanas? ¿Cómo encuentra las calles
   cuando sale por fin de su laboratorio? ¿Cómo se siente al principio? ¿Cómo
   pasa los siguientes días? ... A propósito, ¿qué haría Ud. si se encontrara en
   restaurantes y tiendas sin que nadie estuviera presente?
3. ¿Adónde cree Ud. que han ido los habitantes de la ciudad? ¿Habrá vida humana en otras partes?
4. ¿Por qué comienza a desesperarse por fin 3V-166? ¿Qué decisión toma finalmente? ¿Qué sonido oye mientras se está cayendo? ¿Quién cree Ud. que está
   llamando?
5. En su opinión, ¿acaba este cuento en una nota triste u optimista? (Explique
   por qué piensa así.)... Finalmente, ¿qué advertencia nos quiere dar el autor
   sobre nuestra propia civilización? ¿Qué medidas podemos tomar para evitar la
   catástrofe?

B. Adivine por el contexto

Y busque cuando pueda la raíz de la palabra nueva:

1. Sintió un golpe *enfermante* en el corazón al oír sonar el teléfono. ¿Quién sería?
2. De todos los que se fueron en la expedición, quedaban sólo tres *sobrevi-
   vientes, aislados* del mundo en una isla remota. ¿Cómo escapar?
3. *Se demoró con gozo* en el banquete, *saboreando* cada bocado, cada sorbito
   de vino. Cuanto más comía, más *acrecentaba* su apetito.
4. ¿A qué *afligirse*? No habiendo más remedio, ¿por qué no disfrutar de todo?
5. Sabía que las alhajas no eran suyas, pero, *¿qué más daba?* ¡No eran ya de
   nadie!

Ahora díganos: ¿Cuáles de las expresiones indicadas arriba corresponden a las
siguientes en inglés?: *He took his sweet time... So what?... Why take it to heart?*

C. Creación

«Había comenzado a sonar amistosamente un teléfono.»

1. Imagínese que Ud. es la persona que está llamando por teléfono. Cuéntenos su historia: ¿Quién es? ¿Cómo ha podido sobrevivir el desastre? ¿Por qué marcó precisamente ese número? ¿Por qué tardó tanto tiempo en llamar? ¿Cómo acabará él (o ella) ahora, ya que el otro sobreviviente se acaba de matar? ¿O es que hay más ... y más ... y más?
2. Imagínese que la llamada se hubiera hecho cinco minutos antes—antes de que 3V-166 se decidiera a poner fin a su vida. Imagínese que 3V-166 hubiera tomado el receptor y que oyera una voz al otro extremo del hilo. ¿De qué hablarían los dos? ¿Cómo sería esa conversación?
3. *(Grupos de dos o tres personas.)* Ud. es uno de los cosmonautas a bordo del primer viaje interplanetario, un vuelo que acaba de ser secuestrado por un refugiado marciano. Ud. le pregunta al extraterrestre sobre su vida en el planeta rojo antes de esconderse a bordo, y él le explica cómo era. Desde luego, les hará a Ud. y sus compañeros preguntas sobre la vida de los «terranos», y Uds. le contestarán. ¿Cuáles son las diez cosas más importantes que le preguntaría Ud.? (¿Qué le contestaría él?) ¿Cuáles son las diez cosas más significativas que Ud. le contaría acerca de nuestra vida aquí?

En conclusión

¿Cree Ud. que los cuentos de este capítulo proyectan una imagen favorable o desfavorable del futuro? ¿En qué sentidos? ... Si fuera posible establecer colonias espaciales para la humanidad, ¿le gustaría vivir allí? Y si Ud. pudiera crear una sociedad nueva, ¿qué aspectos de la vida actual en la tierra trataría de mejorar? ¿Cuál sería el primero que trataría de eliminar? ¿Cuáles de nuestras instituciones conservaría Ud. intactas?

Español–Inglés

A

abajo, *adv.* below; **hacia —** down

abarcar to view

abatirse to become depressed

abogacía law profession

abordar to approach (an issue); to board

abrazar(se) to embrace

abrazo, *n.* embrace, hug

abrigar to shelter; **—se** to bundle up

abrigo (over)coat; shelter

abrir *(past part* **abierto***)* to open

abrumar to overwhelm

absoluto absolute; **¡En —!** Absolutely not!

absolver (ue) *(past part* **absuelto***)* to absolve, acquit

aburrido bored; boring

acá here

acabar to finish; **— de** to have just (done something)

acariciado desired, cherished

acariciar to caress, desire

acarrear to bring along, cause

acaso perhaps

acaudalado wealthy

acceder to accede, give in

acceso access; seizure, attack

aceite oil

aceituna olive

aceptación, *f.* acceptance

acercarse a to approach

acertar (ie) to succeed, manage (to); hit the mark

acción, *f.* action; share of stock

acoger (acojo) to receive warmly; **—se a** to seek refuge in

acomodado well-to-do

acomodarse a to get used to, make the best of

aconsejar to advise

acontecer (zco) to happen

acoplarse a to adapt to

acordar (ue) to agree (to)

acordarse (ue) de to remember

acorralado trapped

acostar (ue) to put to bed; **—se** to go to bed; lie down

acostumbrar to accustom

acrecentar (ie) to increase

actitud, *f.* attitude

actuación, *f.* behavior; action; acting

actual current, present

actualidad: en la — at present

actuar (úo) to act

acudir (a) to hasten, resort to

acueducto aqueduct, system for carrying water

acuerdo agreement; **de —** agreed, all right

adelantar to advance, move forward; **—se** to come forward

adelante, *adv.* onward, forward; **de aquí en —** from now on; **hacia —** forward

adelanto, *n.* advance; **de —** ahead of time

ademán, *m.* gesture

adentro inward, toward (or on) the inside

adinerado wealthy

adivinar to guess

admirador(a) admirer; admiring

adormecer (zco) to put to sleep

adquirir (ie) to acquire

aduana Customs

adueñarse to take possession

adular to adulate, worship

advertencia warning

advertir (ie) to warn; advise

aeronave, *f.* airplane

afable affable, friendly

afán, *m.* eagerness; desire

afanarse to try to work hard

afecto affection

afectuoso affectionate

afeitadora shaver, razor

afeitar(se) to shave

afeites, *m. pl.* cosmetics

aferrarse (ie) to cling to

afianzar to bolt down, lock

afición, *f.* fondness

aficionado, *n.* fan; **— a,** *adj.* fond of

afiebrado feverish

afirmar to affirm; support

afligido upset, saddened

afortunado lucky

afrontar to face

agacharse to crouch

agarrar to grab; catch, take

agitarse to get upset

agobiante exhausting

agonía agony; death throes

agotar to use up, exhaust

agradable pleasant

agradecer (zco) to thank (for)

agradecido grateful

agrario agrarian, referring to farmlands

agregado attaché

agregar to add

agricultor(a) farmer

aguantar to endure, stand (for)

aguardar to await

agudo sharp; shrill

aguja needle

agujero hole

ahogar(se) to drown; choke, stifle

ahora now; **— bien** well, . . .; **— mismo** right now

ahorcar to hang

aislar to isolate

ajeno belonging to someone else

ala wing

alabar to praise

alargar to extend

alba dawn

albedrío free will

alcance, *m.* reach; **al —** within reach

alcanzar to reach; achieve

alegar to allege, claim

alegrarse (de) to be glad

alegre happy, jovial

alejarse to move off, go away

alentar (ie) to encourage

alhaja   piece of jewelry
aliento   breath; encouragement
alimento(s)   food
alivio   relief, solace
alma   soul
almacenero   grocer
almanaque, *m.*   calendar; almanac
almidonar   to starch
almohada   pillow
almorzar (ue)   to have lunch
alojarse   to take lodgings
alquilar   to rent
alrededor (de)   around; **a mi —** around me
altavoz, *m.*   loudspeaker
altercado   argument; fight
altiplano   highland
altivez, *f.*   arrogance
altivo   arrogant
alto   high; tall; loud
altura   height; top
alucinante   dazzling; hallucinating
aludido   (person) mentioned or spoken to
alumno   pupil
alzar   to raise, lift
allá   yonder; **el más —** the great beyond; life after death
amable   amiable, pleasant (a person)
amanecer (zco)   to dawn; *n.* dawn
amante   lover
amargo   bitter
amargura   bitterness
amarillento   yellowish
amarrar   to fasten, tighten; **—se los calzones**   to show who's boss
ambiente, *m.*   background; atmosphere
ambivalencia   ambivalence, having conflicting desires
ambos   both
amenaza   threat
amenazante   threatening
ametralladora   machine gun
amistad, *f.*   friendship
amo   master
amorío   love affair
amoroso   amorous, affectionate

amparar   to help
amparo   help
ampliación, *f.*   extension; enlargement
ampliar (ío)   to amplify, increase
amplio   ample, full
analfabeto   illiterate
análogo   analogous, comparable
anciano   old, aged (person)
ancho   wide
¡Ándale!   an all-purpose Mexican exclamation
***andar**   to walk; run, function (a machine, etc.)
andariveles, *m. pl.*   belongings
andino   Andean, of the Andes
amenazar   to threaten
anestésico   anesthetic
anglosajón (-ona)   Anglo-Saxon, British
angostarse   to become narrow
angosto   narrow
angustia   anguish, distress
angustioso   distressing
anillo   ring
animar   to encourage; animate
ánimo   spirit, courage
anoche   last night
anotar   to note down; emphasize
ansiedad, *f.*   anxiety
ansioso   anxious; eager
antagónico   antagonist(ic); opposite
ante, *prep.*   before, in the presence of; faced with
antemano: de —   in advance
anteojos, *m. pl.*   eyeglasses
anterior   previous
antes, *adv.*   before(hand), earlier; **— de,** *prep.* before; **— de que,** *conj.* before
antiguo   old; former; ancient
antítesis, *f.*   opposite
anunciar   to announce; advertise
añadir   to add
apacible   pleasant, peaceful
apagado   soft, muted; turned off

apagar   to put out, turn off (a light, etc.)
aparato   set (radio, TV, etc.); vehicle
aparecer (zco)   to appear, put in an appearance
aparejos   trappings
aparentar   to seem to be, pretend
apartar   to separate, move away
apasionado   passionate
apegado   attached (to), dependent (on)
apellidarse   to bear a surname
apellido   surname
apenas   hardly, barely, scarcely
apesadumbrado   disconsolate
aplastado   stunned
aplazar   to postpone
aplicar   to apply (something)
apocado   timid
apoderarse   to take possession
aportación, *f.*   contribution
aportar   to bring to, contribute
apostar (ue)   to bet
apoyar   to support; **—se**   lean on
apoyo   support
aprecio   esteem; appreciation
apresuradamente   hastily
apresurarse   to hurry
apretar (ie)   to press; squeeze, tighten
aprieto   a tight spot, "jam"
aprobar (ue)   to approve
aprontes, *m. pl.*   preparations
apropiado, *adj.*   appropriate
aprovecharse   to take advantage
apuesta   bet
apuntar   to aim (a gun); note down
apuñalar   to stab
apurar   to hurry; **— el paso**   to walk faster
aquí   *here;* **de — en adelante**   from now on
Aquiles   Achilles, Greek mythological hero
árbol, *m.*   tree

arbusto   bush
arco iris   rainbow
archivar   to file
arder   to burn
ardiente   burning; heated; ardent
arena   sand
arenoso   sandy
arma   weapon
armar   to set up, put together
armario   closet; — de luna mirrored wardrobe
armonía   harmony
arpa   harp
arraigarse   to take root
arrancar   to pull out or off
arrasar   to demolish, level
arrastrar   to drag
arrebatar   to seize, grab away
arrebujado   wrapped up
arreglar   to arrange; fix
arreglos   arrangements; repairs
arremangarse   to roll up one's sleeves
arrepentimiento   regret, repentance
arrepentirse (ie)   to repent, be sorry
arriesgar(se)   to risk
arrodillarse   to kneel
arrojar   to throw, hurl
arroparse   to cover up; dress
arroyo   stream
arruga   wrinkle
arruinar   to ruin; spoil
arrullo   lulling sound
asalto   assault, attack
ascendencia   descent, family origins
ascenso   ascent, climb; promotion
asegurar   to assure; insure; make safe, fasten down
asentar (ie)   to set down (rules, etc.)
asentir (ie)   to give assent
asesinar   to murder, assassinate
asesino   murderer, assassin
así   so, thus; like this, this way; — como   as well as; — que   as soon as; and so . . .
asiento   seat

*asir (asgo, ases)   to seize: —se a   hold onto
asistir a   to attend (a function, school)
asomarse   to look out of, peer through (a window, door, etc.)
asombrado   astonished
asombro   shock, astonishment
asombroso   astonishing
aspecto   aspect; appearance
aspereza   harshness
aspirante   applicant
astro   star
astuto   shrewd
asunto   matter, case
asustar   to frighten
atender (ie)   to attend (to someone or something)
atento   attentive, nice
aterrado   terrified
aterrizar   to land (a plane)
atestado de   crowded with
atestiguar   to witness
atónito   shocked
atormentador(a)   tormentor
atorrante   hobo, bum
atractivo, n.   attraction, attractiveness
*atraer   to attract
atrás, adv.   behind
atraso   delay
atravesar (ie)   to cross; go through
atreverse a   to dare to
atribuir (uyo)   to attribute
atribulado   troubled
atropelladamente   hastily, one on top of the other
audaz   bold
auditivo   audial, referring to hearing
augurar   to augur, foresee
aullar (aúllo)   to howl
aumentar   to increase
aun   even
aún   still
aunque   although, even though
aurora   dawn
ausencia   absence
automovilista   driver
autor(a)   author; perpetrator
auxilio   aid
avance, m.   advance
avanzar   to advance

ave, f.   bird
avenida   avenue; means
avergonzarse (ue)   to be ashamed
avioncito   little airplane
avisado   astute, wise
avisar   to warn, advise
avivarse   to get wise to something
ayuda   help
azotea   terrace
azúcar, m.   sugar

B

bailarín (-ina)   dancer
baile, m.   dance
baja, f.   casualty; drop
bala   bullet; — perdida   stray bullet
balazo   bullet shot or wound
balcón, m.   balcony
balneario   bathing resort
banal   banal, commonplace
banco   bank; bench
bandera   flag
bandido   bandit
bando   band
barajar   to shuffle
barandilla   railing; bannister
barato   cheap
barba   beard
bárbaro   barbaric; "great," "tremendous" (Arg. slang)
barco   ship
barra   bar (of metal, etc.)
barrilete, m.   kite
barrio   neighborhood
base, f.   base; basis
¡Basta!   Enough!
bastante   enough; quite, rather
bastón, m.   cane
batallador(a)   battling
batir   to beat
bebida   drink; drinking
belleza   beauty
bello   beautiful
bendición, f.   blessing
beneficioso   beneficial
benéfico   benevolent, charitable
besar   to kiss
beso   kiss

bicho bug; *(slang)* "character"
bien, *n.* good, welfare; *pl.* goods, possessions
bienestar, *m.* welfare
bigote, *m.* mustache
bigotudo mustachioed
billete, *m* ticket; bill (money)
bizcocho biscuit; cake
blanco white; *n* target; blank
blancura whiteness
bobada stupid act or statement
bobo stupid
bocado mouthful
boda wedding
bolsa purse; bag; **B—** Stock Market
bolsillo pocket
bombilla light bulb
bonaerense of or from Buenos Aires
bondad, *f.* kindness, goodness
boquiabierto astounded, agape
bordar to embroider
borde, *m.* edge; border
bordo: a — on board
borrar to erase
borroso fuzzy, blurred
bosquejo drawing, sketch
botánica store for religious and "magical" objects
botar to throw out
bote, *m.* boat
botella bottle
brazo arm
brillo shine
brindar to make a toast
broche, *m* brooch; clasp
broma joke
bronce, *m.* bronze
buen mozo handsome
buey ox
bufanda scarf
bufete, *m.* buffet; law office
bufonada buffoonlike act; jest
bulto shape, form, figure; mass
burlar to fool; **—se de** to make fun of
burlón (-ona) mocking
busca search
buscar to look for
buzón, *m.* mailbox

C

caballo horse; **a —** on horseback
cabellos, *m. pl.* hair (poetic)
***caber** to fit; **No cabe duda.** There is no doubt.
cabo end: **al fin y al —** in the long run; **llevar a —** to bring about
cacerola pot; casserole
cachorro puppy
cadáver, *m.* corpse
cadena chain
***caer(se)** to fall (down)
caja box
calamares, *m. pl* squid
calarse to put on (a hat, etc.)
calculadora calculator
calentar (ie) to heat; warm up
caliente warm; hot
calificaciones, *f. pl.* school grades
calificado qualified
calor, *m.* heat; ***hacer —** to be hot (out); ***tener —** to be (feel) warm, hot
caluroso hot, warm; heated
calvo bald
calzada highway
calzar(se) to put on shoes
callado silent
callar(se) to be quiet, hush up
calle, *f.* street
callejero, *adj.* (of the) street
callejuela narrow street; alley
cámara camera; chamber; **— frigorífica** freezing chamber; **— lenta** slow motion
camastro cot
cambiar to change; exchange; **— de local** to move
cambio change; exchange; **en —** on the other hand
caminar to walk
caminata (a) walk
camino road; path; way; **— a** on the way to; **abrirse —** to make one's way
camisa shirt; **— deportiva** sport shirt
campana bell
campaña campaign
campeón (-ona) champion

campesino, *n.* farmer; country dweller; *adj.* rural
campestre rural, of the country
campo country (*opp. of* city); field
canal, *m.* canal; channel
canalla cad; rabble
cancel, *m.* storm door
canción, *f.* song
cansancio fatigue; boredom
cansar(se) to tire
cantante singer
cantar to sing
cantidad, *f.* quantity
canturrear to hum
capa cape; **— de agua** raincape
capaz *(pl.* **capaces***)* capable
capilla chapel
capítulo chapter
capricho whim, notion
captar to capture
carbón, *m.* coal
carcajada guffaw
cárcel, *f.* jail
cardíaco cardiac, (of the) heart
carecer de (zco) to lack
careta mask; caricature
carga load; cargo
cargar to load, burden; charge
cargado de loaded with
cargo job, responsibility
caricia caress
caridad, *f.* charity; mercy
cariño affection
carmín, *m.* lipstick
carnaval, *m.* Carnival (of Lent)
carne, *f.* flesh; meat
carnet, *m.* license; membership card
caro expensive
carrancista followers of Carranza *(Mex.)*
carraspear to speak hoarsely
carrera career; race; running steps
carretera highway
carro car; cart
carta letter
cartera wallet; briefcase
casadero marriageable
casado married
casamiento marriage
casar(se) to marry

casero, *adj.* (of the) home
casi   almost
caso   case; *hacer — de or a* to pay attention to
castaño   brown, chestnut-colored
castigo   punishment
casualmente   by coincidence
casualidad: por —   by coincidence
catarsis, *f.*   carthasis, purging
cátedra   professorship
caudal, *m.*   wealth; abundance
caudillo   political strongman
causa   cause; legal matter, case; a — de   because of
caverna   cavern
cazar   to hunt
ceder   to yield
celebrar   to celebrate; —se to take place
celeste   light blue; celestial
celos, *m. pl.*   jealousy
celoso   jealous
centavo   cent
centro   center; downtown area
ceño   brow; — fruncido   frown
cerca, *adv.*   near(by); — de, *prep.* near; de — from close up
cercanias   outskirts
cercano, *adj.*   near
cerebro   brain
cerradura   lock
cerrar (ie)   to close
cesar   to cease
ciego   blind
cielo   sky; heaven; sweetheart
ciencia   science; a — cierta for a certainty
cierto   certain; exact, true; a certain
cigarro   cigar; cigarette
cima   top, summit
cinismo   cynicism; shamelessness
cinta   ribbon; tape
cinto   belt
cintura   waist
cinturón, *m.*   belt
circunscrito   confined, limited
cita   date, appointment
citar   to cite; quote; make a date
ciudadano   citizen

clamar   to exclaim; shout out
clandestino   secret, undercover
claro   clear; light (colored); — está   of course
clase, *f.*   class; type, kind
clavar   to nail; fix, affix
clave, *f.*   clue
clavo   nail
clero   clergy
clima, *m.*   climate; weather
cobija   blanket
cobrar   to charge; collect (money); cash (a check)
cocina   kitchen; stove; cooking; juego de —   set of pots
cocinero   cook, chef
coco   coconut
cocotero   coconut tree
coche, *m.*   car; coach (of a train); en —   by car
codiciado   sought after
cofradía   religious fraternal society
coger (cojo)   to catch; seize (Avoid in Mexico and Argentina.)
cola   tail; line-up; falda de — skirt with a long train; formar — to get on line
colar(se) (ue)   to infiltrate, squeeze in
colega   colleague
colegio   secondary school
cólera   anger
colgante   hanging down
colgar (ue)   to hang
colina   hill
colmado de   brimming with
colocar   to put; place; —se to get a job
colocación, *f.*   placement; job
colorado   red
colorear   to color
comba   jump rope
comedia   play; comedy
comentar   to comment (on)
comercio   business; commerce
comicidad, *f.*   comic quality
comida   meal; food; dinner
comienzo   beginning
comisaría   police station
¿Cómo?   How?; ¡Cómo! What!; ¡Cómo no!   Of course!
cómodo   comfortable

compadre   "brother" (not family)
comparsa   dance troupe
compartir   to share
compenetrar   to pervade
competencia   competence; competition
complacer (zco)   to please, satisfy
complaciente   self-satisfied
complejo   complex; complicated
complot, *m.*   conspiracy, plot
*componer   to compose; put together, fix
compositor(a)   composer
compra   purchase
comprador(a)   buyer
comprensión, *f.*   understanding, comprehension
comprobación, *f.*   proof
comprometerse   to agree (to)
común   common
comunicar   to communicate; (telephone) to connect;
conceder   to give; concede
conciencia   conscience; consciousness
conciliar   reconcile
concluir (uyo)   to conclude
concurrir a   to attend; resort to
concurso   contest
concha   shell
condecorar   to decorate, give a medal
condenar   to convict; sentence; condemn
*conducir   to conduct, lead; drive (a car)
conejillo de Indias   guinea pig
conejo   rabbit
confección, *f.*   making; manufacture
confeccionar   to make, manufacture
confesar (ie)   to confess
confianza   confidence, trust
confianzudo   self-confident; brash
confiar (ío) en   to trust
conforme   in agreement; willing
confundir   to confuse
congelar   to freeze
congelador, *m.*   freezer
congoja   anguish, grief

conmoción, *f.* commotion; upheaval

conmovedor(a) moving, pitiful

conmover (ue) to move (to pity)

conmutador, *f.* switchboard

conocer (zco) to know (a person or place), be acquainted with

conocido, *n.* acquaintance; *adj.* well-known

conocimiento consciousness; *pl.* knowledge

conque, *conj.* so

conquista conquest

consagrar to consecrate; dedicate

conseguir (consigo) to get, acquire

consejo(s) advice

consignación, *f.* deposit (of funds); consignment

consolar (ue) to console

construir (uyo) to build, construct

consultor(a) consultant

consumidor(a) consumer

consumo consumption

contabilidad, *f.* accounting

contado cash; al — in cash

contador(a) accountant

contaminación, *f.* pollution

contar (ue) to count; tell, relate; — con to count on

contemporáneo contemporary

contestación, *f.* answer

continuar (úo) to continue

contra against

*contra*decir to contradict

*con*traer to contract

contrariar (ío) to oppose; contradict; displease

contrato contract

contribuir (uyo) to contribute

contribuyente contributing

convencer (convenzo) to convince

*convenir to be fitting, wise

convertir (ie) to convert

cónyuge spouse

coñac, *m.* brandy

copa goblet, wine glass

copiar to copy

copita (a) drink (of liquor)

corazón, *m.* heart; sweetheart

corbata tie

cordero lamb

coro choir; a — all together

correa strap

corredor, *m.* broker; corridor

corregir (corrijo) to correct

correo mail

correr to run

corrida running; — de toros bullfight

corriente current; ordinary

cortar to cut

corte, *f.* court; *m.* cut

corto short (in length)

cosa thing; cualquier — anything

costa coast

costado side

costar (ue) to cost; be difficult

coste, *m.* cost

costear to pay for

costoso expensive

costumbre, *f.* custom

costura sewing; dress; alta — high fashion

cotidiano everyday; ordinary

cráneo cranium, head

creador(a) creator; creative

crear to create

crecer (zco) to grow

creciente growing

creencia belief

*creer to believe; think

cría breeding (animal)

criado servant

crianza raising, rearing

criar (ío) to raise (a child or crop)

criatura baby; child; creature

crimen, *m.* crime

crisol, *m.* melting pot

criterio criterion, standard

crítica criticism; "review"

cronista chronicler

crujir to creak

cruz, *f.* cross

cruzar to cross

cuadra city block; (hospital) ward

cuadro painting; picture; square; a —s checked

cualidad, *f.* quality (of character), trait

cualquier(a) any, anyone at all; un —a a "nobody"

cuando when; — menos at the very least; de vez en — from time to time

cuanto all that; en — as soon as; en — a as for; unos —s a few

¿Cuánto(s)? How much? How many?

cuartel, *m.* barracks; police station

cuarto room; quarter; fourth

cubierta cover; top part; deck (of a ship)

cubierto de covered with

cubrir *(past part.* cubierto) to cover

cucurachero cockroach nest

cuchillo knife

cuello neck; collar

cuenta account; bill; a — on account, in advance; al fin de —s after all; *darse — de to realize; por su (propia) — on one's own

cuentista short story writer

cuento story

cuerda rope, cord

cuero leather

cuerpo body

cuestas: a — being carried (*gen.* on someone's back)

cuestión, *f.* question, issue (*not* inquiry!)

cueva cave

cuidado care; carefulness; Pierda — Don't worry.

cuidadoso careful

cuidar to take care; watch out

culebra snake

culminante climactic

culpa blame; fault; guilt

culparse to blame oneself

cultivo raising; cultivating

culto, *n.* cult; religion; devotion; *adj.* cultured

cumbre, *f.* high point

cumpleaños, *m. sing.* birthday

cumplido proper, polite; accomplished

cumplir to fulfill; complete

cuñado brother-in-law

cura priest

curandero medicine man

cuyo, *poss. rel. adj.* whose

Ch

chal, chalina shawl
chamaco boy *(Mex.)*
charlar to talk, chat
cheque, *m.* check
chequear to check
chequeo checkup
chimenea fireplace
chiste, *m.* joke
chocar (con) to crash (into),
  collide (with), bump (into); to
  shock
chofer, chófer driver

D

dado que granted that
danzante dancer
dañar to harm, damage
dañino harmful
daño harm, damage; *hacer —
  to hurt
*dar to give; — a to face; —
  a luz give birth; —le la gana
  (ganas) de to feel like
  (doing); — la hora to strike
  the hour; — hambre, miedo
  to make one hungry, afraid;
  — la razón to agree with
  (someone); — una vuelta to
  take a turn, ride, etc.; go
  around; — vueltas to spin
  around; —se cuenta de to
  realize; —se de baja to drop
  out
dato fact; *pl.* information,
  data
debajo, *adv.* underneath; —
  de under, below
deber should, ought; to owe;
  m. duty, obligation
debidamente duly, properly
débil weak
debitar to debit, deduct
*decaer to decline
décimo tenth
*decir to say; tell; es — that
  is to say; *querer — to
  mean
dedicatoria dedication (of a
  work)
dedo finger; toe
*deducir (zco) to deduce

dejar to let, allow; leave
  (behind); — de to stop
  (doing . . .); fail to (do)
dejo trace, vestige
delantal, *m.* apron
delante, *adv.* in front, ahead;
  — de, *prep.* in front of
delantero, *adj.* front
delatar to inform on, reveal
delgado slim, thin
delicia delight
delincuente criminal
demás: (los) — the rest,
  others; lo — the rest,
  remainder
demasiado too much; *pl.* too
  many
democracia democracy
demonio devil
demorar to delay
demostrar (ue) to show
denuncia denunciation;
  accusation
denunciar to denounce;
  accuse, turn in
departamento department;
  apartment
*deponer to depose
deporte, *m.* sport
deportivo, *adj.* (referring to)
  sports; sporty
derecho, *n.* right, privilege;
  law; *adj.* right; straight;
  adv. straight ahead
derivar to drift; —se to be
  derived
derramar to spill
derretirse (ie) to melt
derribar to knock down or over
derrocar to overthrow
derrota defeat
derrotar to topple, defeat
derrumbar to overthrow; knock
  down
desabrochar to unfasten
desacuerdo disagreement
desafiar (ío) to defy; challenge
desafío challenge; defiance
desagradable unpleasant
desagradar to displease
desahuciado exhausted; dying
desairar to snub, reject
desalentarse (ie) to get
  discouraged

desalojar to evict; dislodge
desaparecer (zco) to
  disappear
desaparición, *f.* disappearance
desarrollar(se) to develop
desarrollo development
desastre, *m.* disaster
descalzo barefoot
descansar to rest
descarga volley (of gunfire)
descargar to discharge; shoot
  (a gun)
descariñado unaffectionate
descenso descent, coming
  down
descifrar to decipher
descolgar (ue) to take down,
  unhang
descompuesto out of order;
  out of sorts
desconcertante disconcerting
desconfiado distrusting,
  suspicious
desconocer (zco) to ignore
desconocido, *n.* stranger;
  adj. unknown
descontar (ue) to take for
  granted; discount
descubridor(a) discoverer
descubrimiento discovery
descubrir *(past part.*
  descubierto) to discover
descuidar to neglect
descuido a "slip," "goof"
desde, *prep.* from; since, —
  que, *conj.* since (a certain
  time); — luego of course
desdén, *m.* disdain, scorn
desdeñar to disdain, scorn
desdeñoso scornful
desdichado unfortunate
desear to desire; want, wish
desempleo unemployment
desengaño disillusionment
desenlace, *m* outcome,
  conclusion
desenrollarse to unwind
desenvolver (ue) to unwind,
  disengage
deseo desire
deseoso desirous
desesperado desperate
desfilar to parade, walk by
desfile, *m.* parade; show

desgracia misfortune; tragedy
desgraciado unfortunate
*****deshacer** to undo; **—se** to disappear
desierto, *adj.* deserted, lonely
desigualdad, *f.* inequality
desinflado flat tire
deslealtad, *f.* disloyalty
desligar to disconnect, untie
deslumbrar to dazzle
desmantelar to take apart
desmayarse to faint
desmesurado enormous
desmovilizar(se) to leave military service
desnudo naked
desoír to fail to listen to
desorden, *m.* disorder
despacio slow(ly)
despachar to send off, dispatch
despacho den; office
despedida farewell
despedir (i) to emit; dismiss, fire; **—se de** to say good-bye to
despertar(se) (ie) to awaken
desplazar to displace; **—se** move around
desplegar (ie) to display
despojar to rob, cheat; despoil
despojo fraud; robbery
despojos, *m. pl.* remains
desprivilegiado underprivileged
desprovisto devoid, lacking
después, *adv.* after(wards); then; later; **— de,** *prep.* after
destacado outstanding
destacar(se) to stand out
destapar to uncover, unwrap
destinatario addressee
desterrar (ie) to exile; drive out
destreza skill
destrozar to ruin
destruir (uyo) to destroy
desvanecerse (zco) to evaporate, fade
desvelarse to stay up late, not sleep
desventaja disadvantage
desvestido de devoid of
desvestirse (ie) to get undressed

desviarse (ío) to detour, change course
detalle, *m.* detail
*****detener** to detain, stop; arrest
detenidamente carefully, bit by bit
detrás, *adv.* in back; **— de,** *prep.* behind, in back of
deuda debt
devolver (ue) *(past part.* devuelto*)* to give back, return (something)
día, *m* day; **hoy (en) —** nowadays
diablo devil
diácono deacon
diamante, *m.* diamond
diario, *n.* newspaper; diary; *adj.* daily; **a —** daily
dibujo drawing
dictado dictate
dictadura dictatorship
dicha happiness; good luck
dicho, *n.* saying
dichoso fortunate; happy; (sarcastic) "damned"
Dido ancient queen of Carthage
diferencia: a — de unlike
dificultar to make difficult
difunto deceased
difusión: medios de — the media
diligencia chore; errand; diligence
dineral, *m.* (a) fortune
dirección, *f.* address; direction
dirigente director; leader
dirigir (dirijo) to lead; conduct, direct
disculpa apology
disculpar excuse; **—se** to beg pardon
discurso speech
discusión, *f.* discussion; argument
discutir to argue; discuss
diseñador(a) designer
diseño design
disfrazar to disguise
disfrutar de to enjoy
disgustar to displease
disgusto displeasure
disipar(se) to fade; disappear
disminuir (uyo) to diminish

disparar to fire; to "take off" running; **— un tiro** to fire a shot
disparate, *m.* nonsense
disparo shot
*****disponer** to make ready; dispose
distinguir (distingo) to distinguish
distinto a different from
*****distraer** to distract; **—se** to enjoy oneself
distraído absent-minded
distribuir (uyo) to distribute
distrito district
diverso diverse; *pl.* various
divertido funny, amusing, enjoyable
divertirse (ie) to have a good time
doblar to turn; fold; double
dócil docile; tame
documental, *m.* documentary
doler (ue) to hurt
dolor, *m.* pain; grief, sorrow
doloroso painful; sad
dominar to dominate; command (a language or position)
don, *m.* gift, talent
dondequiera everywhere; wherever
dorado golden
dormido asleep, sleeping
dormir (ue) to sleep
dormitorio bedroom; dormitory
dorso back (side); reverse
dote, *f.* talent, gift
dramaturgo playwright
droga drug
dubitativo hesitant
ducha shower
ducharse to take a shower
duda doubt; **No cabe —.** There is no doubt.
dudoso doubtful
dueño (-a) owner
dulce sweet
duplicar(se) to double; duplicate
durante during
durar to last
dureza hardness
duro hard (a substance)

E

e   and (before words beginning with i or hi, but not hie)

echar   to throw; hurl; cast; — a   to start to; —se a llorar   to burst into tears; —se la culpa   to blame oneself; — hacia atrás   to move back; — lujos   to "live it up"

edad, f.   age

edificio   building

Edipo   legendary king of Thebes who unkowingly married his own mother

efecto   effect; en —   in fact

efectuar (úo)   to effect, bring about

eficacia   efficiency; effectiveness

eficaz (pl. eficaces)   efficient

egoísta   selfish

eje, m.   axis; central point

ejecución, f.   execution; realization, carrying out

ejercer   to wield; practice (a profession)

el que, la que, los que, etc.   he who, those who, etc.

elegir (elijo)   to elect

elitista   elitist; snob

ello (neuter pron.)   it

emanar   to emanate, come from

embajada   embassy; mission

embarazada   pregnant; loaded down

embarazadamente   awkwardly

embebido   absorbed

emborracharse   to get drunk

embreado   tarred

embriagarse   to get drunk

embrujar   to bewitch

emocionarse   to get excited

empantanado   mired

emparentado   related (family)

empatía   empathy, feeling for someone

empeñarse en   to insist on

empeño: casa de —   pawnbroker's

empeorar   to get worse

empezar (ie)   to begin

empleado   employee

emplear   to employ; use

empleo   job

emplumado   feathered

emporio   emporium, store

empresa   company, firm

empujar   to push

empuje, m.   push; energy

empujón, m.   (a) push, shove

empuñar   to wield

enaltecer (zco)   to raise, exalt

enamorado de   in love with

enamorarse de   to fall in love with

encabezar   to head

encadenación, f.   linking

encaminarse   to head (for)

encantado   delighted; enchanted

encantador(a)   delightful, charming

encantar   to delight

encanto   charm

encarar(se)   to face

encarcelar   to jail

encargar   to order; put in charge of

encariñarse con   to become fond of

encender (ie)   to light; turn on

encerrar (ie)   to lock up, enclose

encima, adv.   on top; — de, prep.   above, on top of

encogerse   to shrink; — de espaldas (o de hombros)   to shrug one's shoulders

encomienda   large land grant

encontrar (ue)   to encounter; find; meet

encuadernador   binder

encubrir (past part. encubierto)   to conceal

encuentro   meeting; encounter

enderezarse   to straighten out; stand straight

endurecer (zco)   to harden

enemigo   enemy

enésimo   nth (degree, etc.)

enfadarse   to get angry

enfermar(se)   to get sick

enfermedad, f.   illness

enfocar   to focus, shine on

enfrentar   to face up to

enfrente   in front

enfriar(se) (ío)   to become cold

enfurecer (zco)   to anger

engañar   to fool, cheat; deceive

engaño   fraud; deception

engendro   product, offspring

engordar   to get or make fat

enigma, m.   puzzle; mystery

enjugar (ue)   to wipe dry

enlazar(se)   to link up

enloquecer (zco)   to go or drive crazy

enmendar (ie)   to mend; amend

enmudecer (zco)   to hush

enojarse   to get angry

enojo   anger

enorgullecerse   to take pride

enredar   to entangle; trap; —se   to "get taken"

enriquecer (zco)   to make or get rich

enronquecer (zco)   to become hoarse

ensanchar(se)   to broaden

ensayista   essayist

ensayo   essay; attempt

enseñanza   education

enseñar   to teach

ensimismamiento   self-absorption

ensordecedor(a)   deafening

ensordecer (zco)   to deafen

ensuciar   to dirty

ensueño   daydream; fantasy

entablar   to establish

ente, m.   (a) being

entender (ie)   to understand; —se con   to get along with

entereza   integrity

entero   entire, whole

enterrar (ie)   to bury

entierro   funeral

entonar   to sing

entonces   then; en aquel —   in those times

entorpecer (zco)   to obstruct, slow down

entrada   entrance; admission ticket

entrañas   innards

entreabierto   partially open

entrecortado   interrupted

entrega surrender; delivery
entregar to deliver; hand over; surrender
entrenar to train
entretanto meanwhile
*****entre*tener** to delay; entertain
entrevista interview
entrevistado interviewee
entrevistador(a) interviewer
envejecer (zco) to get old
envenenar to poison
enviar (ío) to send
envidia envy
envidiar to envy
envoltorio package
envolver (ue) *(past part.* **envuelto***)* to involve; wrap
epitafio epitaph (on a tombstone)
equipo set; gear; team
equitación, *f.* horseback riding
*****equi*valer** to be the equivalent of
equivocado mistaken
equivocarse to make a mistake
erguir (yergo) to raise
erizar to bristle
erupción, *f.* outbreak
escala ladder; gangway (of a ship)
escalera stairs
escapada a little trip, "getaway"
escaparate, *m.* store window
escaso scarce
escenario setting
esclavitud, *f.* slavery
esclavo slave
escoger (escojo) to choose
escolar pupil; *adj.* school
esconder to hide
escondidas: a — secretly
escondite, *m.* hiding place; **jugar al —** to play hide and go seek
escrito written; *n. written work*
escritor(a) writer
escritorio desk
escritura writing; document
escrúpulo scruple, moral qualm
escultura sculpture
esfera sphere

esforzarse (ue) to strive
esfuerzo effort
esmeralda emerald
eso that; **a — de** about (a certain time); **por —** therefore
espacio space
espalda shoulder
espantado frightened
espanto terror
espárrago asparagus
especie, *f.* species
espejo mirror
espera wait
esperado hoped for; expected
esperanza hope
esperar to hope; wait for; expect
espesar(se) to thicken
espeso thick, sludgy
espía spy
espiar (ío) to spy
espíritu spirit
esquina (outside or street) corner
esquivar to avoid, "duck"
establecer (zco) to establish
estación, *f.* station; season
estacionar to park (a car)
estadounidense US
estafa fraud
estallar to explode
estampa stamp; image
estancia ranch
estante, *m.* shelf
estatua statue
estibador dock worker
estilizado stylized
estipendio stipend; **— de paro** unemployment benefit
estirar to stretch
estorbar to disturb
estrecho narrow; limited
estrella star
estrenar to debut, try for the first time
estribor, *m.* starboard side (of a ship)
estrujar to wring
estuche, *m.* case
estudiantado student body
estudiantil, *adj.* student
estufa stove; heater
etapa stage, phase

ética ethics
evitar to avoid
evolucionar to evolve
evolutivo evolutionary
exacerbar to make worse
exaltarse to get excited
exhumar to exhume, dig up
exigencia demand, requirement
exigir (exijo) to demand, require
exiliado (an) exile
éxito success
exitoso successful
expediente, *m.* file, dossier
experimentar to experience; experiment
expiación, *f.* atonement; suffering
explicar to explain
explotar to exploit; explode
*****ex*poner** to expose; exhibit
exposición, *f.* exhibit
expulsar to expel
extender(se) (ie) to extend
extenuador(a) exhausting
extranjero foreigner; stranger; **en el —** abroad
extrañar to miss (someone, etc.)
extraño strange, odd; *n.* stranger
extravagante strange, weird
extremado, *adj.* extreme

F

fácil easy; likely
facultad, *f.* school (of law, etc.)
fachada façade
faja bundle
falda skirt
falsificar to forge; falsify
falta fault; lack; need
faltar to be lacking; **— a** to fail in; be absent from; **No faltaba más.** That would be the last straw!
falto de short of, lacking
fallar to give a verdict
fallecer (zco) to die
familiar, *n.* relative; *adj.* familiar; colloquial
fantasma, *m.* ghost

fardo bundle, bale, parcel
fascinante fascinating
fase, *f.* phase
fastidio annoyance; bother
fatiga fatigue; annoyance
favorecer (zco) to favor
faz, *f.* face; surface
fe, *f.* faith
fealdad, *f.* ugliness
fecha date (of the month)
felicidad, *f.* happiness;
 ¡**Felicidades!** Congratulations!
felicitar to congratulate
feliz *(pl.* **felices)** happy
femineidad, *f.* femininity
fenicio Phoenician (ancient
 people of North Africa)
feo ugly
feria fair
feroz *(pl.* **feroces)** fierce
ferrocarril, *m.* railroad
ferroviario, *n.* railroad worker
festejar to celebrate
festejo celebration
fetiche, *m.* fetish; obsession
fiarse (ío) de to trust
fidelidad, *f.* fidelity
fiebre, *f.* fever
fiel faithful
fiera wild breast
figurarse to imagine
fijar to affix, fasten; — **en** to
 notice
fila row; line (of people)
filiación, *f.* affiliation
filo edge
fin, *m.* end; objective; **al —,
 por —** finally; **al — de
 cuentas** after all; **en —**
 anyway, in short
final, *m.* ending; finale
financiamiento financing
finca farm; ranch
fingido pretended
firma signature; firm
firmar to sign
flaquear to weaken
flauta flute
floreado flowered
florecer (zco) to flourish
foco focus
fondillos, *m. pl.* seat of the
 pants

fondo bottom, depth;
 background; fund; **a —**
 thoroughly
forjar to forge, create
formación, *f.* training; formation
formal formal; "proper,"
 excellent
formidable terrific
fortalecer (zco) to strengthen,
 support
forzar (ue) to force
forzosamente necessarily
forrar to line
fósforo (a) match
fracasar to fail
fracaso failure
franqueza frankness
franquista Franco-ite (Spain)
frasco small bottle, vial; jar
freno brake; rein
frente, *f.* forehead; *m.* front;
 — **a** faced with
frescura freshness, cool
frialdad, *f.* coldness
frigorífico refrigerator
frontera frontier
fuego fire
fuente, *f.* fountain; source
fuera, *adv.* outside; — **de,**
 prep outside of; — **de sí**
 beside oneself
fuerza force; strength
fuga escape, flight
fugarse to run away
fumar to smoke
funcionario government official
fundar to found, establish
fundir(se) to fuse
fusil, *m.* rifle
fusilar to shoot

G

gafas eyeglasses
gallardo gallant, handsome
gallego Galician (from
 Northwest Spain)
galleta cracker; cookie
gana desire, urge; **de buena
 —** gladly; *tener —(s) de* to
 feel like (doing . . .)
ganado livestock

ganancia profit
ganar to gain; earn; win;
 "beat," defeat
garantizar to guarantee
garganta throat
gasa transparent fabric
gastar to spend (money)
gauchesco referring to the
 gaucho of the Argentine
 pampas
género merchandise
genial brilliant
gente, *f. sing.* people
gentileza refinement
gerencia management
gigante giant
gigantesco gigantic
girar to spin around
globo balloon
gobernar (ie) to govern
gobierno government
godo Goth; Gothic (referring to
 certain ancient Nordic
 peoples)
golpe, *m.* punch, blow; — **de
 gracia** coup de grace
golpear to strike, hit
gordo fat
gordura obesity
gorra cap
gota drop
gozar de to enjoy
grabación, *f.* recording
grabado etching
gracia wit; grace; **hacerle —**
 to strike (someone) funny
gracioso witty; funny
grado degree
granjear to gain, earn
grasa grease
grave serious; serious-looking;
 critical, grave
griego Greek
gringo (slang) a non-Hispanic,
 especially an American or
 Britisher
gris gray
gritar to shout
grueso thick; heavy-set; gross
guagua bus (Puerto Rico and
 Cuba)
guapo handsome
guardar to keep

gubernamental (referring to) government
guerra war
guerrillero guerrilla fighter
guía guide; — telefónica phone directory
guiar (ío) to guide, lead
guisa manner, way
guiso dish (of food)
gusano worm
gusto pleasure; taste; a — contentedly

H

habas beans
haber de to be supposed or expected to
habilidad, f. ability; skill
habitante inhabitant
habla (el habla), f. speech
hacendado landowner
*hacer to make; to do; — caso a or de to pay attention to; — daño to harm; — falta to be needed; —se to become
hacia toward
hallar to find
hamaca hammock
hambre, f. hunger
hambriento hungry
harapo rag
hartarse to stuff oneself, gorge
harto stuffed, sated; adv. a lot
hasta, prep. even; until; — que, conj. until
hecho, n. fact; deed
helado frozen; n. ice cream
helar (ie) to freeze
hercúleo Herculean, large and strong
heredar to inherit
heredero heir
herejía heresy; blasphemy
herencia inheritance
herida wound; injury
herido injured; wounded
herir (ie) to wound; hurt
hermandad, f. brotherhood
hermoso beautiful
hermosura beauty

herrado shod (an animal)
hielo ice
hierba grass
hierro iron
hijastro stepchild
hilaridad, f. laughter
hilo thread; wire
hinchado swollen
hiriente hurtful; cutting
hirviendo boiling
hispanidad, f. Spanishness; Hispanic peoples
historieta anecdote; comic strip
hogar, m. home; hearth
hogareño home-loving
hoja leaf; sheet of paper
hojear to leaf through
hombro shoulder
hondo deep
hondura depth; hole, declivity
hongo mushroom
honorarios, m. pl. fee, honorarium
honrado honest; honorable
horario schedule; timetable
horcajadas: a — straddling
horizonte, m. horizon
hostelero hotel keeper
huelga strike
huelo (C.f. oler) to smell
huella trace; track; imprint
hueso bone
huésped guest; casa de —es boarding house
huir (uyo) to flee
humedecer (zco) to moisten
húmedo wet; damp, moist
humilde humble
humillar to humiliate
humor, m. humor; mood; *estar de — to be in the mood
hundir(se) to sink
huracán, m. hurricane

I

ibero Iberian (ancient inhabitant of Spain)
ida departure
identificar(se) to identify

idioma, m. language
ídolo idol
iglesia church
ignorado unknown
ignorar not to know, be unaware of
igual equal; like; same; — que just like
igualdad, f. equality
ileso unharmed
imagen, f. image; picture
impacientarse to become impatient
impasible impassive, unfeeling
impedir (i) to prevent, impede
imperativo necessity
imperio empire
impertérrito unperturbed
impío irreligious; irreverent
implicar to imply; implicate
*imponer to impose
importar to matter, be important; to import
importunar to pester, harass
impregnado de filled with
impresionante impressive
impresionar to impress
impreso printed; stamped
improviso: de — suddenly
impuesto tax
impulsar to impel
impune unpunished
inaudito unheard of
incaico Incan (referring to an ancient Peruvian people)
incansable untiring
incendiar to set on fire
incertidumbre, f. uncertainty
inclinado leaning
inclinarse to bend down, lean over
incluir (uyo) to include
incluso including
incomprensible incomprehensible
inconsciente unconscious; unaware
incontables innumerable
incontenible uncontainable, irrepressible
increíble incredible
inculpar to incriminate
incumbencia responsibility

incumplido irresponsible; unfulfilled
indagar to investigate
indefectiblemente certainly
indígena native
indocumentado illegal alien
inequivocable unmistakeable
inerme defenseless; unable to move
inesperado unexpected
inexplicable unexplainable
inexplicado unexplained
infame infamous
infarto heart attack
inferior lower; inferior
inficionado contaminated
infierno hell; inferno
influir (uyo) en to influence
influjo influence
infortunio misfortune
infructuoso unsuccessful
infundir to infuse
ingenio wit; ingeniousness
ingenuidad, *f.* naivete, innocence
ingresos, *m. pl.* income
injusto unfair
inmediato: de — at once
inmóvil motionless
inmovilizar to immobilize
inolvidable unforgettable
inquietante disturbing
inquietar to disquiet, worry
inquirir (ie) to inquire
inquisidor inquisitor; inquisitive
inseguro unsure; unsafe
insoportable unbearable
insostenible unsupportable
instaurar to install (a regime, etc.)
integrar to be made up of
íntegro whole, intact
intencionado malicious; "barbed"
intentar to attempt
intento attempt
interpelar to ask
***inter*poner** to intervene; interrupt
interrumpir to interrupt
intrigante intriguing
intruso intruder
intuir (uyo) to sense
inundar to flood

inusitado unusual
inútil useless
inverosímil implausible
inversión, *f.* investment
invertir (ie) to invest
***ir** to go
ira anger
irlandés (-esa) Irish
irreal unreal
irrealizable unattainable
irrumpir to break out; burst out or into

J

jabón, *m.* soap
jamás never; (not) ever
jefe chief; boss
jornada day's work
joven *(pl.* jóvenes*)* young; youth
joya jewel
joyería jewelry shop; jewelry
jubilado retired
judío Jew(ish)
juego game; gambling; set; **— de palabras** play on words, pun
juez judge
jugar (ue) to play (a game); gamble; **— limpio** to play fair
jugoso juicy; attractive
juguete, *m.* toy; plaything
juicio judgment; opinion
juicioso sensible
juntar(se) to join
junto, *gen. pl.* together; **— a** near, next to
jurar to swear
justificar to justify
juventud, *f.* youth
juzgar to judge

K

kiosko magazine stand or store

L

labio lip
laboral (referring to) work
labrado carved

labrar to work, till; carve
lacio straight, hanging down (hair)
ladear to turn aside, evade
lado side
lágrima tear (crying)
lana wool
lanzamiento launching
lanzar to throw; hurl; launch
largarse to "beat it," run off
largo long; **a lo — de** along
lástima pity
lata can; tin; "mess"
latido heartbeat
latir to beat, pound
lavar(se) to wash
laxitud, *f.* laxness; slackness
lazarillo guide
lazo tie, bond
leal loyal
leche, *f.* milk
lechería milk bar; dairy
lecho bed
lectura reading
***leer** to read
legumbre, *f.* vegetable
lejano far off, distant
lejos, *adv.* far away; **— de,** *prep.* far from
lengua language; tongue
lenguaje, *m.* language (usage)
lente, *m.* lens
lento slow
letra handwriting; letter (alphabet)
letrado lawyer
letrero sign, poster
levantamiento uprising
levantar to raise; lift up; **—se** to rise, get up
ley, *f.* law
leyenda legend
libre free (unrestricted)
librería bookstore
libretista script writer
licenciado lawyer
lid, *f.* fight; **en buena —** rightfully
lienzo canvas
liga link, bond; league
ligar to bind
ligero light; slight; swift
limpiar to clean
limpieza cleanliness

limpio   clean
lío   tie-up, jam
lisiado   crippled, maimed
listo   ready; smart
locura   madness
lograr   to achieve; succeed in
lucir (zco)   to look, seem; show off
lucha   fight
luchar   to fight
lugar, *m.*   place, locale; *tener — to take place
lujo   luxury
lujoso   luxurious
lujurioso   sensuous, sexy
luna   moon; — de miel honeymoon
luz, *f.*   light

LL

llamada   (a) call
llamado   call(ing), vocation
llamar   to call
llanto   tears, crying
llave, *f.*   key; faucet
llegada   arrival
llegar a   to arrive in or at; — a ser   to become
llenar   to fill
lleno de   filled with, full of
llevar   to carry; bring; wear; — a cabo   to bring about; —se bien   to get along well
llorar   to cry
llover (ue)   to rain
lluvia   rain

M

machismo   male chauvinism
madera   wood
madrugada   dawn
maduro   mature
magia   magic
mahometano   Mohammedan, Muslim
mal, *m.*   evil; — de ojo   evil eye; *adv.*   badly; de — en peor   from bad to worse
maldad, *f.*   malice; evil
maleta   suitcase

maletín, *m.*   briefcase; small suitcase
malgastar   to squander
maligno   evil; malignant
malograr(se)   to fail, go wrong
maltratar   to mistreat
malvado   evil; criminal
manco   maimed; one-armed
mancha   stain
manchado   stained
mandadero   errand boy; hacer de —   to be an errand boy
mandar   to send; order
mando   command
manejar   to manipulate; drive
manejo   handling
manga   sleeve
manifestación, *f.*   (protest) demonstration
manifestante   demonstrator
mano, *f.*   hand
mansalva: a —   without any risk
manta   blanket
*man*tener   to maintain; support (a family, etc.)
manzana   apple; city block
maquillarse   to put on makeup
máquina   machine
mar, *m.*   sea
marca   brand, make; mark
marcar   to mark; to dial
marcharse   to go away, walk off
marearse   to get nauseous or dizzy
mareo   nausea, dizziness, faintness
marinero   sailor
mariposa   butterfly
mariscos   shellfish
mármol   marble
martirio   torture
mas   but (*literary*)
más   more, most; — allá   yonder; — bien   rather
masa   mass (of people, etc.)
mascar   to chew; goma de — chewing gum
máscara   mask
mascarón de proa, *m.*   figurehead on a ship
mata   bush
matador   killer

matar   to kill
matiz (*pl.* matices)   shade; hue, tint
máximo   maximum
mayor   older, oldest; greater, greatest; larger, largest
mayoría   majority
mecer (zco)   to rock (a baby, etc.)
mediados: a — de   around the middle of
medida   measure; a — que   as, while . . .
medio   means; middle; —s de difusión   the media; *adj., adv.*   half
medir (i)   to measure
mejilla   cheek
mejor   better, best; a lo — perhaps
mejorar   to improve
menear   to wag
menester, *m.*   need, necessity
menguar   to diminish
menor   less, lesser, least; younger, youngest; minor
menos   less; minus; except; al, a lo, por lo —   at least
mensaje, *m.*   message
mensual   monthly
mente, *f.*   mind
mentir (ie)   to lie
mentira   lie
mentiroso   liar; *adj.*   lying
menudo: a —   often
mercado   market
merced, *f.*   favor; mercy
merecer (zco)   to deserve
mesón, *m.*   inn
mestizo   person of Indian and white ancestry
metáfora   metaphor, figure of speech in which one thing is described in terms of another
meter   to put (into)
metido   involved
método   method
metrópoli, *f.*   motherland; metropolis
mezcla   mixture
mezclar   to mix
miedo   fear
miel, *f.*   honey; luna de — honeymoon

miembro   member
mientras   while . . . ; —
   tanto   meanwhile
Migración, f.   Immigration (at a
   point of entry into a country)
milagro   miracle
miliciano   militiaman
milla   mile
minar   to undermine
mínimo   minimum; minimal;
   least, slightest
minoría   minority
minoritario, adj.   minority
minucioso   careful, detailed
mirada   glance, look
mirar   to look at
miserable   stingy
miseria   poverty
misericordia   mercy, pity
mísero   miserable
mismo   itself, same; very
   (intensifier)
mita   system of forced labor in
   colonial Latin America
mitad, f.   half
mito   myth
moda   style, fashion
modista (-o)   fashion designer
modo   way, manner, means; de
   todos —s   anyway, in any
   case
mojar   to soak
molestar   to annoy, bother
molestia   bother, trouble
molesto   annoying; annoyed
momentáneo   momentary
moneda   coin; currency
monstruo   monster
montaña   mountain
montar   to set up; —se   to
   mount
montón, m.   pile, mound; a
   montones   piles of
moraleja   moral conclusion
morder (ue)   to bite
moreno   brunette; dark-
   complexioned
morir (ue)   (past part.
   muerto)   to die
mortífero   deadly
mortificante   embarrassing
mortificar   to embarrass;
   torment
mostrador, m.   counter

mostrar (ue)   to show
motivo   motive; motif, tune
movedizo   restless
mover(se) (ue)   to move
móvil   movable; n. motive
movimiento   movement
mozo   young man; waiter;
   servant; buen —   handsome
muchedumbre, f.   mob
mudanza   move
mudar(se)   to move
mudo   mute
mueble, m.   piece of furniture
mueca   grimace
muelle, m.   dock, pier
muerte, f.   death
muerto   dead
muestra   sample
mujerona   large woman
mundial   (of the) world;
   worldwide
mundo   world; todo el —
   everybody
muñeca   doll; wrist
muñeco   puppet; doll
muralla   wall
musitar   to mumble
musulmán (-ana)   Moslem
mutuo   mutual

N

nacer (zco)   to be born
nacimiento   birth; Nativity
   scene
nadar   to swim
nariz, f.   nose
natal, adj.   native
natural, n.   native
naturaleza   nature
naufragio   shipwreck
Navidad, f.   Christmas
naviero   shipbuilder
naylón, m.   nylon
necesitar   to need
negar (ie)   to deny; —se a   to
   refuse to
negativa   refusal; denial
negocio(s)   business
nenito   baby
neoyorquino   New York(er)
nieve, f.   snow; powder, drugs
   (slang)
niñez, f.   childhood

nivel, m.   level
nocturno   (of the) night;
   nocturnal
nombre, m.   name; — de pila
   given name
noroeste, m.   northwest
norte, m.   north
nota   note; grade (school)
noticia(s)   news
novela   novel; radio or TV
   "soap"
novia, novio   sweetheart; bride,
   groom
nube, f.   cloud
nublado   cloudy
nublarse   to cloud up
núcleo   nucleus
nudo   knot
nuez, f.   nut

O

obedecer (zco)   to obey
obeso   fat
objeto   object
obra   work; — maestra
   masterpiece
obrar   to work, act
obrero   worker
obsesionar   to obsess
obstante: no —   nevertheless,
   however
*obtener   to obtain
occiso   deceased; murder
   victim
ocultar   to hide
oculto   hidden
ocupado   busy; occupied
odiar   to hate
odio   hatred
oferta   offer
oficina   office
oficio   occupation, trade; public
   office
ofrecer (zco)   to offer
ofrenda   offering
oído   (inner) ear; hearing
*oír   to hear
ojeada   glance; perusal
ojera   "bag" under the eyes
ojeroso   baggy-eyed
ojo   eye
ola   wave
oleada   large wave

óleo oil (in painting); **al —** in oils

oler (huelo) to smell

olor, *m.* smell, odor

olvidar(se)(de) to forget (about)

olvido oblivion; forgetfulness

olla pot

opaco opaque, not translucent

opinar to opine, think

***oponerse a** to oppose

oportuno timely; strategic

oprimir to press; to oppress

opuesto opposite; opposed

opulento rich

oración, *f.* sentence; prayer

orador(a) speaker

orden *(pl.* **órdenes***), m.* order, orderliness; succession; *f* order (command)

ordenado orderly

ordenar to order; put in order

orgía orgy

orgullo pride

orgulloso proud

origen *(pl.* **orígenes***)* origin

orilla shore; edge

oro gold

oscurecer (zco) to grow dark; to shade

oscuridad, *f.* darkness; obscurity

oscuro dark; obscure; *n.* fadeout *(theater)*

otorgar to grant; hand over

oveja sheep

P

padecer (zco) to suffer

padrastro stepfather

padrino godfather

pagar to pay

pago payment

país, *m.* country

paisaje, *m.* countryside; landscape

pájaro bird

palanca lever; "pull"

palidecer (zco) to turn pale

paliza beating, "whipping"

palmada slap, clap (on the back, etc.)

palo stick

palpar to feel with the hand

panameño Panamanian

pandilla gang

pañuelo handkerchief

paquete, *m.* package

par, *m.* pair; **a la —** along with;

para for; in order to; by or for (a time or date)

parábola parable, tale with a moral

parabrisas, *m. sing.* windshield

parada stop; **— de guaguas** bus stop

parado stopped; standing

paradisíaco paradise-like

paradoja paradox, contradiction

paraíso paradise

parar(se) to stop

parecer (zco) to seem, appear, look; **—se a** to resemble; *n.* opinion

parecido similar; *n.* resemblance

pared, *f.* wall

pareja couple; partner

parejo similar; matching

parentesco family tie

paro strike; stoppage

parodia parody

parroquia parish

parroquial parochial

parte, *f.* part; **por otra —** on the othe hand

partera midwife

particular private; particular

partida departure

partido (political) party; game (sports)

partir to depart; **a — de** since

parto childbirth

pasado, *n.* past; *adj.* past, last; **— mañana** the day after tomorrow

pasaje, *m.* passage; ticket (airline, etc.)

pasajero passenger; *adj.* fleeting

pasamanos, *m.* banister; railing

Pascua(s) Easter; **— de Navidad** Christmas

pasearse to take a walk, stroll or ride

paseo walk, ride; promenade, boulevard; ***dar un —** to take a walk, etc.; ***irse de —** to take a little trip

pasillo hallway; aisle

pasmado astonished, shocked, horrified

pasmo shock, astonishment, horror

pasmoso shocking, horrifying

paso step; pass; passage; ***dar un —** to take a step or measure; **de —** incidentally; on the way

pastelería pastry; pastry shop

pata paw (of an animal); hand *(slang)*

patente obvious

patria country, fatherland

patrón, patrona boss

pauta path, direction

paz, *f.* peace; **dejar en —** to let someone alone

pecado sin

pecador(a) sinner

pecar to sin

pecho chest

pedazo piece; ***hacer —s** to rip up

pedir (i) to ask for; request

pedregoso rocky, full of stones

pegajoso sticky

pegar to hit, beat; stick, paste; **— un tiro** to shoot (at)

peinado hairdo

peinarse to comb one's hair

peldaño step, stair

pelea fight

pelear to fight

película movie, film

peligro danger

peligroso dangerous

pelo hair

pelota ball

pellejo skin; **arriesgar el —** to risk one's life *(slang)*

pellizcar to pinch

pellizco, *n.* pinch

pena pain, grief; penalty

pendejo fool, dope

penoso   painful, sad
pensamiento   thought
pensar (ie)   to think; — de   to think of (opinion); — en   to think about, contemplate
pensativo   pensive, contemplative
penumbra   shade; semi-darkness
peor   worse, worst
pequeñez, f.   smallness
pequeño   small, little (in size)
percibir   to perceive
perder (ie)   to lose; to miss (a train, etc.)
pérdida   loss
perdonador(a). adj.   forgiving
perdonar   to forgive, pardon, excuse
perdurar   to live on, continue
peregrino   pilgrim
perenne   perennial, never-ending
pereza   laziness
perezoso   lazy
periódico   newspaper
periodista   journalist
peripecia   adventure; vicissitude
perjudicar   to harm
perla   pearl
permanecer (zco)   to remain
permanencia   staying, tenure
permiso   permission
perplejo   perplexed, confused
perro   dog
perseguir (persigo)   to pursue; persecute
personaje, m.   personage; character (in a book)
personal, m.   personnel
perspectiva   perspective; prospect
perspicacia   wisdom; intelligence
pertenecer (zco)   to belong
perteneciente, adj.   belonging (to)
pertenencias   belongings
pesadilla   nightmare
pesado   heavy; boring; difficult
pesar   to weigh; to grieve, make (someone) sorry; m. grief; spite; a — de   in spite of

pescuezo   (chicken) neck; neck (slang)
pese a   in spite of
pesebre, m.   manger
peseta   Spanish unit of currency
peso   weight; a Spanish American unit of currency
pestaña   eyelash
pestañear   to blink; flutter one's lashes
petróleo   oil
petrolero, adj.   oil (producing, etc.)
pez, m.   fish (alive)
picado   minced; chopped (as meat)
picar   to sting, bite; to be spicy
pie, m.   foot; a — on foot; de —, en — standing; — de cría   animal used for breeding
piedra   stone
piel, f.   skin; fur
pierna   leg
pieza   piece, part; room
pillín   a scamp, mischievous person
pimienta   pepper
pináculo   pinnacle, height
pincel, m.   artist's brush
pintar   to paint
pintor(a)   painter
pintura   painting
pipa   pipe (for smoking)
pisada   (foot)step
pisar   to step on
piso   floor; story (of a building)
pista   track; lane; landing strip; clue
placer m.   pleasure
plaga   plague
plan, m.   plan
planear   to plan
planeta, m.   planet
plano, adj.   even, level; de — absolutely; "right out"
planta   plant; floor (of a building)
plata   silver; money (colloquial)
plática   conversation, chat
platicar   to chat
plato   plate; dish (of food)
playa   beach

plaza   town square, plaza; place, ticket, "seat" (in a plane, etc.)
plazo   term; length of time
plegaria   plea
pleito   lawsuit; argument
plomo   lead (metal)
pluma   pen; feather
población, f.   population; town
poblar (ue)   to people, inhabit
pobreza   poverty
poco   little (in amount); a — shortly after; — a — little by little
*poder   to be able, can; a más no — to the utmost; m. power; (law) authorization, power of attorney
poderoso   powerful
poesía   poetry; poem
polémica   a controversial discussion
policía, m.   policeman; f.   the police
policial, policíaco, adj.   police
política   policy; politics
polvo   dust
polvoriento   dusty
polvoroso   dusty, dirty
*poner   to put, place; —se a   to begin to
por   by; for; during; through, along; per; for the sake of, on behalf of, because of, instead of, in quest of, in exchange for; — más que   no matter how much
porcelana   china
porcentaje, m.   percentage
porquería   a worthless thing
portar   to carry; —se   to behave
portátil   portable
porvenir, m.   future
posada   inn; lodgings
posar(se)   to alight; land on (something)
pose, m.   pose, attitude
poseedor(a)   possessor
*poseer   to possess
posesionarse   to take possesion
posibilitar   to make possible
posterior   subsequent, later

postigo secret or hidden door; wicket; shutter

postizo artificial

postre, *m.* dessert; **a los —s** at the end

potencia power

potente powerful

potranca show horse; *(slang)* "filly," girl who exhibits herself in beauty contests, etc.

precio price

precioso precious; cute, adorable

precipitadamente hastily

preciso precise, exact; necessary

predilecto favorite, preferred

preferir (ie) to prefer

pregunta question; *hacer una — to ask a question

prejuicio prejudice

premiar to award, reward

premio price

premisa premise, basic assumption

prenda item, article (of clothing, etc.)

prender to turn on (a light, etc.); to ignite; to seize, arrest

prensa press

preocupación, *f.* worry, concern; obsession

preocupar(se) to worry

preparativos preparations

presa prey

presagio omen

presencia appearance; presence

presenciar to witness

presentación, *f.* appearance; presentation

presentar to present; introduce

presentimiento premonition, foreboding

prestaciones extra benefits, "perks" (in a job)

préstamo loan

prestar to lend, loan; **— atención** to pay attention

presunto, *m.* suspect

presupuesto budget

presuroso hurried, hasty

pretender to want; to aspire to

***pre*venir** to prevent

previo previous

prieto dark-complexioned

principio beginning; principle; **al —, en un —** at first

prisa hurry, haste; *darse — to hurry up; *tener — to be in a hurry

privar to deprive of

procedencia origin

procurar to try to

prodigio marvelous feat; prodigy

pródigo prodigal; wasteful, squandering

***pro*ducir** to produce

productor(a) producer

profundo deep; profound

progenitor(a) parent; ancestor

programa, *m.* program

programación, *f.* programming

prójimo fellow man

prolijo long-winded; thorough, exhaustive

prometer to promise

promover (ue) to promote

pronto soon; **— a** quick to; **de —** suddenly

propiciatorio appeasing, placating

propicio opportune; suitable

propiedad, *f.* property

propietario (-a) proprietor

propio own; proper

***pro*poner** to propose

propósito purpose; intention; **a — by the way; de —** on purpose

propuesta proposal

pro*seguir* to pursue (a course); keep on (doing something)

protagonista one who takes the lead role

proveedor(a) provider

pro*veer** *(past part.* **provisto)* to provide

***pro*venir** to come from

provinciano provincial

pseudónimo pseudonym

publicar to publish

pudin, *m.* pudding

pueblo town; people; public

puente, *m.* bridge

puerta door; gate

puerto port

pues, *adv.* well, . . . ; **— bien** well, then; *conj.* since

puesto post, job; **— de mando** command post; **— que,** *conj.* since (because)

pulgada inch

pulgón, *m.* louse (insect)

pulimento polish

pulpería general store and tavern of the pampas

pulpo octopus

pulso pulse

puntillas tiptoes

punto point; **a — de** about to

puñalada, *m.* knife thrust or wound

pupila pupil (of the eye)

Q

¿Qué? What? Which . . . ?; **¿— (tal) le parece(n). . . ?** What do you think of . . . ?

¡Qué . . . ¡ What a . . . ! **¡How . . . !; ¡— va!** Nonsense!

quebrar (ie) to break

quechua Peruvian or Bolivian Indians and their language

quedar to be remaining or left over; to remain in a certain condition; **—le** to have left; **— de** or **en** to agree to; **—se** to remain, stay on; **—se bien con** to be on the good side of; **— con** to keep

queja complaint; cry of pain

quejarse (de) to complain about

quemadura burn; burning sensation

quemar to burn; **—se** to get burned

quepo: *cf.* **caber** to fit

***querer** to want; like, love (a person); **— decir** to mean

querido dear

quicio hinge; **sacar de —** to drive (someone) wild

quiebre, *m.* bankruptcy

quieto still, motionless

quitar to take away; take off, remove; **—se** to take off (oneself)

quite: entrar al — to stand up for (someone)

quizá(s) perhaps, maybe

R

rabia rage
rabiar to be furious
rabioso furious
rabo tail; stem
racimo clump, cluster
radicarse to take root, settle down
raíz *(pl.* raíces*)* root; **a — de** as a result of
rajar to rip
rama branch
ramo field (of work); branch
rana frog
rango rank
rascacielos, *m. sing.* skyscraper
rasguño scratch
raspar to scrape, scratch
rastro trace; track
rasurar(se) to shave
rato a little while
raya stripe; **a rayas** striped
rayo ray; bolt of lightning
raza race (of people); breed (of dog)
razón, *f.* reason; **— social** name of a business; **darle* **(la) —** to agree with someone; **tener* **—** to be right
razonar to reason
reaccionar to react
real royal
realización, *f.* fulfillment; realization
realizar to realize (bring about)
realzar to uplift, add to
reanudar to renew
reaparición, *f.* reappearance
rebasar to flow over
rebelarse to rebel
rebelde rebel; *adj.* rebellious
rebeldía rebelliousness
recado message

recalcar to emphasize
recámara bedroom
recelo qualm
recibir to receive; **—se en** to graduate in (a certain field)
recién, reciente recent(ly); **— casado** newlywed
reclamar to reclaim; demand
recluido confined
recluta, *n.* recruit
reclutamiento recruiting
recobrarse to regain one's composure
recodo nook; twist, turn
recoger (recojo) to pick up, gather up
recogida collection, gathering
recomendar (ie) to recommend
reconocer (zco) to recognize
reconocimiento recognition; gratitude; reconnaissance
reconquista reconquest
recordar (ue) to remember; remind of
recorrer to tour, cover extensively
recorrido tour; examination
recreo recreation; **parque de —** amusement park
recuerdo memory; souvenir
recuperar to recover
recurrir a to resort to, appeal to
recurso recourse; resource
rechazar to reject; refuse
rechazo rejection
redactar to write, edit
redactor(a) editor
redoma vial
redondear to round out
redondo round
reemplazar to replace
referir(se) a (ie) to refer to
reflejar to reflect
reflejo reflection
reflexionar to reflect (think) on
refrán, *m.* proverb; refrain
refrescante refreshing
refugio shelter; refuge
regalo gift
regazo lap
régimen, *m.* regime
regio strong; terrific
re*gir* **(i)** to rule

registrar to search; **—se** to register
regresar to return
regreso, *n.* return
reguero trail; trickle
regular ordinary, "so-so"; regular
rehecho remade; done over
rehuir (uyo) to run away from
reinar to rule, reign
reincidente recurrent
reino kingdom
reír (ío) to laugh; **—se** to laugh at, make fun of
relacionado related; connected
relajar to relax, loosen
relampaguear to flash
relato story; account
relieve, *m.* (standing out in) relief
reloj, *m.* watch; clock; **— (de) pulsera** wristwatch
reluciente shining, shiny
rematado exhausted
remedio remedy; alternative
remendar (ie) to mend, fix
remitir to send, ship out
remolón (-ona) lazy loafer
remontarse to soar
rendido exhausted
rendirse (i) to surrender
renombrado renowned, famous
renovar (ue) to renew; renovate
renuncia sacrifice
renunciar to resign; renounce
reojo: de — out of the corner of one's eye
reparación, *f.* reparation; repair
reparar en to notice
repartir to distribute; give out
repeler to repel
repente: de — suddenly
repentino sudden
repertorio repertoire; repertory (theatrical)
replicar to reply
*re*poner* to put back, replace; **—se** to calm down
reprender to reprimand
reprensión, *f.* reprimand, bawling out
reprimenda reprimand

reproche, *m.* reproach
requisito requirement
resentir(se) (ie) de to resent
resolver (ue) *(past part.*
  resuelto) to solve; resolve
respecto respect (aspect)
respetar to respect
respeto respect; admiration
respetuoso respectful
respiración, *f.* breathing
respuesta answer
restante remaining
restar to subtract
restituir to restore, give back
resuelto resolved, determined
resultado result
resultar to turn out; result
resumen, *m.* resumé, synopsis
resumir to summarize
***re*tener** to retain; hold back
retirar(se) to withdraw; retire
retorno return
retrasar to slow up, delay
retraso delay
retratar to portray
retrato portrait; photo of a
  person
retroceder to step back
reunir (-uno) to gather; **—se**
  to meet, get together
revalidar to revalidate; renew
reventar (ie) to burst
revés, *m.* reverse
revestir (ie) to acquire; imply
revisar to check; inspect;
  revise
revisión, *f.* checkup; check
  into; revision
revolcar (ue) to knock down or
  over; **—se** to wallow
revolverse (ue) *(past part.*
  revuelto) to revolve; toss
  and turn
revuelo flutter
rey king
rezar to pray
rezo prayer
riel, *m.* rail (for a train)
riesgo risk
rifa raffle
rifar to raffle; draw lots
rigidez, *f.* rigidity; stiffness
rigor, *m.* rigor; **de —**
  necessary, de rigueur

rima rhyme
rincón, *m.* corner (inside)
riñón, *m.* kidney
río river
riqueza wealth
riquísimo wealthy
risa laughter
ritmo rhythm
rizado curly
robo robbery; theft
roce, *m.* contact; a "brush"
rodar (ue) to roll
rodear to surround
rodilla knee
roer to gnaw
rogar (ue) to beg; pray
rojizo reddish
rollo roll
romper *(past part.* **roto)** to
  break
ronco hoarse
rondar to pursue; lie in wait
rosado pink
rostro face
rotativo newspaper
roto broken
rozar to brush against; **—se**
  to socialize
rubio blond
rueda wheel
ruido noise
ruidoso noisy
rumbo direction (of travel)
runrún, *m.* humming sound
ruta route

S

S.A. Inc.
***saber** to know (a fact); know
  how to; know thoroughly; to
  taste (of)
sabio wise; learned
sabor, *m.* flavor
sacar to take out; get (a
  grade, etc.)
sacerdote priest
saco (suit) jacket or coat
sacro holy, sacred
sal, *f.* salt; wit
salado salty; witty; provocative
saleta small parlor

salida exit
***salir** to go out, come out,
  leave; to work out, turn out;
  —se con la suya to get
  one's way
salsa sauce; a type of music
  of Cuba and the Antilles
saltar to jump
salto jump
salud, *f.* health
saludar to greet
saludo greeting
salvar to save; jump over,
  bridge (a gap)
salvoconducto safe conduct
  pass
sanción, *f.* approval
sancionar to approve, pass
  into law
sancochar to parboil, "roast"
sandía watermelon
sangre, *f.* blood
sangriento bloody; bloodthirsty
sano healthy; **— y salvo** safe
  and sound
santería an Afro-Cuban cult
  that mixes Christianity with
  voodoo
santero believer in "santería"
santo saint; holy
sarampión, *m.* measles
sardónico sardonic, caustic
sastre, sastra tailor
***satis*facer** *(cf.* **hacer)** to satisfy
satisfecho satisfied
sazón, *f.* season, proper time
  (for something); seasoning
secar(se) to dry
seco dry
secuestrador hijacker;
  kidnapper
sed, *f.* thirst
seda silk
sefardita Sephardic, Spanish
  Jew
seguida: en — at once,
  immediately
seguir (sigo) to follow;
  continue, keep on
según according to
seguro sure; safe
sellar to seal
sello stamp; seal
semanal weekly

semblante, *f.* face; facial expression
sembrar (ie) to sow
semejante similar
semejanza similarity
sencillo, *adj.* simple
seno breast
sensibilidad, *f.* sensitivity
sensible sensitive
sentado seated, sitting
sentar (ie) to seat; set down; —**se** to sit down
sentido sense; aspect; direction
sentir (ie) to feel; feel sorry, regret
señal, *f.* sign; token
señalar to point out, indicate
señas, *f. pl.* address
sepulcral morbid, (of the) tomb
sepultar to bury
sepulturero gravedigger
sequedad, *f.* dryness
*ser to be (characteristically); to be from, made of or for; to belong to; *m.* (a) being
serie, *f.* series
serio serious; **en** — seriously
serpiente, *f.* snake
servicio service, set (of dishes)
servidumbre, *f.* servants; servitude
servil servile, cringing
servir (i) to serve; — **de** to serve or act as
sicólogo psychologist
siempre always; — **que** whenever
sien, *f.* temple (of the head)
siglo century
significado meaning
significar to mean, signify
siguiente next; following
silbar to whistle
silbido whistle
silueta figure; silhouette
silvestre wild
sillón, *m.* armchair
símil, *m.* simile, a figure of speech that makes a comparison
simpatía niceness, charm
simpatizar to sympathize, empathize

simular to simulate; pretend
sindical, *adj.* (of a) trade union
sindicato union; syndicate
sino but (on the contrary); except
sinónimo synonym, word with the same meaning
sinrazón, *f.* injustice; senselessness
sintetizador, *m.* synthesizer
siquiera (not) even
sitio place
sobrar to be left over; be in excess
sobras, *f. pl.* leftovers
sobremesa after-dinner conversation
sobrenatural supernatural
sobresaliente outstanding
sobresaltado startled
sobrevivir to survive
sociedad, *f.* society; business
socio (-a) partner
socorro help
sol, *m.* sun
solapa lapel
solas: a — alone
soledad, *f.* loneliness
soler (ue) to happen usually
solicitante applicant
solicitar to apply for
solicitud, *f.* application
solo alone
sólo only
soltar (ue) to let loose; to free
solterón old bachelor
solucionar to solve
sollozar to sob
sollozo sob
sombra shadow; darkness
sombrío somber; sinister
somnoliento sleepy
sonar (ue) to ring; sound
sonido sound
sonreír (ío) to smile
sonriente smiling; promising
sonrisa smile
sonrojarse to blush
sonrosado rosy, pink
soñar (ue) con to dream of
soñoliento sleepy
soportar to support, hold up; to put up with
sorbo sip

sordo deaf
subsistir to subsist, live on
substituir (uyo) to substitute
subvencionar to subsidize
subyugar to subjugate
suceder to happen; succeed (in order)
suceso event
sucio dirty
sud, *m.* South
sudar to perspire
sudor, *m.* perspiration
suegra (-o) mother (father)-in-law
suela sole (of a shoe)
sueldo salary
suelo floor; soil; earth, land
suelto loose; individual (not part of a group)
sueño dream; sleep; sleepiness; ***tener** — to be sleepy
suerte, *f.* luck, chance; kind, type; raffle pick
sugerir (ie) to suggest
sugestión, *f.* power of suggestion
sujetar to subject; tie down
sujeto subject, topic; "guy"
sumamente extremely
sumar to add up
sumir to sink; —**se** to become mired
sumisión, *f.* submission; submissiveness
superar to overcome; surpass
superficie, *f.* surface
superviviente survivor
suplantación, *f.* usurpation of someone else's place
súplica prayer; urgent petition
suplicar to pray for; beg
suplir to supply; make up for
*suponer to suppose
supuesto: por — of course
sur, *m.* south
surgir (surjo) to arise, come forth
suroeste, *m.* southwest
surtido selection (of goods), supply
suscitar to evoke, arouse
suspirar to sigh
suspiro sigh
susto scare, fright

T

taco, tacón, *m* heel (of a shoe)
tajamar, *m.* water ditch
tajante cutting
tajo cut, chop; executioner's block
tal such a; *pl.* such; — **como** just like; — **vez** perhaps; **un** — a certain; **con** — **que** provided that
talentoso talented
taller, *m.* workshop; repair shop
tamaño size
tambalearse to stagger
también too, also
tampoco neither *(opp. of* **también**), not . . . either
tan as; so; — **como** as . . . as
tanda large quantity
tanto as much, so much; *pl.* as (so) many; — **como** as much as; as well as; **mientras** — in the meantine; **por lo** — therefore; *****estar al** — **de** to know about, be up on
tapa cover
tardar (en) to take (time) to, be delayed in
tarea task; homework
tarjeta card; — **postal** post card
taxímetro taxi meter
taza cup
té, *m.* tea
técnica technique
técnico technician, repairman; *adj.* technical
techo roof
tejer to weave; knit
tejido (woven) fabric; tissue
tela cloth, fabric
telaraña cobweb
telenovela TV "soap"
tema, *m.* theme, topic
temblar (ie) to tremble
temblor, *m.* tremor; trembling; quake
tembloroso trembling
temer to fear
temeroso fearful; afraid
temor, *m.* fear

tempestad, *f.* storm
templado temperate
templar to temper, moderate
temporada season
temporal temporary
temprano early
tender (ie) to offer, extend; tend (to); spread, lay out; **—se de espaldas** to lie down on one's back
tendero shopkeeper
*****tener** to have; — **hambre, sed, cuidado, miedo, sueño, razón** to be hungry, thirsty, careful, afraid, sleepy, right, etc.; — **prisa** to be in a hurry; — **que** to have to; — **que ver con** to have to do with
teniente lieutenant
tenista tennis player
tentación, *f.* temptation
tentador(a) tempting
tentar (ie) to tempt
teoría theory
terminar to finish
término term; end
ternura tenderness
terrenal earthly
terreno terrain, ground
terso smooth and taut
tesis, *f.* thesis
tesoro treasure
testigo witness
tibio luke warm, tepid
tiempo (period of) time; weather; **a** — on time, in time
tienda store
tientas: a — groping
tierno tender; young
tierra land
timbre, *m.* bell, buzzer
tiniebla shadow; darkness
tinta ink
tinto red (wine)
tipo type, class, kind; "guy"
tira cómica comic strip
tirar to throw, hurl; shoot
tiritar to shiver
tiro shot
tirón, *m.* pull; jerk
tironear to pull on or along
titular, *m.* headline

título title; professional license
tobillo ankle
tocacintas, *m. sing.* tape player
tocador, *m.* dresser
tocar to touch; play (an instrument); — **a la puerta** knock
todo, *adj.* all; every; whole; *n.* all, everything; **del** — completely
todopoderoso all-powerful
toldo canopy
toma seizure
tomar to take; seize; to eat or drink
tonillo tone (arrogant, affected, etc.)
tontada foolish thing or statement
tontera stupidity
tontería foolish thing or statement
tonto silly, foolish
toparse to run into
toque, *m.* touch
tormenta storm
tornar(se) to turn; take turns
torpe stupid, dull; clumsy; slow
tostado toasted; — **por el sol,** — **del sol** suntanned
tozudez, *f.* stubborness
tozudo stubborn
trabajador(a) worker; *adj.* hardworking
trabajo work; job
trabar to join; — **amistad** to make friends
*****tra***ducir* (**zco**) to translate
traductor(a) translator
*****traer** to bring
tragar(se) to swallow
trago (a) swallow; drink (liquor)
traición, *f.* treason
traicionar to betray
traidor(a) traitor; *adj.* treacherous
traje, *m.* suit; outfit; — **de baño** bathing suit; — **de noche** evening gown
trajeado dressed in a suit
trama plot
tramo steps; flight (of stairs)
trampa trap; trick

trance, *m.* difficult situation
tranquilidad, *f.* calm; peace
tranquilo calm; peaceful
transcurrir to elapse
tránsito traffic
transmisor, *m.* transmitter
trapecista trapeze artist
trapo rag
tras after; día — día day after day
trascender (ie) to transcend, go beyond
trasero, *adj.* back; asiento — back seat
trasladar(se) to transfer, move
traslado transfer
traspasar to pierce
tratado treaty
tratar to treat; — de try to; deal with; —se to be a question of
través: a — de across; through; over (a period of time)
trayectoria trajectory, path
trazar to trace
trazo mark; trace
trecho distance, space
trémulo trembling; flickering
tren, *m.* train
trepar to climb
trepidante fearful
tribu, *f.* tribe
tribunal, *m.* court, tribunal
trigo wheat
tripulación, *f.* crew
triste sad
tristeza sadness
triunfar to triumph
tropa troop
tropezar (ie) con to bump into
trozo piece, bit; excerpt
tubo pipe; tube
tumba tomb
tumbar to knock down or over; — a tiros to shoot down

U

u or
único only, sole; unique
unido united; close
unir(se) (úno) to unite
uña fingernail

urbe, *f.* city
urgir to be urgent, important
usanza custom, practice
útil useful
utilidades, *f. pl.* profits
uva grape

V

vaciar (ío) to empty
vacilar to hesitate
vacío empty; *n.* vacuum, emptiness
vago hobo; *adj.* lazy
vagón, *m.* railroad car; freight container
vainilla vanilla wafer
vajilla dinnerware
valentía bravery
*valer to be worth
valiente brave
valija valise
valioso valuable
valor, *m.* courage; value; stock, bond
válvula valve
valle, *m.* valley
vapor, *m.* steamship
variar (ío) to vary
varón, *m.* male, man
varonil virile
vasco Basque (of northern Spain)
vecindad, *f.* neighborhood
vegetal, *m.* vegetable; plant
vejiga balloon
vela candle; vigil; staying up late; en — without sleeping
velada evening gathering
velar to watch over; to veil
velorio (funeral) wake
vencedor victor
vencer (venzo) to defeat, conquer
vendedor(a) seller; — ambulante peddler
vender to sell
venenoso poisonous
vengar(se) (de) to avenge
venta sale
ventaja advantage
ventanilla small window (car, plane, bank teller, etc.)

*ver to see; *tener que — con to have to do with
veracidad, *f.* truthfulness, veracity
verano summer
verbena religious fair or festival; fair
verdad truth; true; de — real, true
verdadero true
verde green
vereda sidewalk (Arg.); lane
vergonzoso shameful; bashful
vergüenza shame
verter (ie) to shed
vertiginoso dizzy; dizzying
vestido, *n.* dress; *adj.* dressed
vestir(se) (i) to get dressed
vez, *f.* (a) time, instance, occasion; a la — at the same time, together; a su — in his or their turn; cada — más more and more; de una — once and for all; tal — perhaps
vía way; road
viajante traveler
viajar to travel
viaje, *m.* trip
viajero traveler
vida life
vigente in force, ruling
vigilar to watch
vileza vile act
vínculo bond
viña vine
viñedo vineyard
virar to turn
visitante visitor
vislumbrar to discern; glimpse
víspera eve
vista view; vista; vision
vistazo glimpse
visto seen; por lo — apparently
vitalicio, *adj.* lifetime, for life
viuda (-o) widow, widower
vivaz (-ces) lively; vivacious; alert
vivo vivid; bright; "wise"; a lo — in real-life style
vocablo word
vocación, *f.* vocation; calling

volar (ue) to fly
volumen, *f.* volume
voluntad, *f.* will
volver (ue) *(past part.* **vuelto***)*
   to return, come or go back;
   — **a** to do (something)
   again; —**se** to turn around;
   turn, go (crazy, etc.)
votación, *f.* vote, voting
voz, *f.* voice
vuelo flight
vuelta return; turn; change
   (money); *****dar una — to take
   a ride or walk; *****dar —**s** to
   go or spin around; **a** — **de**
   after

vuelto returned; *n.* change
   (money)

Y

ya already; — **no** no longer;
   — **que,** *conj.* since,
   because
yacer (zco) to lie; repose
yegua female horse, "filly"
yema yolk
yerno son-in-law
yeso plaster of Paris

Z

zapatería shoestore;
   shoemaker's
zapato shoe
zarpar to set sail
zoquete dope, lunkhead
zumbar to buzz, whiz
zumbido whizzing sound
zurdo left-handed